U0915436

学前儿童发展与教育 高瞻丛书·第二辑

聚焦中国学前教育

A Longitudinal Study on the Development of School Readiness and Academic Achievement in Children in Rural China

我国农村贫困地区儿童入学准备与学业发展追踪研究

周 兢◎主编

华东师范大学出版社

图书在版编目(CIP)数据

我国农村贫困地区儿童入学准备与学业发展追踪研究/张莉著.—上海:华东师范大学出版社,2019
ISBN 978-7-5675-9043-4

Ⅰ.①我… Ⅱ.①张… Ⅲ.①农村-儿童教育-学前教育-研究-中国 Ⅳ.①G61

中国版本图书馆 CIP 数据核字(2019)第 046873 号

我国农村贫困地区儿童入学准备与学业发展追踪研究

著　　者　张　莉
项目编辑　蒋　将
审读编辑　郑　月
责任校对　张佳妮
装帧设计　卢晓红

出版发行　华东师范大学出版社
社　　址　上海市中山北路 3663 号　邮编 200062
网　　址　www.ecnupress.com.cn
电　　话　021-60821666　行政传真 021-62572105
客服电话　021-62865537　门市(邮购)电话 021-62869887
地　　址　上海市中山北路 3663 号华东师范大学校内先锋路口
网　　店　http://hdsdcbs.tmall.com

印 刷 者　杭州名典古籍印务有限公司
开　　本　787×1092　16 开
印　　张　17.75
字　　数　313 千字
版　　次　2019 年 8 月第 1 版
印　　次　2019 年 8 月第 1 次
书　　号　ISBN 978-7-5675-9043-4
定　　价　39.00 元

出 版 人　王　焰

致读者

我为什么要写这本书?

十三年前,刚升入硕士研究生二年级的我有幸参加了导师的课题,跟着研究团队第一次来到农村贫困地区A省,了解了当地的学前教育状况,并对本研究中的A省Y镇和Z乡儿童进行了入学准备的测查。当看到儿童接受学前教育的艰苦条件,并获知大量儿童被外出打工的父母留守在家时,我感到很震惊,并决心对当地留守儿童的早期教育进行研究,期望我的研究能够给农村学前教育和儿童的发展带来一定的启示和指导。

一年后,带着论文研究选题,我又来到故地,对原先的儿童进行测查,并观察十二名留守和非留守儿童的一日生活,以此探讨农村留守儿童入学认知准备的发展状况以及家庭因素的影响。很快,我顺利完成了硕士论文,但对农村儿童的发展和教育进行深入研究的想法一直保留在我心里。

又过一年,我成为了一名博士研究生。我想在A省Y镇和Z乡继续开展研究的想法得到了导师的肯定,但这次的研究拓展了原有的入学准备内容,并转向关注学前教育经历对儿童入学准备与学业发展的影响以及影响的持续性。于是,我又先后三次回到了熟悉的地方,在两地进行长达四个多月的研究。三年后,我顺利完成了博士论文的答辩。之后,我一直有个想法,希望将我的博士研究论文出版,让更多的研究者和实践者了解农村学前教育及儿童的发展。

近年来,国家对农村学前教育高度重视,投入了大量人力和物力。但农村学前教育始终是我国教育的"短板"。我们应该如何提升和促进农村学前教育质量?农村学前教育的问题是什么?儿童的发展是怎样的?学前教育对儿童的发展到底有怎么样的影响?这些问题一直萦绕在我的心头,再次激发了我将前期研究成果梳理成著作的想法。

秉持着这一想法，我以博士论文研究为基础，结合前期硕士论文的研究，加入了儿童入学准备发展现状分析、早期家庭环境与教育状况分析及家庭对儿童入学准备与学业发展的影响分析，并进一步收集了儿童小学毕业时的学业成绩，从更长期的角度全面考察家庭与学前教育机构两大因素对农村儿童发展的影响，以期对我国农村学前教育的发展提供一定的参考和借鉴。

本书将与您分享什么?

本书将与您分享的是一项历时七年的实证研究，重点探讨如下四个方面的内容：1. 农村贫困地区儿童的入学准备与学业发展状况；2. 农村家庭环境与教育状况及对儿童入学准备与学业发展的影响；3. 农村学前教育机构环境与教育状况及对儿童入学准备与学业发展的影响；4. 农村家庭与学前教育机构环境及教育状况对儿童入学准备及学业发展的影响。在此基础上，研究对提升和促进我国农村儿童入学准备与学业的发展以及未来相关研究的开展提出了建议。

本书的组织架构按照研究报告的方式呈现:研究综述——研究方法与设计——研究结果与讨论——研究总结和展望。

第一，研究综述部分包含三章，分别回顾了国际和国内有关儿童入学准备与学业发展以及家庭和学前教育机构对儿童发展影响的文献。为便于您更清晰地了解所综述的内容，本书在各章最后一个部分中都对前述内容进行了小结。

第二，研究方法与设计部分从四个方面对研究的问题、总体设计、研究的地域以及研究方法的使用作了介绍，勾画出了完整的研究过程。

第三，研究结果与讨论部分分四章分别回答了四个研究问题。四章内容在结构体例上一致，每章前几节均是对研究结果的描述和呈现，最后一节是对结果的总体讨论和总结。

第四，研究总结和展望部分对主要结论进行了回顾，并提出了教育建议以及对未来的展望。

为便于您对每章内容形成初步印象，本书在每章开始前有一段导览式的话语，介绍每章内容。

您如何使用这本书？

您可以根据自己的需求个性化地使用本书。如果您对有关儿童入学准备及影响因素的研究感兴趣，想了解更多这方面的内容，您可以重点阅读本书的研究综述部分。如果您正在学习怎样做研究，您可以采用框架式阅读，大致了解研究各个部分的组成以及逻辑关系，并重点阅读第五章研究设计。如果您是一名学前教育实践者，您可以从文献综述部分了解到儿童入学准备的要素与内涵，以及从研究结果部分学习到影响儿童发展的教育实践内容。如果您关注并致力于农村学前教育政策的制定和落实，您可以特别关注本书的最后一章，了解家庭和学前教育机构中的哪些要素对儿童的入学准备和学业发展起关键作用，并获得相应的教育启示。

目　录

第一部分　概述

第二部分　文献回顾

第三部分　实证研究

第四部分　研究总结和展望

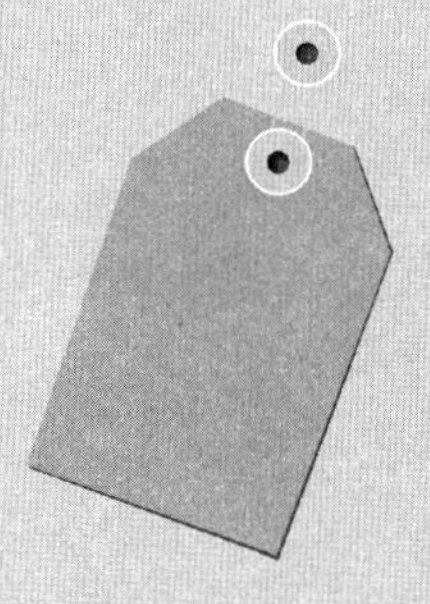

第一部分

概述

第一章 农村学前儿童入学准备与学业发展研究概述

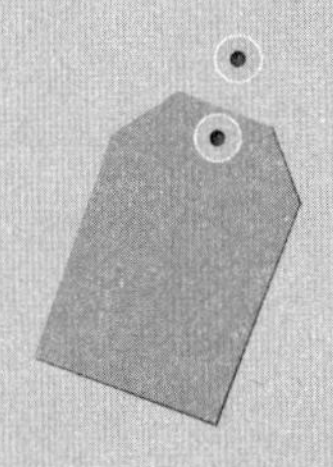

处境不利儿童，特别是贫困家庭儿童的入学准备及学业发展是近年来学前教育领域研究的热点。国际社会已对此作了大量的探讨，并指出儿童入学准备对未来学业发展的奠基作用。同时，也发现了贫困儿童家庭教育对儿童入学准备及学业发展的影响，以及学前教育的重要作用。然而，在我国，相关的研究较少。本章将介绍研究开展的背景和意义，并在此基础上对本书各章内容作简单介绍。

第一节　研究背景和意义

一、研究背景

入学准备是指儿童为胜任即将开始的正规教育所应具备的各种关键特征或者基础条件(Gredler, 2000)，对儿童未来的学业成功及其他方面，甚至成年后在职场中的工作表现均具有奠基作用(Boivin & Bierman, 2013)。入学准备中的关键特征或者基础条件不仅包含儿童本身所具备的知识经验和技能，同时也包括家庭和学前教育机构为儿童所提供的支持与准备(NEGP, 1997)。其中，儿童的入学准备技能应包含身体健康和运动发展、社会性和情绪发展、学习品质、语言发展以及认知和一般知识五大方面的发展状况(Kagan, Moore, & Bredekam, 1995)。这五大方面的发展对儿童早期以及未来的学习和发展具有奠基作用，而儿童在家庭和学前教育机构中的经历则为其发展提供了重要的动力(Bronfenbrenner & Morris, 1998)。

在国际社会中,处境不利儿童,特别是贫困家庭儿童的入学准备自20世纪90年代起受到了研究者的重视。研究显示,这些儿童早期在家庭中所获得的教育资源有限、认知刺激少,父母对儿童的回应不足,家庭学习环境较差,并且父母教养方式存在问题(Shonkoff & Phillips, 2000)。这些因素对儿童的入学准备以及后期的学业发展产生了负面的影响(Engle & Black, 2008; Kiernan & Mensah, 2011)。与来自普通家庭以及经济状况较为优越的儿童相比,这些儿童往往会因为准备不足,更容易出现早期学习方面的问题,如认知水平较低,早期学业发展不良,同时也更容易出现社会性情绪方面的问题,这些将进一步导致其在小学学习过程中出现学业不良情况(Brooks-Gunn & Duncan, 1997; Engle & Black, 2008; Evans & Rosenbaum, 2008; McLoyd, 1998; Stipek & Ryan, 1997)。家庭的贫困问题不仅仅影响儿童的入学准备发展水平,同时也会对儿童产生更长久的影响。国际研究显示,家庭贫困对儿童早期发展的影响早在儿童三岁前就已经显现(Klebanov, Brooks-Gunn, McCarton, & McCormick, 1998),且随着年龄的增长,这些儿童与来自普通及富裕家庭的儿童在入学准备以及学业发展方面的差距日益加大(Wang, 2008)。而以上不利因素将进一步导致这些儿童接受教育的年限缩短,在学期间面临复读的问题,甚至在成年期入职后的工作表现较差(Duncan, Yeung, Brooks-Gunn, & Smith, 1998; Duncan, Ziol-Guest, & Kalil, 2010)。

学前教育能够在一定程度上降低不良的家庭因素对处境不利儿童早期发展所带来的负面影响,对贫困儿童的发展起补偿作用(Shonkoff & Phillips, 2000)。在过去的数年间,大量的研究探讨了学前教育对儿童发展的影响。一方面,一些研究探讨了接受与不接受学前教育对儿童入学准备以及早期发展的影响,另一方面则探讨学前教育机构类型及质量对于儿童的影响(Engle et al., 2011)。前一方面的研究显示,处境不利儿童,特别是贫困儿童能够接受学前教育的机会受限,大量的儿童无法接受学前教育(UNESCO, 2006)。然而,如果这些儿童能够进入学前教育机构接受教育,他们各方面的发展将得到提升。大量的研究揭示了接受学前教育与儿童学业准备(Gormley, Phillips, & Gayer, 2008; Magnuson & Waldfogel, 2005; Ramey & Ramey, 2004)、认知发展(Gormley, Gayer, Phillips, & Dawson, 2005; Montie, Xiang, & Schweinhart, 2006; NICHD ECCRN, 2000; Peisner-Feinberg et al., 2001)、自我调节能力(Burrage et al., 2008; Diamond, Barnett, Thomas, & Munro, 2007; Jewkes &

Morrison，2007)等入学准备技能以及学业发展间的紧密关系(Barnett，1998；Skibbe，Connor，Morrison，& Jewkes，2011)。后一方面的研究表明，学前教育质量对儿童入学准备及未来学业的发展也至关重要，特别对于家庭贫困的处境不利儿童而言，与富裕家庭的儿童相比，高质量的学前教育为其发展带来的促进作用更为明显(Belsky et al.，2007；Burger，2010；Dearing，McCartney，& Taylor，2009；Votruba-Drzal，Coley，& Chase-Lansdale，2004)。然而，这些处境不利儿童所接受的早期教育质量往往较低(Huston & Bentley，2010)。

随着国际社会对处境不利儿童，特别是贫困儿童入学准备研究的推动，发展中国家对贫困儿童入学准备及其早期教育的关注度日益增加(Engle et al.，2011)。一些国家，如孟加拉国等开展了全国性的教育干预项目，提升和促进儿童的入学准备(Aboud & Hossain，2011)。我国儿童数量庞大，在1.5亿6岁以下儿童中，约有一半以上居住在农村。相对于城市，农村经济发展较为落后，而农村家庭中，有不少处于贫困状态，同时，也有不少家庭因父母外出打工，长期与儿童分离而使这些儿童成为留守儿童。这些家庭中的儿童正是国际社会所高度关注的处境不利儿童。近年来，我国社会已经意识到对这些儿童进行早期教育的重要性，并将农村学前教育放在优先发展的重要位置。

长期以来，受到偏向城市的精英化教育的影响，我国农村地区的学前教育一直落后于城市。据统计，2007年，我国约有70%的农村儿童无法接受学前教育(沙莉，庞丽娟，刘小蕊，2007)。农村学前教育落后的局面受到了国家和政府的高度重视。2010年，我国政府在《国家中长期教育改革和发展规划纲要(2010—2020年)》中提出“要重点发展农村学前教育”，“支持贫困地区发展学前教育”，并在之后的《国务院关于当前发展学前教育的若干意见》中指出要“努力扩大农村学前教育资源”、“加大对农村学前教育的投入”等更具体的支持策略。各地也纷纷落实政策，通过多种形式开办和扩大学前教育资源。然而，相对于政策，我国在农村学前教育方面的实证研究较为缺乏。比如，农村学前儿童入学准备的发展状况如何？家庭和学前机构的早期教育状况如何？对儿童的入学准备有怎样的影响？儿童的入学准备和早期教育状况对其小学学业发展有怎么样的影响？对于这些问题尚未有系统性的研究作探讨。我国已有的入学准备研究较注重儿童学业方面的准备，如早期语言或者数学能力的准备(王亚鹏，董奇，2018)，在入学准备内容的研究上具有一定的局限性。同时，已有研究也未能对儿童作进一步的追踪研究以探讨早期的入学准备和教育状况对学业发展的影响。因此，不能为政策和实践提供有效的参考和指导。

国际研究表明，入学准备对儿童学业的发展有长期的影响。贫困家庭儿童在家庭中缺乏必要的教育资源和亲子互动，对儿童入学准备的发展带来了负面的影响，进而将导致儿童低水平的学业发展。而学前教育能够在一定程度上补偿家庭环境和教育的不足。特别是高质量的学前教育对贫困儿童的作用更显著(Dearing et al.，2009；Magnuson，Meyers，Ruhm，& Waldfogel，2004)。然而，以上研究来自西方情境，发展中国家所开展的有关入学准备以及早期教育状况影响的研究较少(Engle et al.，2007)，同样，儿童入学准备及早期的环境因素对儿童学业发展的相关研究也较少。我国农村贫困人口较多，国家和政府已经采取措施提升和促进这些地区学前教育质量的发展(庞丽娟，2009)。然而，正如前所述，探讨儿童入学准备及早期家庭和学前教育机构的影响，以及对儿童学业发展影响的系统化实证研究更少。有鉴于此，本书将借助研究者于2007年至2014年在我国A省P县所进行的一项长达七年的研究，对以上问题作梳理和探讨。

二、研究目的和意义

入学准备是儿童良好学业开端的基础，儿童的准备状况受到其早期学前教育经历与家庭教育等因素的影响，同时，会对其未来的学业发展产生长久而深远的影响。以上的研究表明，处境不利家庭儿童，尤其是贫困家庭儿童通常无法享受高质量的正规学前教育，并且在认知准备、学业发展等方面的发展也落后于同伴。而低水平的入学准备状况将对其学业和其他方面能力的发展形成负面的影响。然而，较少有研究探讨贫困儿童入学准备的发展及早期教育状况对其的影响，更少有研究进一步考察早期的这些因素对儿童较长期学业发展的影响。同时，对我国农村学前儿童开展的追踪研究更是寥若晨星。有鉴于此，本书将以G省的一项追踪研究为例，探讨我国农村儿童的入学准备状况，家庭和学前教育机构早期环境与教育状况对儿童入学准备的影响，以及儿童准备水平与教育状况对学业发展的长期影响。

(一) 研究目的与内容

本书旨在考察农村学前儿童的入学准备状况，家庭和学前教育机构状况对儿童入学准备的影响，并进一步分析对儿童小学学业成绩的影响。围绕本书的总目标，研究将具体探讨以下内容。

1. 农村学前儿童入学准备与低年级学业发展状况

在本部分中，研究考察儿童入学准备中的基本概念、执行功能以及学业准备与低年级学业发展状况，并分别探讨相互间的发展关系。

2. 农村学前儿童家庭教育环境与教育状况对其入学准备发展的影响

在本部分中，研究借助对儿童家长的问卷调查和儿童一日生活的个案观察，分析农村学前儿童家庭教育环境及教育状况，并进一步探讨以上两个方面对儿童入学准备发展的影响。

3. 农村学前教育机构环境和教育状况对儿童入学准备发展的影响

在本部分中，研究借助对学前教育机构环境和教育质量的观察和评定，分析农村学前教育机构的早期学习环境及教育状况，并进一步探讨学前教育经历对儿童入学准备及发展的影响。

4. 我国农村贫困地区家庭与学前教育机构状况对儿童入学准备及小学高年级学业发展的影响

在本部分中，研究将借助结构方程模型和路径分析，考察家庭以及学前教育机构因素对儿童入学准备与学业发展的影响，分别探讨早期的家庭和学前教育因素对儿童语言学业发展和数学学业发展的影响。

(二) 本书的价值与意义

本书以研究者在A省的一项追踪研究为基础，探讨儿童入学准备与学业发展的关系以及内在机制，不仅对农村学前教育的研究有理论指导意义，同时，对进一步推动农村学前教育实践具有重要的参考价值。首先，在理论的推动上，本书将儿童在家庭和学前教育机构的早期经历与入学准备状况相联系，并进一步探讨这些因素对儿童学业发展的影响，具体表现为如下两个方面。

第一，本书系统化地探讨了儿童早期经历、入学准备与学业发展的关系。对儿童发展的追踪从一年级入学初至小学六年级结束，能够动态地描述和刻画儿童在家庭和学前教育机构的早期经历对其入学准备产生影响，进而对学业发展影响的过程。因此，本书的研究结果将有助于加深我们对儿童早期学习和入学准备的理解，丰富我国在这一领域的相关成果。

第二，本书所涉及的研究是对我国农村学前儿童发展与教育所开展的实证性追踪研究。此方面的研究在我国较为缺乏。大部分探讨儿童早期经历对儿童入学准备以及学业发展的影响的研究来自于西方文化。已有的研究结论是否能够在我国农村学前儿童中得到印证还不得而知。通过与已有研究的比较，本书将帮助我们进一步理解中国农村学前儿童早期学习与入学准备及学业发展的特点，以及与西方文化情境下儿童发展的异同。因此，本书所提供的研究证据拓展了此领域的研究范围和研究结果。

本书也具有重要的实践意义，具体体现为如下两个方面。

第一，本书考察我国农村学前儿童家庭以及学前教育机构环境与教育状况对儿童入学准备以及学业发展的影响。研究比较不同的家庭因素以及不同的学前教育机构类型对儿童发展的影响，在此基础上探讨哪些因素或者哪类学前教育机构更能促进儿童的发展。国际上已有一些大型的追踪研究探讨早期经历对儿童学业和未来发展的影响，比如，美国国家儿童健康与人类发展研究所儿童与青少年发展追踪研究项目（NICHD），英国有效学前教育项目（EPPE）等，这些项目的研究结果对于国家政策的制定，学前教育质量的提升都有重要的促进作用。在我国，相关的追踪研究较匮乏，因此，本书所展示的研究结果将能为我国农村学前教育质量的提升与促进、相关政策的制定提供实证性的参考。

第二，本书从动态追踪的角度探讨了早期的环境与教育因素以及儿童入学准备对儿童学业发展的影响。这一过程在一定程度上有助于我们发现儿童学业困难的原因，为儿童学业发展早期干预提供一定的信息。这些信息能够为教师和儿童父母提供重要的价值参考。教师能够以此调整教育教学策略，设计相关的培训项目或者课程内容，帮助学业困难儿童改善和调整学习方法和过程。研究的结果也能帮助父母了解这些儿童的入学准备以及学业发展特点，并且获知影响儿童早期发展与学习的关键性因素，并改善教育方式和方法。

第二节　本书各章简介

本书共分十章，包括概述、文献回顾、实证研究以及研究总结与展望四个部分。第一部分的概述为第一章，主要介绍本书的研究背景、研究目的和意义，在此基础上介绍本书的结构。

第二部分的文献回顾为第二章、第三章和第四章，共三章。其中，第二章回顾当前国际视野下处境不利儿童入学准备与学业发展的研究，分别探讨入学准备的内涵与要素、入学认知准备的评估方法与工具，以及儿童入学准备与学业发展的相关研究。第三章分两节回顾了国际视野下家庭和学前教育机构对儿童入学准备与学业发展的影响的研究。第四章聚焦我国农村学前教育现状与儿童早期发展研究，并以我国农村学前教育发展状况以及我国儿童入学认知准备与学业发展方面的文献对本章内容作梳理。

第三部分的实证研究包含研究设计与四个研究，从第五章至第九章，共五章。第五章梳理了本书所采用的追踪研究整体设计，对研究总体设计以及研究地域教育与发展情况作了介绍，进而从量化与质性研究方法与设计两个方面，分别描述了两种研究范式下的取样、研究方法和工具的使用等。从第六章至第九章是本书的实证研究部分，围绕上述四项研究内容展开。第六章重点探讨我国农村学前儿童入学准备的发展状况及与低年级学业发展的相关性。第七章考察家庭环境和教育状况以及对儿童入学准备发展的影响。首先描述农村学前儿童的家庭和教育状况，再分析这些不同的因素对儿童入学准备发展的影响。第八章考察学前教育机构的环境和教育状况及对儿童入学准备发展的影响。研究先描述农村学前教育机构的学习环境和教育互动状况，在此基础上探讨不同学前教育机构类型对儿童三大入学准备发展状况(包括入学基本概念、学业准备及执行功能准备)的影响。第九章探讨家庭和学前教育因素对儿童入学准备及小学高年级学业发展的影响。在本章中，研究将借助结构方程模型和路径分析，探讨家庭和学前教育两大方面对儿童入学准备与小学高年级学业发展产生影响的作用机制。

第十章是本书的最后一章，也是研究总结和展望的部分。这一章首先对第二部分四个实证研究所获得的结果作总结，再针对各个结果，对如何提升儿童入学准备以及提升家庭和学前教育机构质量提出建议。在此基础上，反思本研究的不足，并对后续相关研究提出展望。

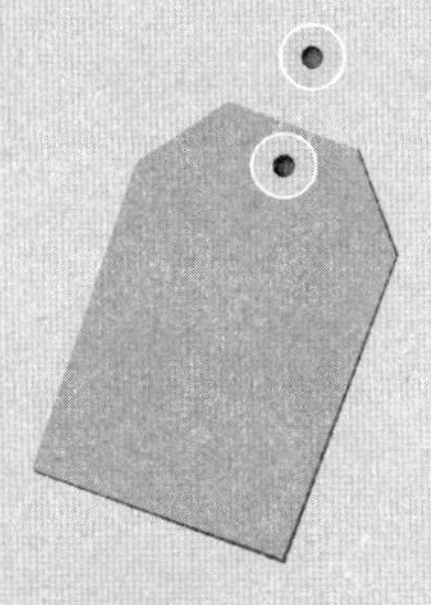

第二部分

文献回顾

第二章

国际视野下学前儿童入学准备与学业发展研究概述

近年来，处境不利儿童的早期教育和发展已引起了全球范围内的重视。2000年，世界教育论坛通过的六项全民教育目标中，第一项目标即要求各国政府“全面拓展并改善幼儿保育和教育，尤其是最易受伤害和处境最不利儿童的保育和教育”(UNESCO，2006，2007)。对幼儿或者处于学前期的儿童而言，入学准备是最基本也是至关重要的教育要求。1989年，美国前总统布什及联邦政府提出了六个国家教育目标，其中第一个就是，“到2000年所有的美国儿童都要为进入学校学习做好准备”(Lewit & Baker，1995)。所谓入学准备是指学前儿童从即将开始的正规教育中受益所需要具备的各种关键特征或基础条件(Gredler，2000)。

过去数十年的研究表明，学前阶段对于儿童早期发展以及未来的学业发展至关重要(Barnett，1995，1998，2008；Barnett & Hustedt，2003；Barnett & Yarosz，2007)。这主要有两大原因。第一，良好的入学准备有助于儿童顺利作好小学学习过渡(Arnold，Bartlett，Gowani，& Merali，2006)。儿童在这一阶段的技能和知识水平不仅决定了他们能否成功适应小学学习生活，同时也对其后期的学业发展乃至终身的发展有重要的影响(Duncan et al.，2007；Kagan & Neuman，1997；Rouse，Brooks-Gunn，& McLanahan，2005；Shonkoff & Phillips，2000；Snow，2006)。第二，提升儿童入学准备的水平有助于减少儿童间学业上的差距(Barnett，1998，2008；Wang，2008)。研究发现，来自不同社会经济背景家庭儿童的学业差距在入学前就已经显现，而良好的学业开端能够改善处境不利儿童在学业上的进一步落后(Lee & Burkham，2002；National School Readiness Indicators Initiative，2005；Wang，2008)。

本部分将梳理和回顾入学准备的概念、入学准备的评估工具，以及儿童入学准备与学业发展现状。

第一节　入学准备的内涵与要素

对于入学准备的构成要素会因研究者或者教育者视角的不同而有所不同。目前受到普遍认可的是来自美国国家教育目标委员会(The U. S. National Education Goals Panel，简称 NEGP)的界定。该委员会提出，儿童的入学准备是多方面的，不仅包含儿童本身所具备的各种技能，同时也包括儿童所处的环境(Hair et al.，2006；Kagan，Moore，& Bredekam，1995)。其中，该委员会所提出的儿童早期学习与发展的五大领域为相关研究提供了指导性的框架。相比而言，在五大领域中，对儿童认知领域的研究最多(Rouse et al.，2005)。在本部分中，我们将首先讨论有关入学准备概念的发展；其次，将介绍儿童入学准备的五大领域；最后在此基础上，讨论认知准备的重要性。

一、入学准备概念的发展

有关入学准备的定义，长期以来都存在争论。最初，研究者将入学准备定义为两个相对立的概念，即“为学习的准备”(readiness for learning)以及“为学校的准备”(readiness for school)(Carlton & Winsler，1999；Kagan，1990；Kagan & Neuman，1997)。前者被认为是儿童完成特定学习活动或者任务所需要的能力发展水平，而后者指的是儿童为能达到学校要求而应具备的一系列能力标准，包括运动、认知和社会性发展方面(Kagan，1990)。这两个概念相互对立，有研究者将这两者整合，进而衍生出了“成熟度准备”的概念(Kagan，1990；Kagan & Neuman，1997)。

根据“成熟度准备”的观点，在入学前，儿童应具备一系列的技能，以达到相应的标准。但同时，这一观点也强调儿童逐步获得技能的过程。要确定儿童是否作好了入学准备，年龄是重要的标准。研究者认为只有当儿童足够成熟或者达到特定年龄时才能够获得特定的技能(Kagan，1990)。简言之，这一观点认为入学准备是儿童的内在特质，儿童需要成熟和发展以达到入学的要求(Carlton & Winsler，1999；Scott-Little，Kagan，& Frelow，2006)。这一观点具有片面性，只强调儿童本身的发展，而低估了家长、教师以及儿童所处环境对儿童的影响，因此，受到了大量的批评。

以上“成熟论”的观点将入学准备的结果完全归咎于儿童，一旦儿童被认为没有作好准备，就不能入学。与此相反，“社会建构论”将儿童的学习认为是儿童与其所处的社会文化环境互动的过程(Carlton & Winsler, 1999; Kagan & Neuman, 1997)。这一理论的创始者维果茨基主张，即便儿童还未作好足够的准备，我们也应该让他们有机会接触学校，而不应采取“等着看”的态度。通过与教师、同伴和其他成人的互动，儿童不断学习，并获得发展。进而在这一理论视角下，“入学准备”是指儿童在一位较高水平的成人或者同伴的帮助下所能达到的成就或者技能水平(Carlton & Winsler, 1999; Gredler, 1992)。这一观点认为，入学准备的概念是由家长、教师、家庭、学校和社区所界定的。但是到底“准备”包含哪些方面则因不同持份者和所处的社区而不同(Meisels, 1999)，因而，人们对于“入学准备”的理解就很难达成共识。

布朗芬布伦纳的生态系统理论(Bronfenbrenner, 1994; Bronfenbrenner & Morris, 1998)对进一步推进研究者对于入学准备的理解有重要的影响。与社会建构理论相似，这一观点强调儿童在入学前获得必要的知识以及儿童与不同人或者环境的互动。同时，这一观点强调了儿童发展所处的整个生态系统，进而指导研究者从更广阔的社会环境理解儿童及其发展(Bronfenbrenner, 1994)。儿童的发展不仅受到与其直接相关的家庭和学校的影响，同时也受到社区、家长工作单位，甚至宏观社会背景，包括文化、社会习俗以及国家政策等的影响。儿童在与不同的人和情境产生动态互动的过程中不断提升并促进自身入学准备水平。正如凯根(Kagan)和纽曼(Neuman)(1997)所提出的，入学准备并不是衡量儿童发展状况的特定状态，而是由儿童自身、家庭、机构和社区等组成的一系列条件共同作用，促进了儿童的健康发展和学习。

NEGP对入学准备的界定正是采纳了生态系统理论的观点，从儿童入学准备的维度以及决定因素两个方面作了阐述，并进一步指出，入学准备包含三个相互联系的成分，即“儿童的准备”、“学校为儿童所作的准备”以及“家庭和社区为促进儿童入学准备所提供的支持和服务”(Child Trends, 2000; Hair et al., 2006)。其中，“儿童的准备”是指儿童在学校中学习所需要的各项技能和能力。这部分将在后续内容中作详细介绍。“学校为儿童所作的准备”是指幼儿园和小学为帮助儿童顺利过渡到小学学校生活所提供的支持和帮助。两类机构能够为儿童提供不同方面的发展机会，同时也能够帮助儿童顺利从家庭生活过渡到学校生活，并从一种学校情境过渡到另一种情境。通过提供高质量的教育，两类机构能够帮助儿童满足个体需求，并且为儿童的学习提供支持,促进其潜能的发展(Child Trends, 2000; Kagan & Neuman, 1997; NAEYC, 1995)。"家庭和社区的支持"提倡家长要与儿童有足够的互动,为儿童的学习提供支持,同时,社区也要为儿童及其家庭提供健康或者教育服务(Kagan et al., 1995; NEGP, 1997)。

二、儿童入学准备的五大领域

虽然儿童的入学准备对其未来学业发展和成功至关重要,但是家长和教师对于哪些是入学准备的必要技能持不同的观点,因此,双方对于儿童是否作好了入学准备持不同的意见。基于大量有关早期教育和发展方面的研究,以及不同领域专家的观点,NEGP 提出了儿童早期学习与发展的五大重点领域,并强调儿童的全面发展,而不仅仅局限于学业技能(Rouse et al., 2005; Scott-Little et al., 2006; Zaslow, Calkins, Halle, Zaff, & Margie, 2000)。这五大领域包括身体健康和运动发展、社会性和情绪发展、学习品质、语言发展以及认知和一般知识(Child Trends, 2000; Kagan et al., 1995; Snow & Van Hemel, 2008)。NEGP 指出,这五大领域虽然涉及儿童发展的不同方面,但互相交织和联系,应被视为一个整体(Kagan et al., 1995)。

第一个领域为儿童的身体健康和运动发展,主要包括与身体发展相关的生理指标和运动能力以及与此相关的发展环境(Kagan et al., 1995; Scott-Little, 2009)。其中身体发展强调儿童的生长速率以及健康水平。运动能力则包含粗大和精细运动能力以及协调能力(Child Trends, 2000; Kagan et al., 1995; Snow & Van Hemel, 2008)。此外,这一领域也包含儿童的营养状况和居住条件(NEGP, 1997; Zaslow et al., 2000)。

第二个领域涉及儿童的社会性和情绪发展。社会性技能主要指儿童能够主动和教师或者同伴交往的能力,能够与同伴交朋友,维持同伴关系,倾听他人的观点,在互动中理解他人,并表现出诸如合作、分享、忍耐等亲社会行为,控制反社会行为等(Ladd, Herald, & Kochel, 2006)。情绪能力主要指儿童对自己和他人情绪的辨识、理解和解读能力,知道如何恰当回应大人,能够积极表达情绪并且控制负面情绪等(Scott-Little, 2009)。

第三个领域关注儿童的学习品质。Kagan 和同事(1995)将这一领域定义为儿童学习和掌握技能的能力。狭义而言,是指儿童积极参与班级学习活动所表现出的一系列可被观察、教授以及改变的行为(Fantuzzo, Perry, & McDermott, 2004),具体可表现为儿童在任务中的坚持性,在学习过程中具有专注力、反思能力,能够解释自己的学习方法和过程以及能够发挥想象和创造的能力(Kagan et al., 1995)。

第四个领域为语言和阅读技能。语言技能是指儿童应当学会倾听并理解他人的言语,能够恰当表达自己的情绪、观点和想法,以及在不同的情境下灵活使用语言的能力,比如寻求帮助以及分享信息等(Kagan et al., 1995)。早期阅读则由一系列能力所构成,包括对印刷品的认识和意识、语音意识、有一定的故事知识、对阅读有兴趣,并具备一定的前书写能力(Child Trends, 2000; Kagan et al., 1995; Scott-Little, 2009; Snow & Van Hemel, 2008)。

最后一个领域是儿童的认知发展和一般知识。这一领域与儿童的学业表现密切相关,主要包括物体知识(有关事物属性和特征的知识)、逻辑数学知识(能够辨认事物异同,以及找出事物关系的能力)以及社会常规知识(社会常规方面的知识)。此外,这一领域还包括与信息加工和问题解决能力紧密相连的重要技能,即执行功能(Scott-Little, 2009)。具体而言,执行功能主要指儿童保持注意力、能够记住信息、控制冲动以及能够应用所学内容的能力(Blair, 2002; Blair et al., 2007)。很多研究都探讨了认知领域和儿童学业成绩之间的关系。

如上所述,儿童的入学准备技能包含身体和运动、社会性及情绪、学习品质、语言以及认知五大方面。尽管这是一个综合性的概念,但认知准备被赋予更大的意义。大量的研究关注这一领域,入学认知准备被认为"与准备的相关度最高"(Kagan, 2003; Rouse et al., 2005),主要原因如下:

第一,在各国的学习与发展标准中,对儿童认知能力发展的描述占主导。比如,在过去的数十年中,美国大力提倡在K-12年级的教育体系中进行基于标准的教育,这种模式也向下延伸到了学前教育。斯考特-利特(Scott-Little)、凯根(Kagan)以及弗莱乐(Frelow)收集了美国各州46份儿童早期学习与发展标准,发现对认知和一般知识的描述在各份标准中都占据了主要的篇幅。各州对于认知技能的发展都设置了清晰的指标。由此可知,早期认知技能的发展是儿童未来学业发展的重要因素。

第二,儿童认知能力的提升也被视为检验学前教育项目或者干预项目质量和效能的重要指标(Reynolds, Mavrogenes, Bezruczko, & Hagemann, 1996)。一些优质的学前教育机构通常为儿童提供了大量的认知刺激,并且强调认知领域以及早期学业技能的发展(UNESCO, 2006)。对认知技能的强调也体现在政策文件中。比如,美国前总统布什(2002)所颁布的“良好开端,聪明成长”计划中强调要确保加强和促进参加开端计划儿童认知能力的发展。而在之后所颁布的入学准备法案中(U. S. House of Representatives, 2005)提到了六条与儿童发展质量标准相关的条目,其中三条与入学认知准备相关,包括前阅读、前数学技能以及与学业成就相关的能力。因此,大量研究使用了不同的认知技能评估工具考察学前教育机构项目的效能。

第三,与其他领域相比,认知准备是儿童未来学业发展的重要预测变量,对儿童未来学习与发展的预测作用更强(Duncan et al., 2007; Pagani, Fitzpatrick, Archambault, & Janosz, 2010; Paro & Pianta, 2000)。大量的研究显示,儿童在入学前所掌握的知识和认知技能对后期的学业发展有重要的影响,且这一影响是长期而深远的(Ackerman & Barnett, 2005; Scott-Little, 2009; Le, Kirby, Barney, Setodji, & Gershwin, 2006)。在本章第三节中我们将对此作进一步探讨。

总之,儿童的入学准备包含五个不同的方面,但在实践和相关的研究中,儿童的认知和一般知识技能受到了更多的关注。

三、重要的入学认知准备要素——执行功能

以上的文献回顾显示,在五大入学准备领域中,入学认知准备受到了特别的重视。而近年来,作为入学认知准备的重要方面——执行功能也愈来愈受到关注。执行功能被称为“大脑的交管系统”(Center on the Developing Child at Harvard University, 2014),主要包含工作记忆、抑制控制和认知灵活转换三个成分(Ackerman & Friedman-Krauss, 2017; Blair & Razza, 2007; McClelland, Cameron, Wanless, & Murray, 2007; Miyake, Friedman, Emerson, Witzki, & Howerter, 2000)。

不少教师反映儿童从幼儿园过渡到小学的过程中表现出诸多问题,他们往往不能听从教师的指令、不能独立完成任务、较难保持注意力、无法坐定、在任务中较难表现出坚持性(Chan, 2010; Rimm-Kaufman, Pianta, & Cox, 2000)。儿童所表现出的这些问题正是执行功能三个成分的具体表现,并且被教师认为是超越一般知识的重要入学准备成分(Blair, 2002; Rimm-Kaufman et al., 2000)。研究表明,儿童是否具有较高水平的执行功能,是否能够较好地调控自我是预测未来能否在学校教育中获得成功的重要指标(Rimm-Kaufman, Curby, Grimm, Nathanson, & Brock, 2009; Welsh,

Nix, Blair, Bierman, & Nelson, 2010)。儿童早期低水平的执行功能预示着低水平的学业表现(McClelland, Acock, & Morrison, 2006; McClelland, Cameron, Connor et al., 2007)。

当前,研究者越来越强调对儿童执行功能的研究,以便于我们更深入地理解儿童是如何学习的,以及他们是怎么应用知识的(Blair, 2002)。然而,到底什么是执行功能,以及儿童的执行功能如何发展尚未有定论。在本部分中,研究将介绍执行功能的重要成分以及在学前阶段的发展过程。

(一) 执行功能的成分

近年来,大量研究已经关注了学前儿童执行功能的发展,但对这一概念所包含成分的界定尚无定论。很多学者提出将此分为"冷"执行功能和"热"执行功能(如Zelazo & Carlson, 2012)。其中,"热"执行功能属于社会性和情绪发展范畴,以情感卷入为重要特征,最典型的任务是延迟满足,在这一任务中儿童需要抑制自己想要即刻获得奖励的欲望,而选择等待一段时间后获得更大的奖励(Mann, Hund, Hesson-McInnis, & Roman, 2016)。

"冷"执行功能属于认知领域范畴,通常指能够解决相对抽象的、去情境化问题的能力,也被认为是学业技能的首要成分(Mann et al., 2016; McClelland, Cameron, Wanless, & Murray, 2007),对儿童学业表现有重要的预测作用(Blair, 2002)。在这一概念下,研究者使用了不同的术语,包括意志控制/注意控制/抑制控制/有意控制,注意转换/注意灵活性/认知灵活性,以及言语/非言语工作记忆等。总体而言,认知性"冷"执行功能包含三个主要的成分,即工作记忆、抑制控制以及注意或者认知的灵活转换能力(Bierman, Torres, Domitrovich, Welsh, & Gest, 2008; Blair, 2002; McClelland, Cameron, Connor et al., 2007; Zelazo, Carlson, & Kesek, 2008)。

在学校情境下,当儿童具备高水平的注意力、对教师指令的理解和记忆能力,以及能够控制无关行为的能力时,则被认为是"作好入学准备的儿童",他们比起其他儿童具有更强的学习能力,更能完成各种学业任务(Bodrova & Leong, 2006; McClelland, Cameron, Connor et al., 2007)。较强的工作记忆能力确保儿童能够记住重要的信息,并且能够恰当提取和利用已有的信息学习新的内容及解决问题。良好的注意力有助于儿童聚焦在特定任务或者问题中,并且较好地忽略外在或者内在的干扰。同时,也能够帮助儿童在不同的任务中灵活地转换。抑制控制能力能够帮助儿童有效控制冲动行为或者使用不恰当的问题解决方法，而使用更恰当的应对方式解决问题（Cameron, McClelland et al., 2008; Cameron, McClelland et al., 2009; Diamond et al., 2007; McClelland, Cameron, Connor et al., 2007; Wanless, McClelland, Acock, Chen et al., 2011）。

尽管执行功能包含两个方面，但由于"冷"执行功能与学业发展有着密切的联系，大部分有关入学准备的研究集中于对"冷"执行功能的探讨。由于本研究将在儿童入学准备的基础上，进一步探讨入学准备对儿童学业发展的影响，因此，也将聚焦于认知性的"冷"执行功能。

（二）执行功能的发展

学前期是儿童执行功能发展的重要阶段（Bronson, 2000）。大量的研究表明，儿童在3—6岁时，执行功能的发展最为迅速（Blair, 2003; Cameron, McClelland et al., 2008; Carlson, 2005; Carlson & Wang, 2007; Jahromi & Stifter, 2008; Smith-Donald, Raver, Hayes, & Richardson, 2007）。在此阶段，儿童逐步学会自我调控，并能够使用一些规则引导自己的行为（Shonkoff & Phillips, 2000）。大部分相关的研究都关注学前期的儿童。然而，在童年中期，儿童执行功能是如何发展的，对这一问题的研究相对缺乏，尚无定论。有一些研究探讨了这一时期儿童执行功能的发展。布罗基（Brocki）和波林（Bohlin）（2004）考察了6—13岁儿童执行功能的发展，他们的研究显示，儿童的抑制控制能力在7.6—9.5岁时的发展惊人，而9.6—11.5岁期间的发展则不明显。赫伊津哈（Huizinga）等人（2006）探讨了7—21岁青少年的执行功能发展状况。研究显示，年龄对个体注意转换能力有显著的影响，在11—15岁时儿童工作记忆、注意转换以及抑制控制能力达到成人的水平。莱赫托（Lehto）等人（2003）研究发现，在8—13岁儿童中，年龄与儿童的工作记忆以及注意转换能力呈显著相关，但与抑制控制能力相关性不大。戴维森（Davidson）等人（2006）进一步拓展了被试的年龄范围，在研究中包括4—13岁儿童以及少量青年。他们的结果显示：1.与较年长儿童以及青年相比，年幼儿童，即使到了6岁，在抑制控制方面仍存在问题；2.在记忆负荷最小的认知转换任务中，即使13岁的儿童，也未能达到成人的水平。此外，也有研究显示，4—13岁期间，儿童执行功能的发展差异是稳定的（Raffaelli, Crockett, & Shen, 2005）。

总之，学前期是儿童执行功能发展的重要时期。随着儿童年龄的增长，他们会逐步经历从依赖他人的他律到由自我调节和控制的自律的过程(Raikes, Robinson, Bradley, Raikes, & Ayoub, 2007),并且更依赖于认知功能的调节。同时,儿童执行功能的各个方面发展速率不同。

四、小结

在本部分中,我们对入学准备概念的发展以及国际上公认的儿童入学准备五大领域作了回顾和简要描述。当前,学前教育领域研究者均认可从生态系统理论的角度探讨儿童的入学准备,并一致认为,儿童入学准备发展状况不仅受到儿童自身能力的影响,同时也是家庭和学前教育机构共同作用的结果。在对儿童身体健康和运动发展、社会性与情绪发展、学习品质、认知发展和一般知识以及语言和阅读技能五大入学准备领域的研究中,国内外研究者普遍偏重认知领域的研究,且在这其中,执行功能的发展逐步被纳入到入学准备的研究中。

第二节　入学认知准备的评估方法与工具

在国外,入学准备测试被广泛用于评估儿童的入学准备状况,并且帮助教师或者家长作出有关儿童的教育决策(Kagan, 2003; Maxwell & Clifford, 2004)。以上的研究显示,儿童入学认知准备能力受到特别的关注,因此,大量的研究中都使用了认知准备评估测试。目前,研究者对于到底什么是最佳的入学认知准备测试或者研究工具并未达成共识。在以下的部分中,研究将从评估的方法和评估工具两个方面对当前使用较普遍的研究工具作介绍。

一、入学认知准备的评估方法

入学认知准备的评估方法大致可分成两类:自然评估(naturalistic assessment)以及标准化/常模参照的测试(Maxwell & Clifford, 2004)。自然评估包括教师评估、观察评定以及儿童作品取样法,这些评估方法往往被用于提升儿童的学习。标准化/常模参照的评估通常是对儿童进行的直接测试，被用于儿童发展筛查、项目评估以及儿童发展高风险决策。目前，两种评估方法都被广泛应用在儿童入学准备的研究中，并以儿童直接测试、问卷以及观察评估的方式为主（Snow & Van Hemel, 2008）。

儿童入学准备发展问卷通常以核查表或者调查问卷的形式呈现，研究者通常邀请教师或者家长基于对儿童的观察，评估其各方面的表现。比如，儿童认知准备测试（Primary Test of Cognitive Skills, PTCS）考察儿童的空间技能、记忆能力以及对概念的掌握情况，通常由成人根据儿童的表现，对测试中的相关条目进行评定（Snow & Van Hemel, 2008）。学前儿童执行功能行为评定问卷（Behavior Rating Scale of Executive Function-Preschool Version, BRSEF-P）在国际上被广泛用于儿童执行功能的评定，由教师或者父母评估儿童在日常生活中各项执行功能的表现，包括抑制、转换、情感控制、工作记忆和组织计划五个因子，并进一步构成抑制自我调控指数、认知灵活性指数以及元认知指数三个维度（Gioia, Espy, & Isquith, 2003）。观察评定表则是由研究者设置一定的任务情境，并观察儿童完成任务的过程，在此基础上对特定的内容进行评估。例如，研究者可以借助高瞻课程中的儿童观察记录（High/Scope Child Observation Record）对儿童的创造性表征能力进行观察并作评估（Snow & Van Hemel, 2008）。

以上的梳理表明，使用问卷或者观察评定法评估儿童的入学准备需要父母、教师或者接受过培训的研究者对儿童的表现进行评定，这一方法可以帮助研究者在短期内收集较大样本的数据，而且成本相对较低。然而，这种方法的信度和效度常受到质疑（Smith-Donald et al., 2007）。首先，儿童有时在评估者（如研究者、教师或者家长）面前并不能自然地表现自我。因此，研究者无法全面地了解儿童。特别是在观察评定的过程中，可能评估者在观察的过程中没有看到儿童的特定表现，无法就此认定儿童不具备相应的能力。第二，评估者常常有自己的期望、经验以及主观判断，这将进一步导致评估的差异。此外，在使用这些方法进行研究的过程中，往往涉及到不同的评估者，而评估者间由于对评估标准和具体条目理解的不同，也会造成差异（Cameron, Connor, Morrison, & Jewkes, 2008; Smith-Donald et al., 2007; Wanless, McClelland, Acock, Chen et al., 2011）。

为了弥补问卷和观察评估的不足，研究者逐步开发的直接测试，在入学准备的研究中被广泛使用。特别在认知能力评估方面，研究者开发了大量的工具。通常而言，这些测试需要在一对一的情境下完成，研究者给出相应的指导语，儿童对此作出回应，包括口头回答、指出正确的图片、使用笔画画或者书写等（Snow & Van Hemel，2008）。整个测试过程高度标准化，研究者为儿童呈现相同的材料，以相同的形式进行测试，所有的指导语和计分方式也都统一，以确保儿童在同样的条件下接受测试（Galper & Seefeldt，2009；Snow & Van Hemel，2008）。在执行功能的测查中，研究者通常借助特定的实验任务考察儿童的抑制控制或者运动控制、注意或认知的灵活转换能力以及工作记忆（Garon，Bryson，& Smith，2008；McCabe，Hernandez，Lara，& Brooks-Gunn，2000；McCabe，Rebello-Britto，Hernandez，& Brooks-Gunn，2004；Simonds，Kieras，Rueda，& Rothbart，2007；Smith-Donald et al.，2007）。尽管这些任务旨在考察儿童在日常生活中执行功能的表现，并且严格遵循统一的测试程序，但这些任务通常在实验室情境下完成，并且需要特定设备，对儿童而言是非自然的情境（Cameron，McClelland et al.，2008；McCabe et al.，2004）。比如，常用的抑制控制任务 go/no go 测试就需要在实验室进行，并且要借助电脑，由被试儿童判断屏幕所呈现的刺激后，以按键的方式作出反应。在这些非自然的情境下，儿童往往不能很好地表现自我。因此，研究者提出要使用具有生态效度的测试任务对儿童进行评估（McCabe et al.，2004；McClelland，Cameron，Connor et al.，2007；Smith-Donald et al.，2007），即入学准备的测试应在自然情境下进行，利于儿童自然地表现自己的行为。同时，对偏远地区的贫困儿童而言，他们无法到研究所或者大学的实验室参与测查，因此，具有生态化效度的测试具有较好的适用性，也能较大限度降低研究的成本。本研究对儿童的直接测查也将选用生态化效度较好的任务，在学校情境下，对儿童入学准备的发展状况进行测查。

简言之，在入学准备的研究中，研究者通常使用问卷、观察以及直接评估的形式。由于直接测试包含标准化的程序，因此被大量使用于相关的研究中。随着研究者对具有生态化效度测试的倡导，能够在儿童所熟悉的幼儿园或者学校情境中进行的入学准备测试工具日益受到推崇。

二、入学认知准备的评估工具

（一）入学认知能力的评估工具

对儿童入学认知准备的直接测试可以分成两类。第一类是儿童发展测试，第二类则考察儿童的前学业技能(Carlton & Winsler, 1999)。

在本部分的回顾中,研究仅关注第一类测试,即儿童发展测试。在此类测试中,研究者经常使用智力测验(Zaslow et al., 2006)。比如,美国的初学者方案(the Abecedarian Project)使用斯比量表评估3—4岁儿童的入学认知准备水平,对5岁儿童则使用韦克斯勒学前儿童智力量表(Campbell, Pungello, Miller-Johnson, Burchinal, & Ramey, 2001)。研究考察了儿童推理、记忆、编码和比较等认知能力(Rock & Stenner, 2005)。印度所进行的一项小规模研究则使用麦卡锡儿童智力量表考察家庭处境不利儿童在知觉、言语、记忆以及数学等方面的认知技能(Rao, 2010)。

以上的文献回顾显示,测查儿童入学认知准备有不同的研究工具。不同的研究关注和强调了认知发展的不同方面,在选择使用时需要根据研究的目的进行筛选。同时,也需要考虑测试所适用儿童的年龄特征、文化适宜性以及测试的性质等因素(Maxwell & Clifford, 2004)。比如,对于处境不利儿童而言,测试的公平性是值得关注的问题(Snow & Van Hemel, 2008)。如果儿童对于测试的内容不熟悉,且测试的内容不能较好地反映儿童的生活和文化经验,那么他们就很有可能在测试中失败,他们的能力将被低估。此外,儿童的特征以及测试的形式也会影响儿童的表现。比如,需要口头回答的测试对于容易害羞的儿童就不利。

另外,在测试的过程中,儿童是否能够理解测试的指导语也会影响测试结果。在一些情况下,儿童所给出的回答不正确并不代表他们没有获得某些技能,而可能是他们没有理解指导语所造成的。因此,儿童在特定测试中回答的有效性首先是基于其对测试过程中各种指导性语言的理解。只有正确把握指导语的含义,儿童才能领会测查的要求和作答的方式,给出相应的反馈,也正是建立在这样的基础上,测试才能反映儿童的最真实表现。否则,儿童将面临着双重的"危险境地"(Wilson, 2000)。由此,各测试指导语中所包含的概念是最基础也是最重要的,是评估儿童认知发展的核心。

布莱肯基本概念量表(修订版)(Bracken Basic Concept Scale-Revised, BBCS-R)(Bracken, 1998a)正是融合了多项测验指导语中所包含的关键概念,对评估儿童早期的入学认知准备能力具有一定的有效性。有研究分析了BBCS-R对美国五大智力和学业测试指导语中所含概念的覆盖率。结果显示,BBCS-R选取了韦克斯勒学前与小学儿童智力量表(修订版)(Wechsler Preschool and Primary Scale of Intelligence-Revised, WPPSI-R)指导语中的42个基本概念、贝利婴幼儿发展量表(第二版)

(Bayley Scales of Infant Development-Second Edition, BSID-II)指导语中的 29 个基本概念、斯坦福-比纳量表(第四版)(Stanford-Binet Intelligence Scale-Fourth Edition, SB: FE)指导语中的 25 个基本概念、区分能力量表(Differential Ability Scales, DAS)指导语中的 23 个概念以及伍德考克-约翰逊成就测试(修订版)(Woodcock-Johnson Tests of Achievement-Revised, WJ-R)指导语中的 12 个概念(Wilson, 2000)。该量表具有良好的信效度,重测信度以及量表的一致性信度系数均在 0.78 以上(Bracken, 1998b)。儿童在该量表的得分也与以上五大测试以及一项前学业成就测试——大都会准备测试(第六版)(Metropolitan Readiness Test-Sixth Edition)的得分呈显著正相关(Bracken, 1998b; Panter, 2000)。同时,BBCS-R 中前六个分量表所组成的入学准备综合得分(School Readiness Composite)对儿童的学业表现有显著的预测作用(Bracken, 1998b)。此外,BBCS-R 能够最大限度避免测试偏差的产生,在对学前儿童尤其是处境不利儿童入学认知准备状态的评估中具有一定的优越性。首先,该测试是一个独立测试的评估工具,适于对那些需要特别支持、对环境结构化要求高的儿童进行施测。第二,该量表采用图片式的测评方式,所提供的刺激色彩丰富,并且图片中呈现的内容都是常态的,方便儿童回答,并能提高答题兴趣。第三,儿童作答方式灵活,并且不需要口语反应,因而也适用于那些害羞、表现沉默或者有生理局限的儿童。以上特征完全符合入学准备评估工具应具有的独立施测性、适宜性以及有较高的信度这三个基本的特征(Rock & Stenner, 2005)。

由于以上的优势,BBCS-R 已经在美国、中国、印度等多个国家的研究中被使用(Duncan et al., 2007; Rao, 2010; Rao, Sun, Zhou, & Zhang, 2012)。比如,美国国家儿童健康与人类发展中心的大型追踪研究在第一期对三岁儿童的测试中就使用了 BBCS-R(NICHD ECCRN, 2001)。在另一项对包括中国在内的十国儿童学前教育经历与早期发展关系的跨文化比较研究中,研究者使用这一量表对 4—7 岁儿童入学认知准备状况进行测查(Montie et al., 2006)。本书研究中也将使用这一量表考察儿童的入学认知准备发展状况,但在原有基础上,对一些题目作了文化适宜性的修改和调整。对这一量表的具体介绍详见第五章。

总体而言,在入学认知准备测试中,研究者较多使用智力测验或者前学业技能测试。在测试中,儿童对指导语的理解是确保评估有效性的重要条件和保障,因此,对儿童基本概念的测试也被逐步广泛应用于儿童入学准备的测试中。布莱肯基本概念量表已为广大研究所使用,并将被应用到本研究中。

（二）前学业技能的评估

如上所述，前学业技能也是入学认知准备评估中经常被关注的内容。不少有关儿童入学准备的研究考察了儿童在阅读、读写以及书写等方面的学业准备能力。通常这些工具关注儿童的“接受性和表达性言语”、“言语智力或者能力”以及“早期数学能力”(Zaslow et al.，2006)。例如，美国关注低收入家庭儿童的早期开端计划研究与评估项目，使用皮博迪图片词汇测试(第三版)评估儿童的词汇知识，使用伍德考克-约翰逊测试(修订版)考察儿童对字母和单词的鉴别能力(Chazan-Cohen et al.，2009)。早期儿童追踪研究(幼儿园版，2011 年)(ECLS-K：2011)编制了儿童语言和阅读、数学以及科学三大测试，追踪和考察儿童从幼儿园至小学阶段的学业认知能力。其中，语言和阅读测试包含基本阅读技能、词汇发展和阅读理解三个方面；数学测试包含数字特征与操作、测量、几何、数据分析与概率以及代数；科学测试包括科学探索、生命科学、物理科学以及地球与空间科学(Najarian，Tourangeau，Nord，& Wallner-Allen，2018)。邓肯等人(Duncan et al.，2007)对于美国、英国和加拿大六个大型追踪项目的研究显示，除上述提到的学业准备能力测试外，这些研究还使用皮博迪个体阅读(PIAT Reading)和数学测试(PIAT Math)、英语图片词汇测试(English Picture Vocabulary Test)、数字知识测试(Number Knowledge Test)等测查儿童的早期学业准备状况。

在我国的相关研究中，由于存在文化差异和语言的问题，研究者通常采用自编的工具考察儿童的数学和语言技能。如刘焱研究团队(2012)和潘月娟研究团队(2012)分别采用《学前一年教育纳入义务教育的条件保障研究》课题组自编的《学前一年儿童学习结果测验(语言)》和《学前一年儿童学习结果测验(数学)》考察我国城乡儿童早期数学和语言技能的发展差异。其中，语言准备能力的测试内容包括汉字识别、汉字结构意识、故事理解、图画理解与讲述、前阅读技能等八个方面，数学准备能力包括数、量、集合空间和关系四大领域(刘焱等，2012；潘月娟等，2012)。也有研究者(如，张莉，周兢，2018；Zhang，Sun，Richards，Davisdon，& Rao，2018)借助目前亚太地区使用较为普遍的亚太学前儿童早期发展量表(The East Asia and Pacific Early Child Development Scales，EAP-ECDS)(Rao，Sun，Ng et al.，2014)，从其中的认知发展以及语言和阅读发展分量表中选取相应题项探讨儿童前学业技能的发展。其中，关于早期语言能力的题项考察儿童的表达性和理解性词汇、语音意识、故事讲述、汉字认读、前阅读和前书写能力，早期数学能力的题项包括数量、数数能力、简单计算、模式和分类、图形命名等(张莉，周兢，2018)。

由此可知，由于文化差异的影响，不同国家的研究者所采用的前学业技能测量工具有所不同，但在考察内容上具有一定的相似性。在我国，研究者通常根据儿童的特征，从普遍使用的儿童发展测试中选取相应试题或者自编对学业准备技能进行测试。

(三) 儿童执行功能的测量

在儿童执行功能的研究中，研究者通常采用多个任务考察儿童不同方面的发展状况。表 2-1 所展示的是 15 项有关学前期至童年中期儿童执行功能发展研究中所使用的测试任务。这些任务涵盖了工作记忆、抑制控制、注意的灵活转换或者计划技能等执行功能的不同方面。工作记忆的测试任务主要是让儿童记住并能够正确回忆起目标信息，或者能够以完全反向的顺序回忆起信息。韦克斯勒儿童智力量表(第三版)中的正背或者倒背数字/词汇任务被广泛使用于 3—17 岁儿童的测试中(Anderson, Anderson, Northam, Jacobs, & Catroppa, 2001; Bierman et al., 2008; Bull, Espy, & Wiebe, 2008; Oh & Lewis, 2008)。抑制控制任务则要求儿童能够抑制优势反应，呈现出正确的反应(比如，给出相反的反应)。一些研究使用敲击任务以及白天/黑夜等干扰任务对 3—7 岁儿童进行测查(Bierman et al., 2008; Blair, 2003; Diamond & Taylor, 1996; Jahromi & Stifter, 2008; Oh & Lewis, 2008; Rimm-Kaufman et al., 2009; Smith-Donald et al., 2007)。注意或者认知转换任务需要儿童能够同时掌握两种或者更多的规则，并且在不可预测的条件下能够运用正确的规则作灵活反应。研究者使用维度改变卡片分类任务(Dimensional Change Card Sort, DCCS)以及威斯康星卡片分类任务(Wisconsin Card Sorting Test, WCST)考察 3 岁至青春期后期的儿童在此方面的能力(Bierman et al., 2008; Bull & Scerif, 2001; Huizinga et al., 2006; Oh & Lewis, 2008)。对儿童注意力发展的测查任务主要用于考察儿童对特定刺激的专注力，并能够根据特定的标准作出相应反应。有研究者使用侧翼任务(Flanker Task)探讨 7 岁至青春期后期儿童的注意灵活性。研究者在电脑屏幕上呈现一组箭头，通常为横向排列的五个箭头，儿童需要根据中间的箭头方向与左右两边箭头一致还是不一致作出反应(Huizinga et al., 2006; Simonds et al., 2007)。计划任务常用于探讨儿童复杂的执行功能发展状况。有研究者使用电子版的伦敦塔任务研究 4.5 岁至青春期后期儿童计划能力的发展(Anderson et al., 2001; Bull et al., 2008; Huizinga et al., 2006)。

表 2-1 常用的儿童执行功能任务

成分	任务	作者，年份；儿童年龄；儿童数量	描述	测试的次数及材料	评分
工作记忆	手部动作	Brocki 和 Bohlin，2004；6—13 岁；92	儿童需模仿实验者的一系列手部动作(2—6 个动作)	20 次	正确回答的题数
	时间再现	Brocki 和 Bohlin，2004；6—13 岁；92	儿童需再现实验者使用手电筒照射的时间	6 次；手电筒	儿童与实验者照射时长的时间差
	数字广度	Brocki 和 Bohlin，2004；6—13 岁；92	儿童需以同样或者完全相反的顺序复述实验者所读出的一组数字	正向或者反向各 8 次；韦克斯勒儿童智力量表(第三版)数字广度分量表	0—16
	正背/倒背词汇广度	Bierman 等，2008；4 岁；356 Oh 和 Lewis，2008；3—5 岁；116 Bull 等，2008；4.5 岁；124 Anderson 等，2001；11—17 岁；138	儿童需正背或者倒背所听到的一组词		能正确复述词汇的最大数量
	抽象图形—工作记忆	Davidson 等，2006；4—4.5 岁；325	儿童对 6 个不同的图形作不同的按键反应(左键或右键)	40 次；电脑	儿童正确反应的百分比
	活动记忆	Huizinga 等，2006；7—21 岁；384	儿童需看水果—动物图片对，每 4—7 对刺激出现后，需回答当前看到的图片对与之前看到的是否吻合。刺激中水果、动物的数量会增加	电脑	正确回答的百分比

续 表

成分	任务	作者,年份;儿童年龄;儿童数量	描述	测试的次数及材料	评分
工作记忆	空间广度	Lehto 等, 2003;8—13 岁;108	屏幕上先呈现 10 个白色盒子,之后一定数量的盒子会逐次变色,每次一个盒子,变色 3 秒,随后出现语音提示,儿童需要复现出现变化的盒子顺序	触摸敏感显示器	儿童能够正确排序的一组盒子的最大数量
	计数广度	Bull 和 Scerif, 2001;6. 5—8. 5 岁;93	儿童需数出一系列含有一定数量绿点和白点的卡片上绿点的数量,并在一个系列结束后按顺序正确复述出每张卡片上还有的绿点的数量	含有一定数量绿点和白点的卡片	儿童能够正确复述出绿点数量的一组卡片的最大数量
	科斯积木测试	Bull 等, 2008;4. 5 岁;124	儿童需按照实验者所指的积木顺序或者完全相反的顺序指出一系列的积木	积木	儿童能够正确指出一系列积木的最大数量
	盒子移动测试	Oh 和 Lewis, 2008;3—5 岁;116 Lehto 等, 2003;8—13 岁;108	儿童需从 8 个带有不同颜色和图形盖子的盒子中依次找到 8 张贴纸,每寻找一次,研究者重新摆放盒子	触摸敏感显示器	策略得分;搜寻错误的次数
	井字游戏	Huizinga 等, 2006;7—21 岁;384	儿童需观察并记住井字格上字母 X 和字母 O 出现的位置,随后作按键反应	30 次;电脑	反应正确的比例
抑制控制	平衡木	Rimm-Kaufman 等, 2009;4—6 岁;172 Smith-Donald, 2007;3.5—6 岁;63 Bierman 等, 2008;4 岁;356	儿童需在 6 英尺宽的平衡木上尽量慢走	平衡木	走路时间; 慢速行走和正常行走的时间差

续　表

成分	任务	作者,年份;儿童年龄;儿童数量	描述	测试的次数及材料	评分
抑制控制	敲击任务	Rimm-Kaufman 等, 2009;4—6 岁;172 Smith-Donald, 2007; 3. 5—6 岁;63 Blair, 2003;3. 5—6 岁;42 Jahromi 和 Stifter, 2008; 4. 5—5. 5 岁;178 Bierman 等, 2008;4 岁;356 Diamond 和 Taylor, 1996; 3. 5—7 岁;160	当实验者敲击两下时,儿童需敲击一下,依此类推	16 次;两支铅笔	错误的次数
	反应/不反应任务	Brocki 和 Bohlin, 2004;6—13 岁;92 Jahromi 和 Stifter, 2008; 4. 5—5. 5 岁;178	当"反应"刺激出现时,儿童需按键反应,当"抑制"刺激出现时则不反应	100 次;电脑	反应时;正确反应次数
	类干扰任务	Brocki 和 Bohlin, 2004;6—13 岁;92	儿童需在看到图片后说出与图片所呈现内容相反的词	32 张图;电脑	错误次数;自我纠正错误次数;未回答的次数
	搭塔任务	Smith-Donald, 2007; 3. 5—6 岁;63 Oh 和 Lewis, 2008;3—5 岁; 116	儿童需和实验者共同轮替搭塔	10 次;积木	0—10
	白天/黑夜任务	Blair, 2003;3. 5—6 岁;42 Jahromi 和 Stifter, 2008; 4. 5—5. 5 岁;178 Oh 和 Lewis, 2008;3—5 岁; 116	当儿童看到白天的图片时要说黑夜,看到黑夜的图片时说白天	16 次;图片	正确回答的次数

续表

成分	任务	作者,年份;儿童年龄;儿童数量	描述	测试的次数及材料	评分
抑制控制	木桩敲击任务	Jahromi 和 Stifter, 2008; 4.5—5.5 岁;178	儿童需按照特定的顺序敲击 3 个彩色的木桩	带有 3 个彩色木桩的木板	试错的次数
	西蒙说	Carlson 和 Wang, 2007;4—6 岁;53	当听到实验者说“西蒙说”时,儿童模仿实验者的动作,如果实验者在发出指令前没有说“西蒙说”,则保持不动	10 次	0—30
	禁止碰玩具	Carlson 和 Wang, 2007;4—6 岁;53 Oh 和 Lewis, 2008;3—5 岁;116	儿童需等实验者回到测试房间后才能碰那份神秘的礼物	玩具	碰玩具得分(0—1);说谎得分(0—1)
	礼物延迟满足	Carlson 和 Wang, 2007;4—6 岁;53	在实验者包礼物的 1 分钟内,儿童不能偷看	礼物	偷看得分(0—2);第一次偷看的潜伏期
	鲁里亚手的游戏	Oh 和 Lewis, 2008;3—5 岁;116	当实验者伸出手指时儿童出拳,而当实验者出拳时儿童伸出手指	14 次	正确回答的次数
	水果动物交替任务	Oh 和 Lewis, 2008;3—5 岁;116	研究者给儿童呈现带水果和动物的卡片,儿童需要根据指令对卡片中的水果或者动物命名	10 次;卡片	连续使用同一规则作反应的错误次数;0—8
	图片	Davidson 等, 2006;4—13 岁;325	当屏幕上出现蝴蝶时无论蝴蝶在左侧还是在右侧,儿童都需要按左键;当屏幕上出现青蛙时,无论其方位,儿童都需按右键	20 次;电脑	正确回答的百分比

续　表

成分	任务	作者，年份；儿童年龄；儿童数量	描述	测试的次数及材料	评分
抑制控制	箭头任务	Davidson 等，2006；4—13 岁；325	当屏幕上出现直向箭头，儿童需根据箭头所在方向按左键或者右键。当屏幕上出现 45 度的箭头时，儿童需根据箭头所指的方向按左键或者右键	20 次；电脑	正确回答的百分比
	信号停止任务	Huizinga 等，2006；7—21 岁；384	儿童需根据箭头所指的方向按键，当箭头颜色改变时则停止按键	50 次练习；100 次实验；电脑	停止的刺激反应时
	斯特鲁普任务	Huizinga 等，2006；7—21 岁；384	在前两组实验中儿童分别说出笑脸的颜色或者方位，在第三组中，当儿童看到特定方位的笑脸，需要报告笑脸的颜色	90 次练习；270 次实验；电脑	在第三组实验中反应潜伏期的中位数
	听注意和反应定势任务	Lehto 等，2003；8—13 岁；108	儿童需听一段为时 1 分钟的音频，在第一部分听到红色时，从桌子上拿起红色方块，在第二部分，听到红色时拿起黄色方块，听到黄色时拿起红色方块，但听到蓝色时仍拿起蓝色方块	66 次；3 种颜色的方块	0—132
	熟悉图片匹配	Lehto 等，2003；8—13 岁；108	儿童需从每组 6 张相似的图片中选出是目标卡片变体的一张	12 次	回答的反应时；持续性应答错误的次数

续 表

成分	任务	作者，年份；儿童年龄；儿童数量	描述	测试的次数及材料	评分
抑制控制	斯特鲁普任务(颜色)	Ciairano 等，2007；7—11 岁；195	儿童首先命名每个颜色词的颜色(颜色词的颜色和其所指代的颜色不一致)，然后阅读颜色词	卡片	错误次数；干扰得分
	斯特鲁普任务(颜色和数量)	Bull 和 Scerif，2001；6.5—8.5 岁；93	儿童需完成颜色和数量两项干扰任务。每项任务分三个阶段，第一阶段，儿童说出所看到的“X”的颜色或者数量；第二阶段为刺激及所代表的意义一致测试，如颜色词的颜色和其所指代的颜色一致，数字和其所代表的量一致，儿童说出刺激材料的颜色或者数量；第三阶段为不一致阶段，如用绿色呈现“红”这个字，让儿童说出该字颜色，为儿童呈现 222，让儿童说出有几个单独的数字	秒表；印有刺激的材料纸	干扰分(不一致条件反应时间与第一阶段反应时间的时间差)；易化得分(一致条件反应时间与第一阶段反应时间的时间差)
注意转换	维度改变卡片分类任务	Bierman 等，2008；4 岁；356 Oh 和 Lewis，2008；3—5 岁；116	儿童需根据实验者的指令按照颜色或者形状对卡片作两次分类，两次分类间无停顿	卡片	儿童在第二个维度正确分类的卡片数
	局部—全局	Huizinga 等，2006；7—21 岁；384	儿童需要完成三组实验任务，在前两组中对局部(小的长方形或者正方形)或者全局(大的长方形或者正方形)的刺激作按键反应，在第三组实验中，按照提示对局部或者全局刺激作按键反应	150 次练习；250 次实验；电脑	前两组实验和第三组实验反应潜伏期的中位数

续　表

成分	任务	作者,年份;儿童年龄;儿童数量	描述	测试的次数及材料	评分
注意转换	点—三角形任务	Huizinga 等，2006;7—21 岁;384	儿童需要完成三组实验任务，在点任务中，儿童需要确定屏幕左边还是右边的点更多，在三角形任务中同样如此。在第三组混合任务中，儿童需要根据刺激作反应	150 次练习;250 次实验;电脑	前两组实验和第三组实验反应潜伏期的中位数
	笑脸任务	Huizinga 等，2006;7—21 岁;384	儿童需要完成三组实验任务，在前两组任务中，儿童需根据笑脸在屏幕上方还是下方决定报告笑脸的性别还是报告笑脸的情绪。在第三组实验中，儿童需根据刺激灵活判断	150 次练习;250 次实验;电脑	前两组实验和第三组实验反应潜伏期的中位数
	威斯康星卡片分类任务	Huizinga 等，2006;7—21 岁;384 Bull 和 Scerif，2001;6.5—8.5 岁;93	儿童需在实验者不提示规则的情况下，根据目标卡片的颜色、形状或者数量从四张卡片中选取一张与目标卡在某个特征上匹配的卡片	128 次;电脑	能够掌握的可分类的类别数; 持续性应答错误比例;概念化水平应答百分比
	连线测试	Lehto 等，2003;8—13 岁;108	儿童需完成三项任务，在第一项中需要将一张纸上排列不规则的数字连线，在第二项中需将数字和字母共同连线，在第三项中，需将排列不规则的字母连线	印有数字和字母的纸	每项任务的完成时间
	形状学校	Bull 等，2008;4.5 岁;124	儿童需对图画书上有帽子的图形的颜色命名，如果没有帽子则对图形的形状命名	画有相应刺激的图画书	反应时间;能够正确鉴别的刺激的数量

续　表

成分	任务	作者，年份；儿童年龄；儿童数量	描述	测试的次数及材料	评分
注意转换	点	Diamond 等，2007；学前儿童；147 Davidson 等，2006；4—4.5 岁；325	儿童需完成三项任务，在前两项中，看到心形/条纹的点则在点出现的同侧位置按键，如看到花形/圆点则在与点所在位置相反处按键，在第三项任务中，前两项任务的刺激交替出现，儿童需灵活按键	每个条件 20 次，共 60 次；电脑	正确反应的百分比
	侧抑制任务	Diamond 等，2007；平均年龄 5 岁的学前儿童；147	屏幕为儿童呈现包含内外两层的图形（比如大圆中包含一个三角形）。在标准化版本中，儿童需判断里面图形的形状，并作按键反应。在相反版本中，儿童需判断外面图形的形状	电脑	正确反应的百分比
	图形命名任务	Anderson 等，2001；11—17 岁；138	儿童所拿到的刺激是含有内外两层的彩色图形，他们需完成四项任务，在前两项任务中，儿童需分别对所有图形的颜色和外层图形的形状命名，在第三项任务中，如果看到内外两层图形一致则命名图形的颜色，如果不一致则命名外层图形的形状，在第四项任务中如果图形旁边无箭头，按照第三项任务的规则命名，如果有箭头则把第三项任务规则调换后命名	卡片	反应时间； 错误次数；自我纠正次数

续 表

成分	任务	作者,年份;儿童年龄;儿童数量	描述	测试的次数及材料	评分
注意技能	注意网络任务	Simonds 等，2007;7—10 岁;49	屏幕上呈现一排小鱼,每条鱼中间有箭头,儿童需根据中间那条小鱼箭头与左右小鱼箭头的方向是否一致作按键反应	16 次练习;128 次实验;电脑	冲突得分：不一致条件下的反应时间与一致条件下的反应时间的时间差
	埃里克森侧抑制任务	Huizinga 等，2006;7—21 岁;384	儿童需判断中间箭头与左右箭头方向,并作左右按键反应	50 次练习;50 次实验;电脑	一致和不一致条件下反应潜伏期的中位数
	编码测试	Anderson 等，2001;11—17 岁;138	儿童需仔细听一段读数字的音频,当听到两个 5 一起出现时,对这两个 5 之后的数字作反应	录音机	正确找出目标的数量; 错误的数量(操作错误次数;操作遗漏次数)
	电子版持续性表现测试	Brocki 和 Bohlin，2004;6—13 岁;92	当每次线索刺激出现在目标刺激后面时,儿童需尽快作按键反应	100 次;电脑	操作错误次数;操作遗漏次数
	心理计数	Huizinga 等，2006;7—21 岁;384	当正方形出现在屏幕中的线上方时儿童需要加 1,当正方形在线下方时则减 1,当所得数字达到某个给定的值时,作按键反应	30 次;电脑	正确回答的百分比

续　表

成分	任务	作者，年份；儿童年龄；儿童数量	描述	测试的次数及材料	评分
计划能力及其他能力	双重任务表现	Bull 和 Scerif，2001；6.5—8.5 岁；93	儿童需要复述实验者所读的一组数字，同时在一张纸上根据要求打叉	纸	根据特定的公式计算分值
	复杂图形测试	Anderson 等，2001；11—17 岁；138	儿童需根据一定的顺序使用不同的彩色铅笔，通过模仿画出复杂的几何图形	彩色铅笔	1—7
	迷宫	Lehto 等，2003；8—13 岁；108	儿童需使用铅笔画出线条走出迷宫，迷宫难度逐步增加——改编自韦克斯勒儿童智力量表(修订版)	画有迷宫的纸	0—30
	伦敦塔	Huizinga 等，2006；7—21 岁；384 Lehto 等，2003；8—13 岁；108 Bull 等，2008；4.5 岁；124 Anderson 等，2001；11—17 岁；138	儿童需移动三根柱子上颜色以及尺寸不同的球，完成实验者给定的图形样式	电脑	完全正确的百分比；额外步骤数的平均值；计划时间
	口语流畅度	Brocki 和 Bohlin，2004；6—13 岁；92 Lehto 等，2003；8—13 岁；108 Anderson 等，2001；11—17 岁；138	儿童需快速说出以字母 F、A 和 S 开头的词；不能说首字母本身是大写的词；说出以字母 S 和 K 开头的表示动物和食物的词	1 分钟；秒表	正确的词汇数

上述表格显示，即便是对相同执行功能成分的测查，不同的研究也通常采用不同的研究任务，同时，对于不同年龄段的儿童，所选择的任务也不同。卡森（Carlson，2005）对 9 个针对 2—6 岁儿童执行功能发展的研究进行了梳理，分析这些研究中所使用的任务的难度。结果显示，对 2 岁儿童而言，考察抑制控制的反向分类任务（如看到动物妈妈图片时，选择宝宝型号的小桶，而非大号的桶）的难度大于礼物延迟满足或者形状干扰类的任务；对 3—4 岁儿童而言，倒背数字任务难度最大，反向分类、熊/龙等抑制控制任务相对简单。此外，维度改变卡片分类任务（DCCS）对 3 岁儿童而言较难，但对 4 岁儿童而言，难度处于中等偏上水平；在 5—6 岁儿童中，高阶版的 DCCS 任务难度很大，因为儿童需要根据卡片上的特定标记而不是根据成人的提示选择正确的卡片分类规则。这表明，即使到学前末期，儿童仍不能自主发现规则，并根据规则灵活调整完成任务。

以上的任务以及研究为研究者选取适于儿童年龄特点的执行功能任务提供了重要的信息。但是，这些任务仅仅关注执行功能的特定成分，且很多都需要借助电脑，在特定的实验室完成，生态效度较差。因此，研究者在使用现有任务的过程中需考虑这一因素，并作相应调整。

麦克莱兰（McClelland）及同事开发了一个“头—脚”（Head-to-Toe，HTT）任务。这个任务需要儿童整合执行功能的三个成分，即记住规则（工作记忆）、抑制优势反应（抑制控制）、根据不同的规则灵活作出反应（注意灵活性）（Cameron，McClelland et al.，2008），其中，抑制控制是这个任务中的主要成分（McClelland，Cameron，Connor et al.，2007）。这个任务能够在儿童熟悉的教室环境中进行，最大限度降低了环境对儿童的影响，使儿童能够自然地表现自我。在这项任务中，儿童被邀请和实验者做一个游戏。游戏包含两对规则（头—脚和肩膀—膝盖），儿童需要根据其中的一对规则作反应。首先，研究者请儿童用手摸头或者脚（肩膀或者膝盖），然后作出与实验者所说指令相反的动作。比如，当实验者请儿童摸头（膝盖）时，儿童要作出相反的动作，摸脚（肩膀），而并不是摸头（膝盖）（McClelland，Cameron，Connor et al.，2007；Wanless，McClelland，Acock，Chen et al.，2011）。这个任务共包含十次测试。然而，这项任务适于 4—5 岁的儿童，对年龄更大的儿童则比较容易。因此，研究者对原有的任务作了拓展，开发了头—脚—膝盖—肩膀（Head-Toes-Knees-Shoulders，HTKS）任务（Cameron，McClelland et al.，2009）。在原有十个测试项目的基础上，HTKS 任务增加了十个测试项目。新增的测试项目需要借助两个规则，该任务的具体内容将在第五章作进一步介绍。

HTKS任务已经在多个国家和地区,包括我国香港和台湾等地区使用过,具有良好的信效度,测试操作便捷(如,Cameron, McClelland et al., 2009; Liu et al., 2018; Sektnan et al., 2010; von Suchodoletz et al., 2013; Wanless et al., 2011)。然而,对于学前末期儿童的适用性仍存在问题,在几项研究中,接近7岁的儿童在这项任务中得分较高,出现了天花板效应(如, Burrage et al., 2008; Cameron, McClelland et al., 2009)。本书的研究中也将使用这一任务,但由于所涉及的儿童年龄相对较大,因此研究者在HTKS任务的基础上作了调整,增加了任务难度。

总体而言,不同的研究者使用了不同的任务考察学前期至中小学阶段儿童的执行功能发展。但是大部分的任务只针对一个特定的成分,而且缺乏生态效度。近年来,已有研究者开发了综合性的HTKS执行功能任务,并且已在多个国家使用。本书将根据被试儿童年龄特点,使用调整后的HTKS测查儿童学前末期的执行功能发展状况。

三、小结

本节对当前入学认知准备的评估方法与工具作了简要回顾。在入学准备评估中,研究者通常采用直接测量和通过观察等方法对儿童作间接评估。在具体的评估内容上,主要包含儿童发展测试以及前学业技能两类。在认知准备的研究中,研究者也逐步关注儿童执行功能的发展,并且运用系列任务考察此方面的发展。当前对于儿童早期学习与发展的研究更倾向于借助生态化效度高的测试或者任务对儿童进行直接测量,这也成为了本研究中研究工具选择的重要标准。

第三节　学前儿童入学准备与学业发展

一、入学认知能力和学业准备与学业发展

入学认知能力与学业准备对于儿童学业发展有重要的奠基作用(Grantham-

McGregor et al.，2007；Lemelin et al.，2007)。与在入学准备的一个或者更多领域发展较差的儿童相比，在各领域发展较好的儿童，入学后数学和阅读学业水平更高(Hair et al.，2006)。然而，不同的研究通常只是关注入学准备的特定方面，并以认知领域和社会性—情绪领域的准备为主。相比而言，认知能力和学业准备比起社会性—情绪准备对儿童未来学业发展的影响更大。邓肯及同事(2007)整合了美国、英国以及加拿大六个大型的追踪研究，结果显示，儿童入学时的认知能力，包括早期数学和阅读技能对于后期的学业表现有至关重要的影响，但是社会性—情绪能力对其的影响则不显著。另外两项研究沿用了邓肯团队的研究范式，对加拿大两个国家层面的大型研究作了分析，结果显示，儿童社会性—情绪准备对学业发展具有一定的预测作用，但是早期的学业准备技能仍是最重要的预测变量(Pagani et al.，2010；Romano，Babchishin，Pagani，& Kohen，2010)。

具体而言，一些研究关注了入学准备对儿童小学低年级学业发展的影响，发现儿童早期的认知及学业准备技能在很大程度上决定了低年级时的学业发展状况。比如，在一个研究中，儿童一、二年级时的学业以及认知表现与他们在学前期接受的大都市阅读测试(Metropolitan Reading Test)的得分高度相关(Clancy & Pianta，1993)。在另外一项研究中，儿童在两个认知准备测试中所测得的特定知识和基本技能水平对于其在学前班和一年级时的学业成就测试以及教师评定得分的解释率达到了近50%(Chew & Lang，1990)。而拉·派罗(La Paro)和皮亚塔(Pianta)(2000)对70个研究的元分析结果显示，儿童在学前期或者学前班中所获得的学业技能或者认知表现对其小学低年级时的学业表现的解释率达到25%。这些技能包括一般常识、智力发展、语言能力发展、阅读、数学以及感知—运动技能。进一步的研究表明，早期的语言准备技能，包括口语表达能力、词汇能力等对于儿童小学初期语言或者阅读能力的发展预测作用显著，而早期的数学技能，包括数数和计数、对于数学概念的运用能力等对于数学学业的发展有积极的影响(Duncan et al.，2007；Jordan，Kaplan，Ramineni，& Locuniak，2009；Kurdek & Sinclair，2001；Reynolds & Bezruczko，1993)。

一些研究则进行了更长期的追踪，发现了早期认知和学业准备对学业发展更深远的影响。这些技能不仅对儿童小学三年级之前的学业发展作用显著(Duncan et al.，2007；Pagani et al.，2010；La Paro & Pianta，2000；Romano et al.，2010)，同时也影响其小学更高年级学业的发展状况(Chew & Morris，1989；Kurdek & Sinclair，2001；Le et al.，2006)。儿童认知准备能力也能较好地预测成人期的学业表现。比如，初学者方案项目(The Abecedarian Project)表明,参与项目的被试在21岁时的阅读和数学学业技能受到早期认识能力的影响,且这一解释率达到近50%(Campbell et al.,2001)。因此,儿童早期的入学认知准备为后期的学业成就及发展奠定了重要的基础。

总之,入学准备对儿童学业表现具有独特的影响力。相对于社会性—情绪的发展,儿童认知入学准备的预测作用更强更显著。儿童阅读和数学学业成就在很大程度上由早期的认知能力所决定。同时,早期的认知能力对个体的学业发展具有长期的影响。

二、执行功能与学业发展

已有研究显示,儿童学业成就的发展状况还受到其执行功能水平的影响(McClelland et al.,2006; Smith-Donald et al.,2007)。教师通常也将儿童入学准备的不足归咎于其缺乏必要的自我调节技能及执行功能(Bodrova & Leong, 2006)。特别地,有研究显示,儿童执行功能中的自我控制能力比起智力水平对于学业成绩的预测作用更显著(Blair & Razza, 2007; Diamond et al.,2007; Duckworth & Seligman, 2005)。

一些研究使用了一系列的任务测查儿童的执行功能(Morrison et al.,2010),结果显示,儿童在工作记忆、注意转换以及抑制控制方面的能力表现,与同期的学业表现高度相关(Müller, Liebermann, Frye, Zelazo et al.,2008)。比如,有美国团队在儿童入读小学前一年的学前班阶段对儿童进行了头—脚(HTT)和头—脚—肩膀—膝盖(HTKS)任务的测查,结果表明,儿童在这个任务中所展现的执行功能对于儿童秋季学期的前阅读、词汇以及数学学业准备具有重要的预测作用,同时,儿童在一学年内执行功能的发展水平也能较好地预测儿童学业能力的增长(Cameron, McClelland et al.,2009; McClelland, Cameron, Connor et al.,2007)。我国台湾地区的一项研究也表明,儿童在HTT任务中所表现的执行功能对于学前期同期的早期数学以及词汇发展水平具有重要的预测作用(Wanless, McClelland, Acock, Chen et al.,2011)。一项对我国农村儿童的研究也显示,儿童入学初的执行功能发展状况对其二年级时的学业发展作用显著,其中,对二年级结束时语言学业发展的影响通过一年级语言学业表现产生间接影响,而对二年级结束时的数学学业成绩仍有直接的作用(Zhang & Rao, 2017)。

还有一些研究探讨了执行功能特定成分和学业成绩的关系。通过分析美国国家儿童健康与人类发展研究所儿童与青少年发展追踪研究(NICHD)、美国国家青少年追踪调查(NLSY)以及早期儿童追踪研究(幼儿园版,2011 年)(ECLS-K)数据,格瑞姆(Grimm)及同事的研究(2010)发现,儿童的注意能力与阅读和数学学业发展水平密切相关,这进一步印证了邓肯团队的研究(Duncan et al., 2007)。布莱尔(Blair)和拉扎(Razza)(2007)的研究也显示,儿童学前期的执行功能表现,包括抑制控制、对错误信念的理解以及注意转换能力等能够较好预测其数学和阅读准备状况。以上的这些研究显示,执行功能各个方面都对学业准备技能有重要的影响。有研究进一步发现,比起阅读或者语言学业能力,执行功能对数学学业准备的影响更为显著。布洛克(Brock)团队(2009)的研究表明,儿童在两个考察注意力、抑制控制能力以及工作记忆的任务中的表现对于学前班儿童数学学业表现具有显著的预测作用,但对阅读能力则不具预测性。相似地,另外有两项研究指出,儿童在数学方面较差的学业成就源自学前期或者小学初期较低水平的抑制控制能力以及工作记忆能力(Bull & Scerif, 2001; Espy, McDiarmid, Cwik, Stalets, & Hamby, 2004)。

此外,儿童入学初或者学前期的执行功能发展状况对于后期的学业发展具有重要的预测作用。在德国的一项研究中,儿童学前期结束时在两项延迟满足任务中的表现能够较好地预测其一年级结束时的数学和阅读学业成绩(Suchodoletz, Trommsdorff, Heikamp, Wieber, & Gollwitzer, 2009)。另外一项在新西兰的研究发现,在控制儿童的智力水平和早期阅读能力后,儿童 4 岁时的注意转换以及自我控制能力对一年级时的数学学业能力有重要的预测作用(Clark, Pritchard, & Woodward, 2010)。一些研究发现了执行功能对学业发展更深远的影响。一项研究考察了儿童的学习行为和品质与小学语言学业成绩发展的关系,发现儿童在学前班以及一年级时所表现出的独立性、积极寻求帮助的能力以及学习过程中的专注力能够提升三年级时的阅读技能发展(Stipek, Newton, & Chudgar, 2010)。另外的研究则考察了执行功能对数学学业发展的长期影响。有研究显示,儿童一年级时在一项实验任务中所表现出的反应流畅性、工作记忆以及抑制控制能力能够预测其五年级时的数学学业表现(Mazzocco & Kover, 2007)。麦克莱兰(McClelland)、艾考克(Acock)以及莫里森(Morrison)(2006)考察了执行功能对儿童小学时期数学和语言学业表现的影响。当儿童进入学前班后,研究团队邀请教师评估儿童的执行功能,同时每年测查儿童的学业表现。结果显示,儿童早期的执行功能对学业发展有独特的影响。执行功能较差的儿童,学业成绩也较差，并且与早期执行功能表现较好的儿童相比，从二年级到六年级，两组儿童在学业方面的差距进一步变大。

总之，执行功能是儿童学业学习和发展的重要预测变量，对儿童的学业发展同时具有短期和长期的显著影响。

三、小结

本节分别考察了入学认知及学业准备和执行功能发展对儿童学业发展的影响，国外的大量研究显示，儿童认知准备的三个方面，包括认知基础、学业准备和执行功能，对儿童学业的发展有重要的预测作用，并且比起社会性—情绪准备的发展，预测性更强，不仅对短期内的学业表现影响显著，同时也有长期的影响。

第三章

国际视野下家庭和学前教育机构对贫困儿童入学准备与学业发展影响研究概述

上一章通过对文献的回顾，研究显示，在五大入学准备领域中，认知准备受到了研究者的大量关注，儿童早期的入学认知能力及学业准备和执行功能发展状况为未来的学业发展奠定了重要的基础。然而，除儿童自身的发展状况外，儿童所处的环境，特别是家庭和学前教育机构等近体环境（Proximal Environment）会对儿童发展产生直接而重要的影响。因此，本章将回顾家庭和学前教育机构对儿童入学准备与学业发展的影响，分两节作探讨。

第一节　家庭对儿童入学准备与学业发展的影响

家庭是儿童最重要的社会化场所，与儿童健康发展关系最为密切。对学前儿童而言，家庭生活状况不仅影响其早期的入学机会和受教育质量，同时也对其早期的学习和发展，以及未来的成长和成年后的生活机遇至关重要。特别对贫困儿童而言，由于家庭经济状况受限，往往无法接受学前教育或者接受了低质量的早期教育。同时，来自这些家庭的儿童在入学准备以及学业发展方面也产生了诸多的问题。在本部分中，研究将从这两个方面回顾已有的关于家庭对儿童入学准备与学业发展影响的研究。

一、家庭贫困状况与儿童学前教育经历

贫困儿童家庭往往经济状况较差，因此，如果儿童接受学前教育的学费影响了家

庭日常生活开支，家长就倾向于在家中对儿童实施早期保教（Dowsett，Huston，Imes，& Gennetian，2008）。此外，低收入家庭儿童所居住的社区也是以贫困群体为主（Brooks-Gunn，Duncan，& Maritato，1997），有的社区，无法为儿童提供学前教育项目，因此，儿童的早期教育机会就被剥夺了（Rao，Sun，Zhou et al.，2012）。所有这些使贫困儿童很难有机会接受正式的学前教育（UNESCO，2006，2010）。已有报告显示，发达国家和发展中国家儿童入园率有较大差异。根据联合国教科文组织的数据，至 2017 年，在世界范围内，儿童正式入小学前接受一年学前教育的比率达到 50%，但在低收入国家这一比率仅为 22%，中等收入国家为 36%—75%，在发达国家，这一比率达到 83%（UNESCO，2018）。联合国可持续发展目标中指出，到 2030 年，要确保所有男女童获得优质早期幼儿发展、保育和学前教育，为接受初等教育作好准备（UNESCO，2018）。因此，为达成以上"2030 目标"，全球范围内应共同努力，帮助中低收入国家，特别是这些国家中的低收入家庭提升入园/入学的机会。

尽管贫困儿童无法接受学前教育的比率较高，但有一部分贫困儿童也有机会接受学前教育，那么这些儿童接受的学前教育到底是什么样的类型？李-格林（Li-Grining）和考利（Coley）（2006）对来自美国三个城市贫困社区儿童的学前教育经历作了研究。他们的研究发现，在中心式日托机构和非正式的家庭托育机构中接受学前教育的儿童比例共占 40%，并且两类儿童的人数差不多。在所有接受中心式日托机构教育的儿童中，有 14%参与了开端计划，29%的儿童接受了其他类型的学前教育。其余（60%）的儿童则接受了正式的家庭日托中心教育。由此，研究可知，低收入家庭儿童倾向于在正式或者非正式的家庭日托式机构接受学前教育。然而，如果政府能够为这些家庭提供经济支持，资助儿童接受学前教育，家长则倾向于为儿童选择中心式的日托机构或者正式的学前教育机构（Weinraub，Shlay，Harmon，& Tran，2005）。即使由亲戚照料儿童的家庭在有经济资助的情况下，也愿意让儿童接受额外的中心式的托育教育，比如，专业性的指导和帮助等（Huston，Changa，& Gennetian，2002）。这表明，家长也能够意识到哪种学前教育类型对儿童的发展更有帮助和推动作用，但由于经济能力有限，这些家庭的儿童往往被排除在正式的日托中心机构教育外。

此外，进一步而言，即使贫困儿童能够在正式的中心式的学前教育机构接受教育，那么这些机构的质量到底如何？结果一致性地表明，这些贫困家庭儿童所接受的中心式日托机构教育质量普遍较低（Espinosa，2002；Huston & Bentley，2010；UNESCO，

2006)。通过分析美国国家性研究的数据，一些研究显示，贫困家庭儿童所在的学前教育机构为儿童提供的认知刺激更少，教师对儿童的敏感性更低，并且情感态度也不够友好，这就更容易导致负面的师幼互动（Dowsett et al.，2008；Phillips，Voran，Kisker，Howes，& Whitebook，1994）。在印度，儿童发展综合服务计划（The Integrated Child Development Services，ICDS）是一项全国性的、综合性的早期教育干预项目，其目的旨在促进贫困儿童的均衡发展。研究发现，这些机构比起为贫困儿童提供学前教育的私立机构，其教职人员的专业水平较低，课程内容的质量也较低（Rao，2010）。这与坦桑尼亚为农村儿童提供的一年制学前班教育相似（Mtahabwa & Rao，2010）。在孟加拉国，研究者发现，在一项为农村儿童提供学前教育机会的项目中，这些机构为儿童提供的可以操作和探索的教育材料和图书很有限，因而很难对儿童的个体发展有促进和推动作用（Aboud，2006）。

虽然根据西方的标准，贫困家庭儿童所接受的学前教育质量相对较低，但这些机构的教育经历仍能够在一定程度上促进儿童的发展，特别对于极度贫困家庭的儿童而言（Aboud，2006；Rao，2010；Rao & Sun，2010）。如果能够为这些儿童提供高质量的学前教育，这些儿童的受益更为明显。在大部分情况下，研究表明，比起质量较低的学前教育机构，高质量学前教育机构能够帮助儿童降低家庭低收入带来的发展风险，并能在更大程度上提升这些儿童的认知水平（Dearing et al.，2009；McCartney，Dearing，Taylor，& Bub，2007；Peisner-Feinberg et al.，2001）。开端计划项目的研究结果表明，无论儿童的家庭环境如何，如果儿童所在班级的教育质量更高，则其在学业技能方面的表现比起来自中等或者较低水平教育质量班级的同伴显著更好（Bryant，Burchinal，Lau，& Sparling，1994）。另外一项对我国农村家庭的研究表明，对贫困家庭儿童而言，接受更高质量的学前教育能够使他们获得更高水平的入学准备发展技能（Rao，Sun，Zhou et al.，2012）。

此外，在接受高质量学前教育的儿童中，比起非贫困家庭儿童，贫困家庭儿童受益更多（Belsky et al.，2007；Magnuson，Ruhm，& Waldfogel，2007；Sammons et al.，2008；Shonkoff & Phillips，2000）。麦格纳逊（Magnuson）及同事（2004）的研究发现，接受高质量的中心式或者以学校为中心的早期教育项目的儿童比起来自其他类型机构的儿童，在入学前班初期具备更高水平的前学业技能，且这一优势保持到小学一年级。这其中，处境不利儿童的获益最多。相似地，高姆雷（Gormley）等人（2005）评估了一项普及学前教育项目，结果显示，通过参与项目，那些获得免费午餐资助的西班牙裔及非洲裔儿童或者其他的低收入家庭儿童比起那些白人家庭或者不需要免费午餐资助家庭的儿童在入学准备技能上受益更多。麦卡特尼(McCartney)团队(2007)的研究显示,对于经济较贫困家庭的儿童而言,如果他们能够接受更高质量的学前教育,这些儿童就能够在认知准备和语言技能方面有更显著的进步。相对而言,在富裕家庭,无论儿童接受哪种质量水平的学前教育,他们的表现都较相似。因此,高质量的学前教育将有助于来自贫困家庭的儿童降低贫困状况对发展带来的负面影响,同时缩小与非贫困家庭儿童在学业上的差距。然而,在现实中,贫困家庭儿童所能获得的高质量学前教育机会往往非常有限(Barnett & Yarosz, 2007; Huston & Bentley, 2010)。

简言之,来自低收入家庭的儿童能够接受学前教育以及接受高质量学前教育的机会都较有限。这些儿童的入学率往往较低。家庭经济状况越差,儿童接受早期教育的机会越少,且这些儿童所接受的学前教育质量较低。然而,如果能够为他们提供较高质量的早期教育服务,这些儿童的发展将得到显著的提升。在这些高质量的机构中,贫困家庭儿童与非贫困家庭儿童相比,所获得的发展更显著。

二、家庭贫困状况对儿童发展的影响

(一) 家庭对儿童入学认知能力和学业发展的影响

家庭贫困状况被认为是对儿童发展产生负面影响的风险因素之一。与其他社会经济地位指标,如母亲低教育背景及家庭结构不完整等相比,家庭低收入状况对儿童学业表现的负向预测作用更显著(Duncan & Brooks-Gunn, 1997; Duncan, Brooks-Gunn, & Klebanov, 1994; Duncan & Magnuson, 2005; McLoyd, 1998; Smith, Brooks-Gunn, & Klebanov, 1997)。比如,有研究显示,与非贫困家庭的儿童相比,贫困家庭儿童出现发展迟滞和学习困难问题的人数多 0.5 倍,出现复读、停学以及辍学的人数多 1 倍,并且发生情绪或者行为问题的人数多 0.6 倍及 1.3 倍(Brooks-Gunn & Duncan, 1997)。比起儿童社会性方面的发展,家庭贫困状况对于儿童认知发展的影响更为显著,且负向预测作用更稳定(Duncan & Brooks-Gunn, 1997; Ryan, Fauth, & Brooks-Gunn, 2006)。因此,在贫困家庭中成长的儿童其早期的认知准备通常不足,并且影响到了后期的学业发展(Ramey & Ramey, 2004; Ryan et al., 2006)。

家庭贫困对儿童认知准备能力的影响在儿童两岁时就已显现(Ryan et al., 2006)。在一项研究中,研究者在儿童三岁前对其认知能力进行了持续评估,结果显示,虽然家庭贫困状况对儿童第一年内的认知能力并无显著的影响,但从两岁开始,其作用逐步显现(Klebanov et al., 1998)。通过使用婴幼儿健康和发展项目(The Infant Health and Development Project, IHDP)数据,史密斯(Smith)等人(1997)发现,在两岁时,来自非常贫困以及接近贫困家庭的儿童在智力测验上得分的差距是 6 分,随后差距逐步变大至 9.7 分。阿尤博(Ayoub)等人(2009)的研究表明,在儿童三岁前,与全国的常模相比,贫困家庭儿童在智力测试中的得分显著下降。因此,即使在儿童学前早期,家庭贫困状况已经开始对其发展,特别是认知方面的发展产生负面影响。

当儿童进入幼儿园或者小学时,来自贫困家庭和非贫困家庭儿童在入学准备和学业表现方面的差异已经非常凸显(Sadowski, 2006; Snow, 2006)。在李(Lee)和博坎姆(Burkam)(2002)的研究中,在儿童入幼儿园初期,来自最贫困家庭的儿童,其在认知能力方面的得分仅是来自最富裕家庭儿童的 60%。借助早期儿童追踪研究数据,查特吉(Chatterji)的研究(2006)发现,与非贫困儿童相比,高度贫困家庭儿童在阅读方面落后 0.61 至 1 个标准差。博内特(Burnett)和法卡斯(Farkas)(2009)使用了美国国家青少年追踪调查(NLSY)数据,结果发现,5—9 岁儿童的数学学业表现极显著地受到了家庭贫困状况的影响,家庭经济状况低于贫困线家庭的儿童比更富裕家庭儿童在数学学业表现中低 1 个标准差。

随着儿童年龄的增长和学习的深入,贫困与非贫困家庭儿童在入学准备和学业发展方面的差异逐步增加(Karoly, Kilburn, & Cannon, 2005; Ryan et al., 2006)。有研究通过借助婴幼儿健康和发展项目(The Infant Health and Development Project, IHDP)和美国国家青少年追踪调查(NLSY)项目数据,分析了家庭贫困状况对 2—8 岁儿童认知、口语表达能力以及学业成绩的影响(Smith et al., 1997)。其中,IHDP 项目结果显示,2 岁群体儿童中,极端贫困和接近贫困家庭的儿童在认知能力上的得分差异是 6 分,但在 3 岁和 5 岁时,两组儿童的差距达到 9.7 分和 9.1 分。研究对儿童早期学业的发展也作了三年的追踪测查(3—4 岁,5—6 岁及 7—8 岁),并进一步比较了来自中等收入以及接近贫困家庭儿童的表现。在儿童 3—4 岁时,他们在皮博迪图片词汇测试(修订版)(Peabody Picture Vocabulary Test-Revised, PPVT-R)中所测得的语言能力发展并无差异,而到 5—6 岁时,两组儿童在皮博迪个体成就测试(Peabody Individual Achievement Test, PIAT)中的差距达到了 4.2 分,但是在数学测试上并无差异。在 7—

8 岁时，两组儿童在语言测试上的得分差距增大至 4.4 分，而在数学测试上的得分为 3.1 分，差异显著。Chatterji(2005,2006)使用早期儿童追踪研究数据探讨了不同组儿童在数学和阅读能力上的差异以及相关的影响因素。结果显示，在幼儿园结束至一年级期间，高度贫困儿童与接近贫困儿童相比，两组儿童在数学学业表现上的差异从 0.56 个标准差增加到 1.40—1.72 个标准差，而语言方面的差距从 0.5 个标准差增加至 0.61 个标准差(Chatterji, 2006)。因此，从学前期到小学低年级阶段，来自贫困家庭的儿童与非贫困同伴相比，在入学准备和学业表现上的差距进一步增大。

另一个值得注意的是家庭贫困的程度对儿童入学准备和学业发展的影响程度有所不同(Brooks-Gunn et al., 1997; Ryan et al., 2006)。研究发现家庭经济状况对儿童发展的影响是非线性的，并且来自极度贫困家庭儿童的认知能力和学业发展受到了更多的负面影响(Ryan et al., 2006; Taylor, Dearing, & McCartney, 2004)。在评估家庭贫困状况时，研究者普遍使用家庭需求收入(family income-to-needs)，即对于特定人数的家庭而言，其家庭收入与贫困线的比值(Dearing, McCartney, & Taylor, 2001)。史密斯和同事(1997)比较了六种贫困程度家庭儿童的认知状况，包括极端贫困家庭(家庭需求收入值小于 0.5)、贫困家庭(家庭需求收入值为 0.5—1.0)、接近贫困家庭(家庭需求收入值为 1.0—1.5)、低水平的中等水平家庭(家庭需求收入值为 1.5—2.0)、中等水平家庭(家庭需求收入值为 2.0—3.0)，以及富裕家庭(家庭需求收入值大于 3.0)。结果表明来自极端贫困家庭的儿童与来自接近贫困家庭的儿童相比，在认知、口语表达以及学业成绩方面表现显著更差，平均差距为 7—12 分。贫困家庭组儿童与接近贫困家庭组的儿童差距为 4—6 分。但是，在 3—4 岁儿童中，接近贫困家庭的儿童在皮博迪图片词汇测试(修订版)中的得分与中等收入家庭儿童相似(Smith et al., 1997)。因此，很显然，已有的研究显示，来自低收入家庭的儿童更容易受到家庭经济状况的负面影响(Taylor et al., 2004)。另外，一些研究考察了家庭经济状况的改善是否能够促进儿童的发展。例如，在分析了美国国家儿童健康与人类发展研究所的儿童与青少年发展追踪研究(NICHD ECCRN)数据后，泰勒等人(2004)指出，当家庭收入提升 10%后，来自贫困家庭儿童在入学准备上的得分提升了 0.12%，但对于那些家庭经济状况较好的儿童而言，得分提升仅为 0.07%。另一项研究使用了同样的数据库，得到了相似的结果(Dearing et al., 2001)。邓肯(Duncan)等人(1998)的研究使用了更早期的研究数据，也得到了相似的研究结果，表明提升贫困家庭收入会提升和促进这些家庭儿童的能力和学业方面的发展。

简言之，家庭贫困状况对儿童的入学准备和学业发展有负面的影响。家庭贫困状况对儿童发展的负面发展早在儿童早期就已经显现。随着儿童年龄的增长，贫困家庭和非贫困家庭儿童在入学准备和学业发展间的差距逐步增加。此外，家庭贫困程度影响儿童的发展。研究表明，家庭贫困程度与儿童较低水平的发展状况相关，同时，家庭收入的改善能够更显著地促进贫困程度较严重家庭儿童的发展水平。因此，为经济处境不利家庭的儿童提供支持更有可能帮助这些儿童获得认知和学业方面的显著发展，有助于儿童的入学准备。

（二）家庭贫困状况与儿童执行功能的发展

现有研究中，考察家庭经济状况与儿童执行功能发展关系的研究较少（Evans & Rosenbaum，2008）。尽管如此，这些研究都一致地表明，家庭较差的经济水平对学前期至童年中期儿童的执行功能产生了负面的影响。而最近的脑科学进一步为以上结论提供了佐证。这些研究发现，家庭经济状况对儿童的大脑结构以及不同区域，特别是负责语言和执行功能的区域产生影响（Merz，Wiltshire，& Noble，2019）。研究发现，来自经济地位较低家庭的儿童大脑皮层灰质减少，具体表现为灰质容量、厚度以及表层区域的减少（Hair，Hanson，Wolfe，& Pollak，2015；Noble et al.，2015；Romeo et al.，2017）。

莱克斯（Raikes）等人（2007）对 2441 名来自低收入家庭学步儿童的早期执行功能发展作了追踪研究，他们考察了这些儿童在 14 个月、24 个月以及 36 个月时执行功能的表现。研究发现，当这些儿童与父母的互动过程中有更多负面体验时，他们的执行功能表现更差，并且增长速度较慢。同样，另外两项研究发现，在出生至 54 个月内遭遇家庭贫困的儿童在 54 个月时注意力更差、冲动控制水平更低（Sektnan，McClelland，Acock，& Morrison，2010），并且延迟满足能力较差（Evans & Rosenbaum，2008）。因此，家庭不利的经济处境与儿童执行功能间的关系早在儿童入学前就已经显现。我国一项对 4—5 岁学前儿童的研究也显示，家庭经济地位对儿童的执行功能有正向预测作用，较贫困家庭儿童的执行功能发展水平较低（罗丽红，杨宁，2016）。

一些研究考察了学龄儿童执行功能和家庭贫困状况的关系。比如，浩斯（Howse）及同事（2003）对就读于幼儿园和小学的 5—8 岁儿童的研究显示，虽然来自贫困家庭的儿童与非贫困家庭儿童在学习动机上并无差异，但是贫困儿童在一项需要调节注意力的任务中表现更差。一项对 4—5 岁时遭遇家庭贫困的 8—9 岁儿童的研究显示，这些儿童的母亲报告数据表明，与来自非贫困家庭儿童相比，贫困家庭儿童在行为调节方面表现出了更多问题(Colman, Hardy, Albert, Raffaelli, & Crockett, 2006)。在一项延迟满足任务中，来自农村地区的 8—10 岁低收入家庭儿童比起中等收入家庭儿童，表现出更多行为调节方面的困难(Evans & English, 2002)。

在教室情境下，低收入家庭儿童也表现出了行为调节方面的困难，并且很容易分心或者游离于班级活动之外(Diamond et al., 2007; McClelland, Cameron, Connor et al., 2007)。教师们通常也将儿童所表现出的执行功能问题与家庭经济状况相联系。一项对美国 3600 名教师的研究显示，在儿童入学准备阶段，低收入家庭的儿童在进入学校时表现出更多的行为问题，比如，不能很好地集中注意力，不能独立学习和完成任务等(Rimm-Kaufman et al., 2000)。

简言之，无论是在学前期还是童年中期，家庭的贫困状况对儿童同期或者之后的执行功能发展都有负面的影响。贫困儿童在学校情境下也表现出更多执行功能方面的问题。但是，目前探讨家庭贫困状况对儿童执行功能影响的研究，数量较少，且大多来自于西方文化。因此，今后相关的研究应该关注更加多元化的群体，探讨不同文化情境下家庭经济状况对儿童执行功能发展的影响。

三、小结

在本部分中，我们回顾了有关贫困家庭儿童接受学前教育的机会以及家庭对儿童入学准备与学业发展影响的文献。研究发现，贫困家庭儿童接受学前教育的机会受限，并且很难进入高质量的学前教育机构。但同时，高质量的学前教育机构对贫困家庭儿童早期发展的促进作用显著优于非贫困家庭儿童。此外，研究也一致发现，贫困家庭儿童入学准备、学业发展以及执行功能的发展显著落后于非贫困家庭儿童，并且家庭贫困程度更严重的儿童在各方面的发展水平更低。由于家庭贫困所导致的贫困家庭儿童与非贫困家庭同伴间的发展差异在学前早期已经显现，并且随着儿童年龄的增长，儿童间的发展差距不断加大。然而，以上大部分的研究来自西方文化，在发展中国家所进行的相关研究较少(Aboud & Hossain, 2011; Engle et al., 2007)。大量西方研究所得的结论在多大程度上适用于发展中国家，是否能够获得相似的结论，还不得而知，因此，需要更多发展中国家的相关研究对以上问题作回应。

第二节　学前教育机构对儿童入学准备与学业发展的影响

在入读小学之前，很多儿童都有接受学前教育的经历(Dowsett, 2008)。在学前教育机构的学习生活是儿童学前期的重要经历。然而，在一些贫困地区由于没有相关的学前教育服务，儿童无法接受学前教育。已有研究显示，学前教育对儿童具有积极的影响，能使儿童获益。一些研究深入探讨了学前教育经历对儿童发展的影响，并关注对儿童发展产生最大效益的学前教育质量因素。为了探讨学前教育的重要效能，一些研究者比较了接受以及未接受学前教育儿童的发展状况(如，Aboud & Hossain, 2011)。为了进一步探讨学前教育的最优化模式，一些研究则比较了不同类型学前教育机构对儿童发展的影响(如，Mwaura, Sylva, & Malmberg, 2008; Rao, Sun, Pearson et al., 2012; Rao, Sun, Zhou et al., 2012)。在本部分中，研究将回顾和分析学前教育经历和儿童发展之间的关系。

一、接受学前教育状况与儿童入学准备和学业发展

在过去的数年间，学前教育受到了全球的关注。随着儿童入园率的不断上升，大量的研究已经开始关注学前教育对于儿童发展的短期和长期影响。

(一) 有无学前教育经历与儿童入学准备和学业发展

自 2000 年世界教育论坛(World Education Forum)举办以来，学前教育愈来愈受到重视(UNESCO, 2006)，全球范围内儿童入园率也逐步提升。各国政府也已经把 3 岁及以上儿童的学前一年教育纳入到政府工作范畴(UNESCO, 2007)。随着学前教育规模的不断扩大，全球范围内学前一年的入学率已从 1999 年的 41%提升至 2017 年的 50%(UNESCO, 2010,2018)。然而，全球推进和普及学前教育的进程仍较缓慢且不均衡(UNESCO, 2006,2007, 2018)。在很多发展中国家，数百万儿童无法接受学前教育(Rao & Sun, 2010)。

大量研究已经表明，接受学前教育能够使儿童获益(Rao & Sun, 2010)。这些研

究中不仅有小规模的研究,也有大样本的国家层面的研究,不仅有在发达国家进行的研究,也有来自于发展中国家的研究。在这些研究中,研究者往往将接受过以及没有接受过学前教育的儿童作比较,结果都显示了接受学前教育对儿童发展带来的积极作用。通常而言,这些研究者在儿童学前末期、学前班在读期间或者小学低年级考察儿童的发展状况,并作比较(Maxwell & Clifford, 2004)。

在过去的数十年中,大量来自发达国家的研究显示了学前教育项目的积极效能。来自美国(Currie & Thomas, 1995; Taylor, Gibbs, & Slate, 2000)、英国(Sylva, Melhuish, Sammons, Siraj-Blatchford, & Taggart, 2004)以及加拿大(Lipps & Yiptong-Avila, 1999)的研究表明,接受过学前教育的儿童在学前班期间整体的入学准备水平更高,比起没有接受过学前教育的同伴或者兄弟姐妹,这些儿童有较好的运动能力、人际交往能力、学习能力以及语言和沟通能力。在一年级时,这些儿童也表现出更高水平的认知能力、社会性和行为表现以及学业成绩。

近年来,一些发展中国家的研究也报告了相似的结果。在柬埔寨,比起无学前教育经历的儿童,接受过任何形式学前教育的儿童在一项发展性评估测试上的得分显著更高,这些儿童对一般常识和学业准备概念的掌握度更好,表现出更好的粗大运动能力,在工作记忆、推理、生活技能以及语言能力方面的发展也更好(Rao, Sun, Pearson et al., 2012)。在孟加拉国,接受过一年学前班教育的儿童比起未接受过学前班教育的儿童,在一年级和二年级时的语言表达、书写、数学方面的得分显著更高(Aboud & Hossain, 2011)。在东非三个国家的研究也显示,接受过任何形式学前教育的儿童,在学业技能以及非言语推理技能方面表现更突出(Mwaura et al., 2008)。

(二) 学前教育对入学准备和学业发展的影响时长

以上的文献回顾显示,学前教育对儿童发展具有重要的影响,能够促进儿童的全面发展,包括认知发展、入学准备以及学业准备等,为儿童提供良好的学业开端。因此,学前阶段对儿童的发展有着重要的意义。然而,学前教育为儿童带来的积极影响会随着儿童进入小学及中学继续保持还是消失?

大量的研究关注了学前教育对儿童发展影响的时效性。这些研究或是关注特定的学前教育项目,或者通过元分析或者文献综述的方式考察了不同类型学前教育项目的影响。由于不同研究所使用的测查工具不同,所获得的结论也有所不同。但总体而言,这些研究主要关注学前教育对于儿童认知领域以及社会性或者行为发展的影响。

在本部分中，研究将分别回顾学前教育对儿童在这两个方面的影响。

提升和促进儿童认知能力的发展是很多学前教育项目力争达成的目标。大量的研究考察了这些项目对儿童认知能力的影响。这些研究通常使用智力测验以及学校表现或者学业成绩衡量儿童的发展状况。研究表明，接受学前教育对儿童的认知发展具有显著的短期影响（Burger，2010），然而，有关长期影响效应的结果则存在不一致性。一些研究表明，学前教育对儿童智力水平的影响只是短期的（Barnett，1998；Barnett & Belfield，2006；Gomby，Larner，Stevenson，Lewit，& Behrman，1995）。随着儿童进入小学，学前期的效应迅速消减，最后消失。其他的研究报告则表明随着时间的推移，学前教育经历与儿童智力发展的关系逐步减弱，但同时，即使儿童进入小学，进入青少年期甚至到成人期，学前教育对智力的影响仍然显著（Burchinal，Ramey，Reid，& Jaccard，1995；Campbell & Ramey，1994；Goodman & Sianesi，2005；Gorey，2001）。

对于儿童学业表现的研究通常关注儿童的学业成绩、升留学情况、毕业情况以及是否接受过特殊教育安置等（Anderson et al.，2003；Barnett，1995）。研究显示，学前教育对儿童学业发展具有长期而深远的影响。一项对34个早期干预项目效能的元分析研究显示，接受过学前教育的儿童在学业表现方面优势突出，且这一效应持续至八年级（Nelson，Westhues，& MacLeod，2003）。同样地，美国国家儿童健康与人类发展研究所开展的儿童与青少年发展追踪研究探讨了儿童4.5岁前接受学前教育的状况对十年后学业表现的影响，结果显示，儿童的学前教育经历对其15岁时的学业成就有显著的预测作用（Vandell et al.，2010）。然而，美国早期儿童追踪项目（ELSK-K）的一个研究显示，学前期对儿童阅读和数学技能的积极影响在儿童一年级第二学期结束时就已经逐步消失了（Magnuson et al.，2007）。尽管如此，不少研究证据显示，接受学前教育可以极大降低儿童小学和中学时期出现复读以及接受特殊教育转接服务的情况（Barnett，1995，1998；Burger，2010；Gomby et al.，1995；Nelson et al.，2003）。此外，也有几项长达数十年的跟踪研究显示，曾经接受过学前教育的儿童更有可能获得高中或者以上的学历（Barnett，1995，1998；Barnett & Belfield，2006；Shonkoff & Phillips，2000）。

相对而言，探讨学前教育对儿童社会性或者行为发展的研究较少（Barnett & Ackerman，2006），不同研究结果间也存在较大的异质性。一些研究表明，儿童接受学前教育后，其社会性技能将得到显著的提升，并且这一效应保持稳定，直到儿童进入小学初期，甚至到青少年期（Camilli，Vargas，Ryan，& Barnett，2010；Campbell，

Lamb, & Hwang, 2000; Nelson et al., 2003; La Paro & Pianta, 2000)。此外,基于40个纵向研究,结果表明,儿童是否接受教育与其青少年或者成人期是否会发生反社会行为或者违法行为存在紧密关联(Yoshikawa, 1995),这进一步说明了学前教育对儿童社会性发展的长期影响。然而,在两个有关"开端计划"影响的研究中,并未发现学前教育接受情况对于学前以及一年级儿童社会性和情绪发展的显著影响(U. S. Department of Health and Human Services, 2005,2010)。

以上研究结果的不一致性源自于研究方法的不同以及追踪测查的间隔。然而,通过这些研究至少可以发现学前教育对儿童的发展有重要的影响(Heckman, 2004)。总体而言,比起社会性发展领域,学前教育经历对儿童认知发展的影响更突出、更深远(Camilli et al., 2010)。

二、学前教育类型及机构质量与儿童入学准备和学业发展

美国国家儿童健康与人类发展研究所开展的儿童与青少年发展项目对来自美国10个地区1991年出生的儿童进行持续的追踪,考察不同类型的学前教育与儿童发展间的关系,并发现了学前教育的三个核心要素,即:儿童在学前教育机构的时间、机构的质量和类型(NICHD ECCRN, 2002b, 2004, 2005)。质量通常包括结构性质量和过程性质量(NICHD ECCRN, 2002a)。机构类型主要指学前教育的开展形式。不同的学前教育机构在服务时间以及服务类型上有很大差异,这将导致质量方面的显著差异(NICHD ECCRN, 2004; Rao & Sun, 2010)。因此,尽管三个要素非常容易区分,但在实质上三个因素相互影响,较难截然分开(Belsky, 2008)。很多研究考察了这些因素与儿童发展的关系,但大部分的研究关注于学前教育机构类型和质量(Belsky, 2008; Burchinal, Lee, & Ramey, 1989; Dowsett et al., 2008; Loeb, Fuller, Kagan, & Carrol, 2004; NICHD ECCRN, 2004)。在本部分,研究将分别探讨这两个要素对儿童发展的影响。

(一) 学前教育类型与儿童入学准备和学业发展

虽然学前教育的形式多样,但主要可以分成三种形式:1. 非正式的家庭式照料。在这种照料类型中,儿童主要由父母、保姆或者儿童家庭、亲戚家庭中的其他人所照料;2. 由政府监管或者获得政府认证的正式家庭式托育机构。通常而言,这类机构开

设在家庭中，通常招收一名以上儿童；3. 中心式或者在学校中的日托机构。这类机构包括幼儿园、幼儿学校、学前班等，通常获得政府（比如，美国的早期开端项目）、社区以及机构的资助（Boocock, 1995; Magnuson et al., 2004; Magnuson & Waldfogel, 2005; Morrissey, 2010; NICHD ECCRN, 2004）。

其中，非正式的家庭式照料机构通常更注重儿童的保育，并且由家庭中的照料者对儿童实施保教（NICHD ECCRN, 2004）。与非正式的照料机构不同，正式的家庭式托育机构在家庭中开展保教活动，主要招收同龄或者混龄儿童，大部分时间下，照料者让儿童参与自由游戏（Morrissey, 2010; NICHD ECCRN, 2004）。中心式或者学校中的日托机构则招收更多儿童，并且根据儿童年龄进行分班。这些机构为儿童提供更富有刺激的环境，有不同的玩具书籍、图书以及其他材料等（Burchinal & Cryer, 2003; NICHD ECCRN, 2004）。机构中的照料者通常为接受过专业培训、获得资质的幼儿教师，能够为儿童提供丰富的活动，并能够根据课程内容为儿童布置一些学习活动，以提升和促进儿童的发展（Morrissey, 2010; NICHD ECCRN, 2000, 2004）。相对而言，家庭式的托育机构更倾向于对低幼龄儿童进行保育，比如，婴幼儿或者学步儿，而中心式或者学校中的日托机构更多接收三岁及以上儿童（Burchinal et al., 1995; Magnuson & Waldfogel, 2005; NICHD ECCRN, 2004）。

虽然与两种家庭式的照料机构相比，中心式或者学校中的日托机构中班额更大，师生比更小，但已有研究表明，曾在这种机构类型中接受学前教育的儿童受益更多。结果表明，这些儿童入学准备发展水平更好，在认知、社会、语言发展以及学业准备技能方面有更好的表现（Dowsett et al., 2008; Loeb et al., 2004; Magnuson et al., 2004; Magnuson & Waldfogel, 2005）。比如，伯奇纳尔（Burchinal）及同事（1995）评估了学前教育类型对来自美国中产阶级儿童的影响，结果表明，特别对于非裔家庭而言，中心式的日托机构对儿童认知以及语言能力有积极的作用。相似地，美国国家儿童健康与人类发展研究所开展的儿童与青少年发展追踪研究项目显示，中心式日托机构中的学习经历不仅能够预测儿童的语言能力、认知能力以及学业准备技能，同时这一积极的影响能够延伸至小学（Belsky, 2008）。相对而言，家庭式托育机构对儿童的影响则较弱。虽然与中心式机构中接受教育的儿童相比，在家庭式托育机构的儿童在三岁前有更好的口语理解能力，但是在三岁后，其优势就不显著了（Belsky, 2008）。同时，比起在中心式机构接受教育的儿童，曾接受非正式家庭照料的儿童在认知能力以及社会性方面都显著较差（Belsky, 2008; NICHD ECCRN, 2004）。这在一定程度上回应了麦格纳逊(Magnuson)和瓦德福格(Waldfogel)(2005)的研究。该研究指出,与接受中心式日托机构服务的儿童相比,曾接受非正式家庭照料的儿童在阅读和数学学业准备技能中表现显著更差。

以上的结果表明,中心式或者学校中的日托中心的教育服务能够促进儿童更高水平的全面发展。然而,中心式的日托机构又有不同类型。英国全国性的"学前教育有效性追踪研究"(The Effective Provision of Pre-School Education, EPPE)考察了六种不同类型的中心式学前教育形式及其效能,包括游戏小组、当地部门或者自发创建的日托式机构、私立的托育中心、托育学校、托育班以及综合性的中心式日托机构(Sylva et al., 2004)。结果表明,综合性的中心式保教机构将教育和保育有机结合,接受这类机构服务的儿童在认知发展方面显著更好,这类机构与托育学校对儿童社会性发展的促进作用也更显著。相对而言,在当地部门创办的日托机构中就读的儿童在学业准备,特别是前阅读方面表现更差。伯奇纳尔(Burchinal)、李(Lee)以及莱梅(Ramey)(1989)在儿童6至54个月期间,每隔半年对在不同机构就读的儿童进行智力测查。结果表明,比起曾在社区举办的中心式日托机构就读的儿童,曾在大学附属机构就读的儿童智力水平更高,并且随着时间发展呈现出更好的发展。刘丽薇(Rao)、孙瑾(Sun)、皮尔逊(Pearson)等人(2012)研究发现,在柬埔寨儿童中,在社区幼儿学校就读的儿童与接受家庭照料的儿童在入学准备测试中并无差异,但是,在小学附设的学前教育机构中就读的儿童比起前两组儿童表现出更高水平的入学准备能力。

以上的回顾显示,学前教育形式有不同类型,总体而言,包括非正式的家庭式照料、正式的家庭式托育机构以及中心式或者学校中的日托中心。中心式或者学校中的日托中心为儿童提供了丰富的教育资源,能够较好地促进儿童的发展,而非正式的家庭照料对儿童早期发展的促进作用有限(Rao, Sun, Zhou et al., 2012)。中心式或者学校中的日托中心有不同的形式,并且相互间质量差异较大。其中,拥有较好的管理与课程设计,并获得政府资助(如全国性或者区域性质的干预项目)的学前教育机构通常能使儿童获益更大(Rao, Sun, Pearson et al., 2012)。这与这些机构的质量有着密切的关系。因此,在下一部分中,研究将回顾学前教育机构质量与儿童入学准备和学业发展的关系。

(二) 学前教育质量与儿童入学准备和学业发展

学前教育质量包括结构性质量和过程性质量(Espinosa, 2002; Rao & Li, 2009;

Vandell & Wolfe, 2000)。结构性质量包括学前教育机构的物理环境、班额、师生比、教职人员的资质、教育资源等,过程性质量指的是师生以及儿童间的互动,儿童在不同活动中的参与情况及家园关系等(Espinosa, 2002; Rao, 2010; Rao & Sun, 2010; Vandell & Wolfe, 2000)。这两个方面相互影响(Espinosa, 2002; NICHD ECCRN, 2002a)。例如,当班级班额小,师生比较高时,教师与儿童互动的机会就会增加。如果教师具有较高水平的专业能力和资质,儿童就可能从教师那里获得更多的刺激以及高质量的指导。一项我国香港地区的研究发现,学前教育质量的结构性因素及与管理相关的因素对于过程性质量的解释率达到25%以上(Rao, Koong, Kwong, & Wong, 2003)。

虽然结构性质量以及过程性质量相互关联,但是两者对于儿童发展的影响有所不同。结构性质量通常被认为对儿童的发展产生间接的效果(Espinosa, 2002; Vandell & Wolfe, 2000)。过程性质量通常是儿童所亲身经历的,对其学习和发展产生直接的影响(Friedman & Amadeo, 1999; Vandell & Wolfe, 2000)。基于美国"成本、质量及儿童发展"以及国家儿童健康与人类发展研究所开展的儿童与青少年发展追踪研究项目,伯奇纳尔(Burchinal)以及克莱尔(Cryer)(2003)的研究发现,无论儿童来自哪个族裔,照料者的敏感性以及丰富刺激的给予对他们社会性和认知的发展有显著的影响。孟蒂(Montie)、项宗平(Xiang)、斯库文哈特(Schweinhart)(2006)所进行的一项十国跨文化研究表明不同的过程性质量因素(包括提供更多自主选择、儿童自发的活动、小组活动、教育材料的多样性)和一个结构性质量因素(教师的受教育水平)与儿童的语言和认知发展密切相关。此外,结构性质量与过程性质量相互作用,并共同对儿童发展产生影响。美国国家儿童健康与人类发展研究所开展的儿童与青少年发展追踪研究中的一个项目(NICHD ECCRN, 2002a)基于800多名54个月儿童的数据,考察了两种质量因素的相互作用以及对儿童的影响。研究结果显示,结构性质量的两个因素,包括教职员工的培训情况以及师生比,对儿童社会性以及认知能力有积极的影响。而在这一过程中,教师的专业特征,包括教师的敏感性、班级积极情绪氛围的营造以及为儿童提供认知刺激等过程性质量因素是重要的中介变量。

近年来,学前教育领域越来越重视和强调学前教育机构质量。尽管对于高质量的定义受到文化和地域等因素的影响,但至少有一些共同的特征(Rao, 2010; Rao & Sun, 2010)。美国全美幼教协会(The American National Association for the Education of Young Children, NAEYC)在制定优质学前教育质量标准时考虑了教师、课程以及班级的因素，并将结构性质量和过程性质量因素整合，认为高质量的学前教育项目应该能够满足儿童的个别化需求，使儿童潜能得到最大化发展，积极邀请家长参与，招募有资质的教师，鼓励师幼积极互动，有足够以及良好的教育资源，并且营造良好的工作氛围与同事关系(Espinosa, 2002)。凯根(Kagan)(2010)指出政府应该为高质量的学前教育项目提供经费支持。高质量的学前教育体系应该是学前教育机构本身及潜在的、为机构提供支持的各种条件和因素的有机结合。这些潜在的条件和因素共有八个，包括教育教学、管理、财政支持、管理实体、员工资质和培训、工作指南和评估、家长和社区的参与、与学校及社区健康和卫生部门的联系，这八个因素缺一不可，相互交织联系，并且相互影响，就像“齿轮”一样工作着。

高质量的学前教育机构使儿童得到最大获益，能够帮助儿童掌握之后学校学习所必需的基础技能(Barnett & Yarosz, 2007; Burchinal & Cryer, 2003; Magnuson & Waldfogel, 2005; Rao, 2010)。高质量的学前教育机构被视作“跳板”，能有效、快速地提升和促进儿童的发展(UNESCO, 2010)。与曾在质量相对较差的学前教育机构中就读的儿童相比，来自高质量学前教育机构的儿童更有可能获得学业成功，具有更强的语言、认知以及社会交往能力(Belsky et al., 2007; Espinosa, 2002; Magnuson et al., 2007; Moore, Akhter, & Aboud, 2008)。如前所述，学前教育质量与机构类型相关(Espinosa, 2002; Rao & Sun, 2010; UNESCO, 2006)。比起其他类型的学前教育机构，在结构性质量方面，中心式日托机构的教师具有更好的教育背景、更高水平的专业能力，在过程性质量方面，这类机构的教师为儿童提供更丰富的认知刺激，并且有更积极的师幼互动(Dowsett et al., 2008)。由于以上两方面的优势，高质量学前教育机构对儿童的影响更深远(Barnett, 1995,2008)。美国的三项追踪研究印证了以上的观点。这三个研究都聚焦于处境不利儿童，并为儿童提供了高质量的学前教育，儿童所在的机构班额较小，师生比达到理想水平，教师受教育水平都较高，并且为儿童提供了专门的课程(Ackerman & Barnett, 2006)。其中，第一个项目为卡罗莱纳州的初学者方案项目(The Carolina Abecedarian Project)，这个项目对初生至五岁的婴幼儿提供了早期的干预，最后显示，干预对儿童认知和学业发展产生积极效应，甚至这一效应在项目被试 21 岁时仍显著(Campbell et al., 2000)。第二个是高瞻-佩里学前教育研究项目(The High/Scope Perry Preschool Study)，这一项目为三至四岁儿童提供了两年的高质量学前教育。结果显示，在 41 岁时，当初参与研究的被试接受了更高水平的教育，经济状况更好，并且犯罪率更低(Schweinhart, 2003)。第三个是芝加哥儿童一家长中心项目(The Chicago Child-Parent Centers Project)。这一项目为三至九岁的儿童及家庭提供教育和家庭养育支持。同样,参与项目的儿童在后期学业表现更好,受教育水平更高,并且接受矫治性教育服务的几率更小,出现反社会行为的比率也更低(Reynolds, Temple, Robertson, & Mann, 2002)。

三、小结

在本部分中,研究关注了儿童的学前教育经历,包括是否接受学前教育、学前教育机构的类型及质量,以及相互间的关系对儿童发展的影响。研究发现,学前教育为儿童带来了积极的作用,特别在儿童认知发展方面。相对而言,中心式的学前教育机构质量水平最高,儿童的获益也最多。但同时,对于处境不利儿童,即使质量较差的学前教育经历也能够在一定程度上促进儿童的学习和发展。当这些儿童接受高质量的学前教育后,他们能够获得更大的进步。然而,大部分有关学前教育质量的研究都来自于西方,来自发展中国家的相关研究较少(Aboud & Hossain, 2011; Engle et al., 2007)。大量西方研究所得的结论在多大程度上适用于发展中国家,这些研究结果会不会有差异,对于这些问题的回答亟待发展中国家更多的相关研究。

第四章 我国农村学前教育现状及儿童入学准备与学业发展研究概述

在过去的数十年间，我国农村学前教育受到了国家和政府的高度重视，并出台了大量的政策文件，有力保障和推进了农村学前教育的快速有效发展，扩大了农村幼儿园数量和规模，显著提升了儿童入园率，师资队伍和园舍环境等得到了发展和优化。然而，与城市相比，农村学前教育发展较落后，仍有待进一步普及，质量亟待提升。在提升学前教育质量的过程中，儿童入学准备与学业的发展也应是关注的重点。上述两章对国际范围内有关贫困以及处境不利儿童的研究作了回顾，结果显示，入学准备对早期以及未来学业发展具有重要的奠基作用。而在我国，有关儿童入学准备的研究不多，针对农村贫困儿童开展的研究较少，有关执行功能的研究较多从心理学视角展开，在教育学视角下开展的研究较缺乏。尽管如此，这些研究也将为本研究的开展带来重要的启示。

有鉴于此，本章将从两个方面对我国农村学前教育现状以及儿童入学准备和学业发展状况的研究信息作梳理。首先，本章将回顾与农村学前教育相关的政策、学前教育发展现状，以及儒家文化思想对教育实践的影响；之后，将对我国所开展的有关儿童入学认知准备和学业发展的研究结果作简要综述。

第一节 我国农村学前教育发展现状

自改革开放以来，农村学前教育得到了快速的发展。国家和政府通过各项政策法规的制定，有力地保障了农村学前教育的发展，各地农村各类学前教育数量有了显著的增长，入园(班)率也不断提升(Zhao & Hu, 2008)。本部分将回顾与我国农村学前教育相关的政策法规、学前教育的发展现状以及相关内容。

一、我国农村学前教育政策

我国政府对学前教育的重视度不断提高，并通过多项政策法规提升其在国家教育体系中的重要地位(Corter, Janmohammed, Zhang, & Bertrand, 2006)。这其中，有部分政策法规关注农村学前教育，旨在确保我国农村和贫困地区儿童享有学前教育的机会以及提升农村学前教育质量。特别是近年来的一系列政策文件有力推动和保障了农村学前教育质量的发展。

早在1983年，教育部专门针对农村学前教育提出了《关于发展农村幼儿教育的几点意见》。《意见》指出，"要积极创造条件，有计划地发展农村幼儿教育"，并重视师资队伍质量的提升，"提高保教质量"。《意见》同时主张农村学前教育机构的举办和管理由基层的社(乡)或者队(村)等自行负责，并应首先发展学前一年教育，同时要逐步创造条件接收三至五岁的幼儿入园(班)。随后的《国家教委关于改进和加强学前班管理的意见》对农村学前教育的主要举办形式作了说明，指出学前班是提升农村学前教育的重要形式，可以采取灵活多样的办学形式，包括一年制或者三个月至半年的短期学前班，可以以全日制、半日制或者隔天制的形式举办。这一文件进一步提出了学前班保育与教育的基本要求，对儿童身体健康、品德和行为习惯以及初步的学业能力和学习习惯三个方面的培养目标作了说明。2003年，教育部联合多个部门发布了《关于幼儿教育改革与发展的指导意见》，这一文件提出了扩大学前教育的目标，即力争到2007年，使全国学前三年儿童受教育率达到50%，学前一年受教育率达到80%。同时，该文件明确了国家各个部门(如卫生部、民政部、财政部、建设部等)在推动学前教育质量发展过程中的作用，并倡导"地方各级人民政府要提高对发展幼儿教育的认识"，"要采取有效措施，积极发展农村和老少边穷地区的幼儿教育事业"。以上这些文件都强调了政府部门在学前教育中的重要作用，同时也提出了能够逐步扩大农村学前教育资源、促进其教育质量发展的策略。

自2010年以来，学前教育受到了国家和政府的更多重视，其在整个教育体系中的重要性也日益凸显。在《国家中长期教育改革和发展规划纲要(2010—2020年)》(以下简称《纲要》)第二部分发展任务中，将学前教育单列为一章进行说明，这在以往相关文件中前所未有，这也是首次在国家教育规划纲要文件中提出要“积极发展学前教育”，足以体现政府对学前教育的重视程度。《纲要》提出了学前教育的发展目标，至2020年要“普及学前教育一年，并基本普及学前两年教育，有条件的地区普及学前三年教育”。

在此过程中，农村学前教育应得到重点发展，不断提高普及程度，并通过多种形式增加幼儿园(班)数量，为贫困地区发展学前教育提供支持。这些内容在之后的《国务院关于当前发展学前教育的若干意见》(以下简称“国十条”)中得到了进一步响应。“国十条”强调要把学前教育放在更重要的位置，并指出儿童应有享有优质学前教育的机会。各地应努力扩大学前教育资源，将学前教育的发展作为社会主义新农村建设的重点内容。同时，应加大对农村学前教育的投入。在国家层面，政府将实施推进农村学前教育项目，重点支持中西部地区；在地方层面，各级政府应设立专项基金，重点建设农村幼儿园，努力改善其保教条件，配备基本的设施设备、教玩具、儿童读物等。此外，该文件第十条中提出各地要对学前教育作统筹规划，实施三年行动计划。

为进一步贯彻落实《纲要》和“国十条”，财政部联合教育部(2011)下发了《关于加大财政投入支持学前教育发展的通知》(以下称《通知》)，通过财政投入支持学前教育的发展。《通知》指出要把“加快农村学前教育作为工作重点”，并且“中央财政重点支持各地特别是中西部地区农村学前教育发展”，为改建的幼儿园和增设的农村小学附属幼儿园提供经费补助和支持，同时通过招聘巡回支教志愿者以及支持中西部农村幼儿教师参与“中小学教师国家级培训计划”，提升农村幼儿教师师资力量。

在中央政府的号召下，各地根据情况编制和出台了三年行动计划。从2011年至今，已完成两期三年行动计划，目前正在实施第三期行动计划。2017年，教育部、国家发展改革委、财政部和人力资源社会保障部发布了《关于实施第三期学前教育行动计划的意见》，提出在新一轮的三年行动计划中，应进一步提升学前三年毛入园率，需“重点加强脱贫攻坚地区”幼儿园建设，省级、地市级政府要加大对贫困地区学前教育的支持力度，各地方应通过多种方式为农村和边远贫困地区培养和补充合格的师资队伍，中央财政继续安排专项资金，重点支持农村和贫困地区学前教育，以“整体提升农村幼儿园教育质量”。

为进一步解决我国学前教育发展过程中的问题，中共中央、国务院最近发布了《关于学前教育深化改革规范发展的若干意见》。在该文件中，“农村”学前教育被提及六次，包括“每个乡镇至少办好一所公办中心园”，并通过实施学前教育专项和挖掘资源等，重点扩大“农村地区、脱贫攻坚地区”等的普惠性资源。同时，重点向中西部农村和贫困地区倾斜幼儿资助制度。同时，为提升农村地区保教质量和教研体系，要充分发挥城镇优质幼儿园和农村乡镇幼儿园的辐射带动和专业引领作用。

以上一系列文件指出普及和推进学前教育的发展已成为重要的国家政策，农村学前教育已得到了前所未有的高度重视，正快速发展。

二、我国农村学前教育发展状况

（一）农村学前教育形式与规模

我国政策指出农村地区应根据当地情况因地制宜开办多种形式的学前教育，为儿童提供受教育机会。总体而言，我国农村学前教育形式可分为正规和非正规两种。正规的学前教育主要指学前班和幼儿园（Zhao & Hu, 2008），非正规的学前教育包括混读班（不足龄儿童在一年级教室中学习的形式），家庭式的幼儿园，季节性或者周末班，以及游戏小组等（Rao, Sun, Zhou et al., 2012; Zhai & Gao, 2008）。非正规的学前教育在老少边穷地区较为普遍。本部分将介绍农村学前教育中三类主要机构的基本状况，包括幼儿园、学前班以及混读班（Rao, Sun, Zhou et al., 2012）。

幼儿园是农村学前教育的主要形式之一。在《国务院关于当前发展学前教育的若干意见》中指出要“努力扩大农村学前教育资源”，各地要将幼儿园的“优先建设”和“加快发展”作为“社会主义新农村建设的重要内容”。在这些重要政策的推动下，我国农村学前教育得到了快速的发展。根据教育部的年度统计，在过去的七年间，我国农村幼儿园数量有了大幅提升，从2010年的71588所增长至2017年的90182所，增幅达20.62%。以教育部门或者其他集体力量为主举办的公立幼儿园比例也得到大幅提升，从2010年26276所（36.70%）到2017年的48441所（占53.71%），公办幼儿园数量增加近50%（教育部，2010，2018）。根据2010年的教育统计数据，农村幼儿园的办学规模平均为4—5个班级（教育部，2010）。通常而言，农村幼儿园以独立设置为主，有独立的场地，为儿童配备了基本的设施、玩具和游戏材料等以满足儿童的发展需求。特别是农村公办园，通常遵循《幼儿园教育指导纲要（试行）》，倡导儿童的全面发展，多采用游戏等形式开展教学，并为儿童提供多样的活动（Zhang & Liu, 2017）。在这些幼儿园中，大部分教师接受过学前教育方面的专业培训。然而，这些幼儿园通常在乡镇中心区域。甚至在一些中西部省份的市县，还未实现“一镇一园”（庞丽娟，王红蕾，吕武，2016）。而在没有公办园的农村地区，不少私立园取而代之，这些幼儿园往往条件和质量较差，教师资质不够（罗仁福，赵启然，何敏，刘承芳，张林秀，2009；皮军功，2008）。

在没有条件举办幼儿园的偏远地区，提供半日制或者全日制服务的学前班较为普遍（Zhu & Zhang, 2008）。学前班通常附设在农村的小学，其目的在于帮助儿童作入学准备，一般有一到两个班级，有的分年龄段，有的不分年龄段，所有3—6岁儿童在同一个班级中接受学前教育。在办学主体上，学前班以教育部门或者其他集体力量举办的公办为主，也有部分为民办。根据2010年教育统计数据，在农村，共有学前班115706个，其中，公办学前班112785个，民办性质的学前班2921个，公办占97.48%。一般而言，在公办的学前班中，教室由小学教室改造而来，因此，在学习环境的安排和设置上与小学教室相似。教室内教育教学资源较少，甚至有些学前班的课桌椅是小学更换下来的，不适合学前儿童（罗仁福等，2009）。在教学形式和内容上，学前班与小学相似，以集体教学为主，在内容上，以一年级课程大纲内容的简化版为主，同时也为儿童提供少量的游戏时间（Zhu & Zhang, 2008）。在农村贫困地区，学前班教师以没有教师资质的初中或者高中毕业生为主，也有部分是小学转岗教师。

在更偏僻的农村地区，在教室和师资紧缺，无法设置学前班的情况下，7岁以下的儿童被允许在一年级教室中接受教育（Rao, Sun, Zhou et al., 2012）。虽然此类班级在《关于改进和加强学前班管理的意见》中被明令禁止，但至少能够为儿童提供教育的机会，让他们能够接触到正式的学习环境（Rao, Sun, Zhou et al., 2012）。由于这些班级针对的是一年级学生，因此，没有为学前儿童提供特别的实施设备等。3—7周岁的学前和学龄儿童共坐在同一个教室中，使用相同的一年级教材，并且完全遵循一年级的一日生活安排（周芬芬，2006）。在这样的班级中，教师以集体教学为主，学前儿童特别是年龄较小的儿童难以跟上班级的课程进度，但由于教师关注一年级儿童，学前儿童往往被忽视，无法或者几乎很少获得教师的反馈。而同时，为了达到规定的入学年龄7周岁，不少学前儿童需要在同一个班级中反复混读几年才能正式成为一年级学生（周芬芬，2006）。这些班级中的教师通常是有资质的小学合格教师，或者是无资质的代课教师。特别是在学校教师不足的情况下，一些小学校长会认为低年级教学简单而安排代课教师教授一年级儿童。

简言之，我国农村学前教育形式主要有三种，包括幼儿园、学前班以及混读班。幼儿园比其余两类机构教育质量更高。学前班往往采用与小学相似的课程和教学方法。而在更偏远的地区，学前儿童通常在一年级班级中混读。

（二）农村园舍状况、儿童入园（班）率和师资情况

从教育部官网2018年教育统计数据来看，从2007年到2017年，我国学前教育经历了快速发展的十年。全国幼儿园数量从2007年的12.91万所增加至2017年的25.50万所。然而，我国学前教育事业发展城乡差异显著。在这十年间，农村幼儿园从6.13万所增加至9.02万所，而城市幼儿园的数量从3.29万所增加至7.90万所，增幅较农村高近27%。幼儿园数量的迅速增加使园舍的教学及辅助用房面积大幅增加，从6528.86万平方米增加为约2.23亿平方米。然而，尽管农村幼儿园数量较城市多，但在教学及辅助用房面积上则较城市少。2007年，农村幼儿园这一面积为1599.92万平方米，仅为城市幼儿园的58.06%，而至2017年，尽管农村幼儿园教学及辅助用房面积增加至4425.02万平方米，但仅为城市幼儿园的46.43%。此外，幼儿园的图书数量也有了极大的增加，从2007年的8854.62万册增加至2017年的3.59亿册，丰富了幼儿园教师和儿童的精神生活。但需要注意的是，农村幼儿园的图书数量仍较少，至2017年，仅为城市幼儿园的40%。因此，尽管我国农村幼儿园数量有了大幅提升，但相对于城市，在教学和辅助用房空间以及图书资源方面更为有限。

园所数量的迅速增加以及校舍面积的迅速扩张增加了儿童入园的机会。从2007年至2017年，儿童学前三年毛入园率从44.6%增加至79.6%，增加了35个百分点（教育部，2018）。同样，儿童入园状况的城乡差异突出。在2007年，城市学前三年毛入园率为55.6%，农村为35.6%，城乡差异为20个百分点。至2015年，城市地区学前三年毛入园率已接近100%，增长近45%，而农村地区（包括镇区和乡村）约为60%，增长仅为25%不到，城乡儿童入园率差异进一步拉大为40%（庞丽娟，2009；刘航，兰峤，2017）。在农村贫困地区，学前儿童入园面临着更多的问题。据相关研究表明，农村贫困地区至少有20%的儿童无法接受早期教育，而在集中连片特困地区，三年的毛入园率均在50%以下，一些贫困县仅为30%—40%（庞丽娟，2016）。

儿童入园率的增加使得师资的迅速扩充成为必然。从2007年到2017年，我国幼儿园教职员工数从131.72万增加至419.29万人，园长和专任教师人数从95.19万人增加至271.21万人。此外，还有一部分为代课和兼课教师，在过去的十年间，人数由

10.51万增加至21.51万，且有不少教师分布在农村。2007年，37.67%的代课和兼课教师在农村幼儿园任教，2017年，这一比例下降至31.71%。尽管随着教师队伍的不断庞大，代课和兼课教师在农村师资队伍中的占比也出现一定的下降，从2007年的14%下降至2017年的10.04%，但与城市以及镇区相比，农村代课和兼课教师在整体师资队伍中的占比仍最高。

在教师队伍数量快速增长的同时，教师的资质也得到了不断提升。在过去的十年间，教师学历水平不断提高，学历为专科及以上的园长和专任教师由54.92%增长至79.97%，特别是农村园长和专任教师学历提升最为明显，由36.01%增长至68.26%。然而，与此同时，需要注意的是，至2017年，农村地区仍有31.74%的园长和专任教师学历为高中及以下，而这一比率在城市为13.98%，在镇区为22.13%（教育部，2018）。

以上的分析显示，尽管近年来农村学前教育已受到国家的高度重视，但与城市相比，农村园所校舍空间更小，图书资源有限，儿童入园率较低，并且在过去的数年间，与城市儿童入园率的差距加大。此外，农村幼儿园师资队伍质量也与城市幼儿园差距较大，代课和兼课教师人数比率较高，且学历较低的教师占比也更高。

三、儒家文化思想下的中国农村学前教育

中国文化下儿童的养育和教育在很大程度上受到了儒家文化思想的影响，并且儒家思想对于农村地区的影响可能比城市地区更深远。虽然在过去的数年间，我国学前教育发生了巨大的变化，然而，这一传统的文化思想仍深深扎根于幼儿园的教育实践中。一些研究指出，在我国幼儿园情境下，我们仍然强调教室纪律、教师的权威性、儿童对于知识的掌握以及不断练习（Rao, Ng, & Pearson, 2010; Tobin, Hsueh, & Karasawa, 2009）。

对于行为和冲动的控制被认为是中国文化情境下儿童最重要的社会化发展目标之一（Ho, 1994）。学前教育机构的结构化程度较高，儿童要学会控制自己的行为和情绪，遵循教师的指令，并且遵守纪律（Rao et al., 2010; Rao, Sun, & Zhang, 2014）。在教室里，教师被认为是权威人物，比儿童有更渊博的知识，应该受到无条件的尊重。因此，在教学的过程中，教师通常要求儿童听从教导和指令，并且很少或者几乎不允许儿童挑战教师（Ho, 1994）。在集体活动中，教师通常要求儿童坐直，认真倾听，并且要保持安静以及听话。当儿童分心或者教室比较吵闹时，教师就会采取各种方法对儿童

进行纪律管理。有研究显示，中国教师比其他国家教师更常进行纪律管理和控制(Liu & James, 2005)。因此，教师的控制可能使我国儿童的自我控制和执行功能发展得更好。比如，与澳大利亚和意大利的2岁儿童相比，我国幼儿表现出了更高水平的情绪控制，特别是对负面情绪的控制能力(Rubin et al., 2006)，而在学前阶段，我国儿童在执行功能各方面的表现也显著优于美国儿童(Sabbagh, Xu, Carlsan, Moses, & Lee, 2006)，对小学一年级儿童的研究也发现，与美国儿童相比，我国儿童在教室中表现出了更高水平的对于行为和注意的控制力(Lan et al., 2009)。

由于儒家文化思想强调教育，因此追求卓越的学业成绩是儿童社会化发展的另一个重要目标(Ho, 1994)。特别在农村地区，追求高水平的学业成绩被家长视为是向上流社会流动的重要途径(Rao, Sun, & Zhang, 2014)，因此，家长往往对儿童的学业表现寄予厚望，即便是对幼儿也如此。有一项研究显示家长将掌握前学业技能视为最重要的入学准备技能(张莉，2008)。为了迎合家长的需求，招收到更多学生，学前教育机构较强调教导式的教学法(Pang & Richey, 2007)。在这种情况下，农村的学前教育机构，特别是学前班较多采用直接教学的方式，安排儿童自由游戏的时间较少，因为游戏并不被视为促进儿童学习的有效形式。一项研究显示，即使我国学前教育经历了数十年的变革，在我国的学前教育机构中，直接教学仍占主导，儿童自由游戏时间仅占活动时间的不到20%(Rao & Li, 2008)。为了尽可能将知识传递给儿童，教师常常借助集体教学活动，而非小组讨论或者学习的形式。在学习过程中，教师强调通过反复记忆学习，并且鼓励要通过个人努力获得知识(Ho, 1994; Rao et al., 2010)。在农村地区，特别在学前班和小学混读班中，教师关注儿童是否能够记住在课堂中教授的内容，注重书写简单的汉字以及计算等(张莉，2008)，并且即便是对学前儿童也要求完成家庭作业或者考试等(Hu & Roberts, 2013)。

因此，在儒家文化思想的影响下，我国农村家长和教师注重儿童控制能力和学业水平的发展，并且将此渗透到了对儿童的日常教育中。

四、小结

本部分中，研究回顾了与农村学前教育相关的政策。农村学前教育的发展已成为学前教育的工作重点，相关政策体现了从“增量”到“提质”的转变，并制订了财政支持、师资培训等一系列具体而有效的“提质”措施。在这样的背景下，农村学前教育得到了快速有效的发展，公办学前教育机构数量显著增长，农村儿童入园率增加，师资队伍得到提升，师资水平不断提高。与此同时，儒家文化思想仍深深影响着学前教育实践，对儿童自控能力的培养和强调，以及追求卓越的学业学习仍是儿童社会化发展的重要目标，渗透和体现在学前教育机构和家庭教育实践中。

第二节　我国儿童入学认知准备状况与学业发展

入学准备技能不仅包括认知或者前学业技能，同时也包括与学习相关的技能，包括执行功能、自我调节能力等。在全球视野下，入学准备已成为学前教育领域关注的焦点问题。然而，我国有关儿童入学准备的研究数量还较少（“城乡儿童入学准备状况比较研究”课题组，盖笑松，2008）。此外，尽管执行功能已经成为儿童入学准备的重要部分，但还未引起我国学前教育研究者的足够重视。由于本研究中，儿童入学认知与学业准备以及执行功能的发展是两大重要的关注点，研究将对我国学者在以上方面的相关研究作回顾与总结。

一、入学认知能力与学业发展

我国研究者认识到了入学准备对儿童发展的重要性，并通过理论思辨以及实证研究探讨中国文化情境下儿童的入学准备。目前关于儿童入学准备的研究主要集中在三个方面：第一类，探讨理论视角下的入学准备模型、影响因素与干预等（如盖笑松，杨世君，孙蕾，2008；盖笑松，张向葵，2005；王亚鹏，董奇，2018）；第二类，考察教师和家长的入学准备观念（如暴占光，张向葵，2005；杨阿丽，方晓义，涂翠平，2006；Zhang, Sun, & Gai, 2008）；第三类，分析家庭或者学前教育机构对儿童入学准备的影响（如“城乡儿童入学准备状况比较研究”课题组，盖笑松，2008；郭璇，朱远来，2015；王宝华，冯晓霞，肖树娟，苍翠，2010；史瑾，叶平枝，2016；张莉，周兢，2009；张丽锦，赵明旭，者永涛，邱桂平，盖笑松，2010）。在上述三类研究中，后面两类为实证研究，在以下的部分中，将就这部分的研究结果作简要概括。

总体而言，在入学准备的实证研究中，研究者探讨了环境因素和儿童入学准备技能的关系。根据研究者所关注的入学准备的具体方面以及所选用的研究工具，可进一步分为三类研究。在第一类的研究中，研究者关注儿童语言和数学等学业方面的入学准备状况，并探讨了家庭经济地位和幼儿园教育环境质量对其的影响。结果表明，来自经济地位较低家庭的儿童在学习品质、数学学业以及语言学业技能方面都显著落后于经济状况一般或者良好家庭的儿童（刘昊，刘肖岑，冯晓霞，2013；王宝华等，2010）。多地城乡儿童在入学语言准备以及数学准备方面存在显著差异，农村儿童表现显著更差（刘焱等，2012；潘月娟等，2012）。此外，城市贫困流动家庭儿童所接受的民办幼儿园教育质量较差，流动儿童在数加减、阅读理解和口语表达等多个方面显著低于非流动儿童，且幼儿园教育质量因素对语言和数学学业准备并无显著预测作用（史瑾，叶平枝，2016）。

第二类研究中，研究团队开发研制了《儿童入学准备综合测评工具》（School Readiness Test Battery-Comprehensive Version, SRTB-CV）以及儿童入学准备教师评定量表，并基于以上工具对不同地区儿童的入学准备发展状况及影响因素作了探讨（孙蕾，2007；孙蕾，张向葵，盖笑松，2006）。研究发现，在东北地区，比起城市家庭儿童，来自农村的儿童在学习品质、认知和基础知识以及语言发展方面显著落后（“城乡儿童入学准备状况比较研究”课题组，盖笑松，2008）。对少数民族儿童的研究结果表明，与汉族儿童相比，来自维吾尔族以及回族家庭的儿童入学准备水平显著较低（郭璇，盖笑松，2010；张丽锦等，2010）。同时，在贫困的少数民族地区，家庭经济状况及母亲受教育水平对儿童入学准备预测作用显著，而农村学前教育的作用则不大（宋爱芬，盖笑松，余咏梅，2015；张丽锦等，2010）。

第三类研究则借助国际上普遍认可的入学准备研究工具对我国儿童，特别是农村儿童进行了入学准备水平的测查及影响因素的研究。有研究者借助布莱肯基本概念量表（Bracken Basic Concept Scale-Revised, BBCS-R）（Bracken, 1998a）考察了我国西部农村地区学前儿童的入学准备发展状况及学前教育经历对其的影响。结果显示，总体而言，这些儿童对于基本概念的掌握情况较差，且受到儿童学前教育经历的影响。比起无学前教育经历的儿童，接受过任何形式学前教育的儿童入学准备状况显著较好，且对一年级的学业表现具有较强的预测作用（Rao, Sun, Zhou et al., 2012；周兢，柳倩，2008）。同时，对新疆地区学前儿童的研究发现，维吾尔族儿童入学准备各方面发展不均衡，且受到汉语理解性语义和表达性语义的显著影响（周兢，张莉，闵兰斌，2015）。也有研究者对美国研究院（ARI）儿童入学准备评价工具作了改编，以考察广西壮族农村儿童对颜色认知、早期数学、早期读写、手眼协调以及注意力持久性等方面的入学准备。研究显示,家庭学习环境、母亲受教育水平和家庭经济水平是儿童入学准备水平的重要预测指标(周欣等,2011)。

与西方情境下的研究结果一致,我国农村贫困家庭儿童入学准备状况较差。然而,以上的研究较多关注儿童的前学业技能,包括早期语言、数学能力,以及认知准备技能等,对于其他入学准备方面的关注较少。此外,较少研究探讨学前教育对于农村儿童入学准备的影响,以及入学准备对儿童未来学业发展的作用。因此,亟待更多研究探析我国农村儿童入学准备发展的不同方面,以及学前教育对儿童入学准备的影响,为儿童提供良好的学业开端。

二、执行功能与学业发展

执行功能是儿童早期认知发展中不可或缺的重要成分,近年来逐步受到学前教育领域研究者的重视(田丽丽,周欣,康丹,徐晶晶,李正清,2016;胡月,魏勇刚,2014;邢淑芬,蒋莹,高鑫,丁碧蕾,杨玉冰,2017;余习德,严苏凤,2013;周兢,陈思,2011)。根据泽拉佐(Zelazo)等(2003)的研究,执行功能包括工作记忆、注意技能以及抑制控制三个成分,大量相关的研究采用此定义,并借助不同的测试任务考察儿童在以上三个成分中的表现。尽管执行功能已经逐步受到学前教育领域的重视,但相对而言,相关的研究较少,而将儿童执行功能与学业发展相联系的研究更少(康丹,曾莉,2018; Zhang & Rao, 2017; Zhang et al., 2018)。以下部分将对现有关于我国学前儿童执行功能发展及其与学业发展关系的研究作简要回顾。

有几项研究考察了学前期儿童不同执行功能成分的发展状况。陈欣银(Chen)研究团队(1998,2009)通过对儿童游戏行为进行编码,以此考察 2 岁儿童的抑制控制行为发展水平。他们发现与加拿大儿童相比,我国儿童抑制控制水平更高,并且早期的抑制控制水平能够预测儿童 7 岁时的社会适应能力。在另一项研究中,研究者发现,儿童 2 岁时的行为抑制性水平与其 4 岁时的行为抑制性水平相关显著,但是稳定程度较低(王争艳,陈会昌,陈欣银,2003)。有三项研究采用了西方研究中使用较普遍的系列执行功能测试任务。吴慧中和王明怡(2015)采用固定盒子任务、搭积木、A 非 B 等任务对 2—3.5 岁儿童执行功能发展特点进行研究,结果显示 3 岁是儿童执行功能内部各成分间关系发生转变的重要转折期。张文静和徐芬(2005)采用了 8 个任务考察我国 3—5 岁儿童执行功能的发展，这 8 个任务包括维度改变卡片分类任务(Dimensional Change Card Sort, DCCS)，白天—黑夜干扰任务，以及延迟满足任务等。结果显示，3—4 岁时，儿童的抑制控制能力得到了显著的发展，而 3—5 岁是儿童计划能力发展的关键期。文萍和李红(2007)采用了相似的任务考察 6—11 岁儿童的执行功能发展，结果显示，儿童执行功能的不同方面发展速率不同。其中 6—7 岁时，儿童的抑制控制能力得到了快速的发展，7—10 岁时信息刷新能力得到显著发展，在 7—8 岁到 9—10 岁期间，儿童的灵活转换能力发展显著。此外，当儿童 10 岁时，其执行功能三个方面的发展速率减缓。

相对而言，考察执行功能与儿童早期学业发展关系的研究较少。现有的研究主要采用以下两种研究思路:第一种研究思路探讨数学和语言学业能力对儿童执行功能的影响。比如，吴慧中和王明怡(2015)的研究显示，对 2—3.5 岁的儿童而言，语言能力的高低对儿童执行功能三个成分的表现状况并无显著的影响。田丽丽等人(2016)对 5—6 岁儿童的研究显示，儿童数学能力水平对执行功能，特别是更新和转换组成的联合成分具有显著的影响。另一种思路则关注儿童执行功能的发展是否对儿童的学业能力产生影响。比如，胡月和魏勇刚(2014)的研究发现，3—6 岁儿童的抑制控制能力对其数量加工能力有显著的预测作用，同时抑制控制能力和工作记忆对数量加工的联合预测作用也显著。文萍(2007)等人的研究显示，一年级儿童执行功能的三个成分，包括抑制、转换和刷新能力对其数学能力的发展具有显著的预测作用。一项对农村儿童的追踪研究也显示，儿童入小学初的抑制控制能力对小学第一年内语言和数学学业能力的发展以及二年级数学学业成绩具有显著的预测作用(Zhang & Rao, 2017)。对亚太地区六个国家学前儿童的研究也显示，执行功能是儿童早期语言和数学学业发展的重要变量，并且在儿童运动技能和学业成绩发展关系中起到了重要的中介作用(Zhang et al., 2018)。

与西方的研究结论一致，我国的研究也发现，学前期是儿童执行功能快速发展的关键期，并且执行功能与儿童的学业发展关系密切。然而，相关的研究较少，而且较多研究并未针对贫困儿童开展。此外，这些研究仅是关注学前阶段儿童，较少通过追踪研究的形式，探讨儿童从学前阶段至小学低年级阶段执行功能的发展状况，且关注家庭以及学前教育机构因素对儿童执行功能发展的影响的研究更少。因此，亟待更多的研究在入学准备的框架下，探析我国贫困地区儿童早期执行功能的发展特点、与学业发展的关系以及家庭和幼儿园对其的影响，以帮助这些儿童作好入学准备，确保良好的学业开端。

三、小结

以上内容回顾了近年来我国儿童入学认知准备状况与学业发展方面的研究。在有关入学认知基础与准备的研究中，不同研究者采用了不同的研究工具，研究结果一致表明，我国城乡儿童差异显著，农村和贫困地区儿童入学准备水平较低，且儿童入学认知基础能力的发展受到学前教育机构和家庭因素的影响。但较少研究关注早期入学认知基础对儿童后期学业发展的影响。在执行功能的研究中，研究者发现，学前期是儿童执行功能发展的关键期，并且执行功能与儿童学业发展密切相关。然而，在这些研究中较少关注家庭和学前教育机构对执行功能的影响，且有关农村和贫困地区儿童的相关研究较少。

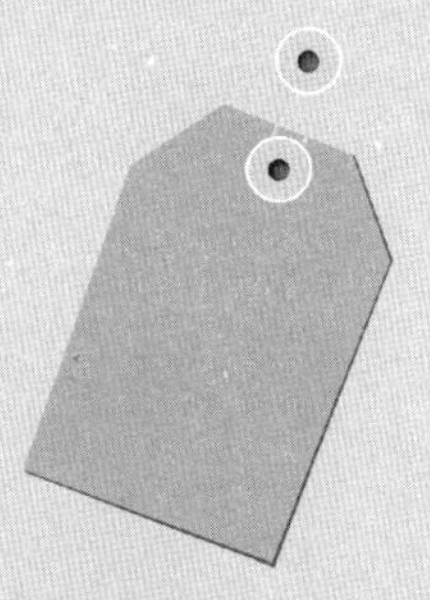

第三部分

实证研究

第五章
研究设计

本章将描述两个实证研究的研究设计以及研究方法。在第一节中，将对本研究的问题以及总体设计作简介。在第二节中，将介绍研究的地域，包括研究所在镇的镇情概况、当地的打工情况以及学前教育发展状况。在第三节和第四节中，将分别介绍量化以及质性两种研究方法在本书中的使用。

第一节　研究问题与总体设计

现有的研究已经对儿童入学准备与学业发展关系，以及来自学前教育机构和家庭状况的影响作了探讨，但相应的研究还不够系统和全面，特别是对我国农村所作的研究还较缺乏，亟待更多的研究。在本部分中，将首先对现有相关的文献作简要总结，提出已有研究的不足。在此基础上，提出本书的研究问题。

一、现有研究的不足

本书第二章至第四章分析和探讨了国内外有关贫困儿童入学准备和学业发展的研究，尽管相应的研究较多，但仍存在一定的局限。

首先，对我国儿童所开展的入学准备与学业发展关系研究较少。西方大量研究表明，入学准备对儿童的学业发展和成功具有积极的正向预测作用（如，Duncan et al.，2007；Rouse et al.，2005）。同时，研究显示，不同儿童间的入学准备差异早在学前期就应显现，并对后期的学业发展产生影响。对贫困儿童而言，入学准备尤为重要，能够确保儿童具有良好的学业开端，减少学业差距，并具有一定的补偿作用。然而，针对我国农村儿童所开展的相应研究较少。柳倩(2008)的研究显示，儿童入学准备情况对儿童一年级末的数学和语言成绩有显著的预测作用，但研究无法说明入学准备对儿童更高年级学业发展的影响。王晓芬(2009)的研究显示，儿童入学准备对其二年级结束时的学业成绩仍具有显著的预测作用。然而，该研究仅关注混读班儿童。因此，我们需要更多研究考察农村儿童入学准备与学业发展的关系，以探究影响儿童低学业成就的潜在原因。

其次，系统化探析我国农村学前教育经历和家庭环境与教育对儿童发展的影响的研究较少。尽管已经有两个研究比较了四种不同的学前教育经历对儿童入学准备和学业发展的影响(柳倩，2008；王晓芬，2009)，但这两个研究并没有对儿童的学业发展作更长期的追踪，因此，无法探讨不同学前教育经历对儿童小学学业发展的长期影响。柳倩(2008)的研究分析了四种不同学前教育经历的儿童在入学认知准备方面的差异，并考察了入学准备对一年级学业发展的影响。王晓芬(2009)的研究关注了入学准备对儿童二年级时学业发展的预测作用。然而，该研究仅关注了混读班儿童的发展状况。同时，国际研究显示，学前教育经历不仅对儿童的入学准备有影响，同时也对学业表现有长期的影响。相应的研究结果是否适用于中国情境，特别是我国农村贫困地区儿童还不确定。此外，这些研究并未将家庭因素包含在内，无法较全面地考察不同因素对儿童入学准备及学业发展的影响。家庭和学前教育机构是如何共同对儿童的入学准备和学业发展产生影响的，对于这些问题的回答有待于更多研究的探讨。

第三，尽管执行功能是儿童入学准备的重要组成部分，但还未引起我国学前教育领域研究者的足够重视，相关的研究较少。国际研究表明，执行功能是儿童学习技能的重要方面，对儿童学业成绩有显著的预测作用。然而，有关我国学前儿童执行功能与长期学业发展关系的相关研究较少，执行功能与儿童学业发展的关系以及相互作用机制尚不明确。此外，已有的执行功能研究通常使用实验室情境下的实验任务，对研究的情境以及材料要求较高，很难考察儿童在自然情境下执行功能的表现。有鉴于此，在对我国农村儿童入学准备的研究中，应关注儿童执行功能的发展，并借助生态化效度较高的任务考察儿童自然状态下的表现，进而探究执行功能对儿童学业发展的影响。同时，还需要进一步分析家庭和学前教育机构对儿童执行功能发展的影响，以更全面地分析影响儿童低水平学业表现的潜在原因。

二、研究问题

基于以上的研究综述与总结，本研究将探讨如下四个问题：

第一，农村贫困地区儿童入学准备发展状况如何？儿童在入学基本概念、执行功能以及早期学业准备三个方面入学准备的发展状况如何？

第二，农村贫困地区家庭环境和教育状况如何？对儿童入学准备和学业发展是否有影响？如有，是怎样的影响？

第三，农村贫困地区学前教育机构环境和教育状况如何？对儿童入学准备和学业发展是否有影响？如有，是怎样的影响？

第四，农村贫困地区家庭与学前教育机构是否对儿童入学准备及整个小学学业发展共同产生影响？如有，是怎样的影响？不同的因素间如何相互作用进而影响儿童的发展？

三、研究总体设计

如上所述，本书将在已有研究的基础上重点讨论四个研究问题。为达成以上目标，本研究采用了质与量相结合的研究方法，对儿童进行了为期七年的追踪研究，共分五个阶段对儿童进行测查与资料的收集。在儿童进入小学的前一年，研究者到三类不同的机构观察和拍摄他们在机构中的一日生活，了解和分析学前教育机构的环境和教育状况。在一年级入学初，研究者收集有关儿童早期教育经历的信息，并向家长发放问卷，同时评估儿童的入学认知准备状况、执行功能以及学业准备状况。所有这些被认为是儿童入学前应该具备的技能。为了考察学前教育和家庭因素对学前儿童入学准备和学业发展的长期影响，研究者分别在儿童入学初、一年级结束以及二年级结束时对儿童的执行功能和学业水平作了测查。其中，一年级入学初和一年级结束时所使用的评估工具一致，而二年级结束时使用了另一套适合二年级儿童年龄特点的执行功能和学业能力测试。此外，研究者在儿童六年级结束时收集了他们的学业成绩信息（见图 5－1）。

为系统化探讨学前教育机构环境与教育状况，研究者在三类不同的机构（幼儿园、学前班以及混读班）作了观察，并选取 18 个教学片断分析各类型机构的教育实践状

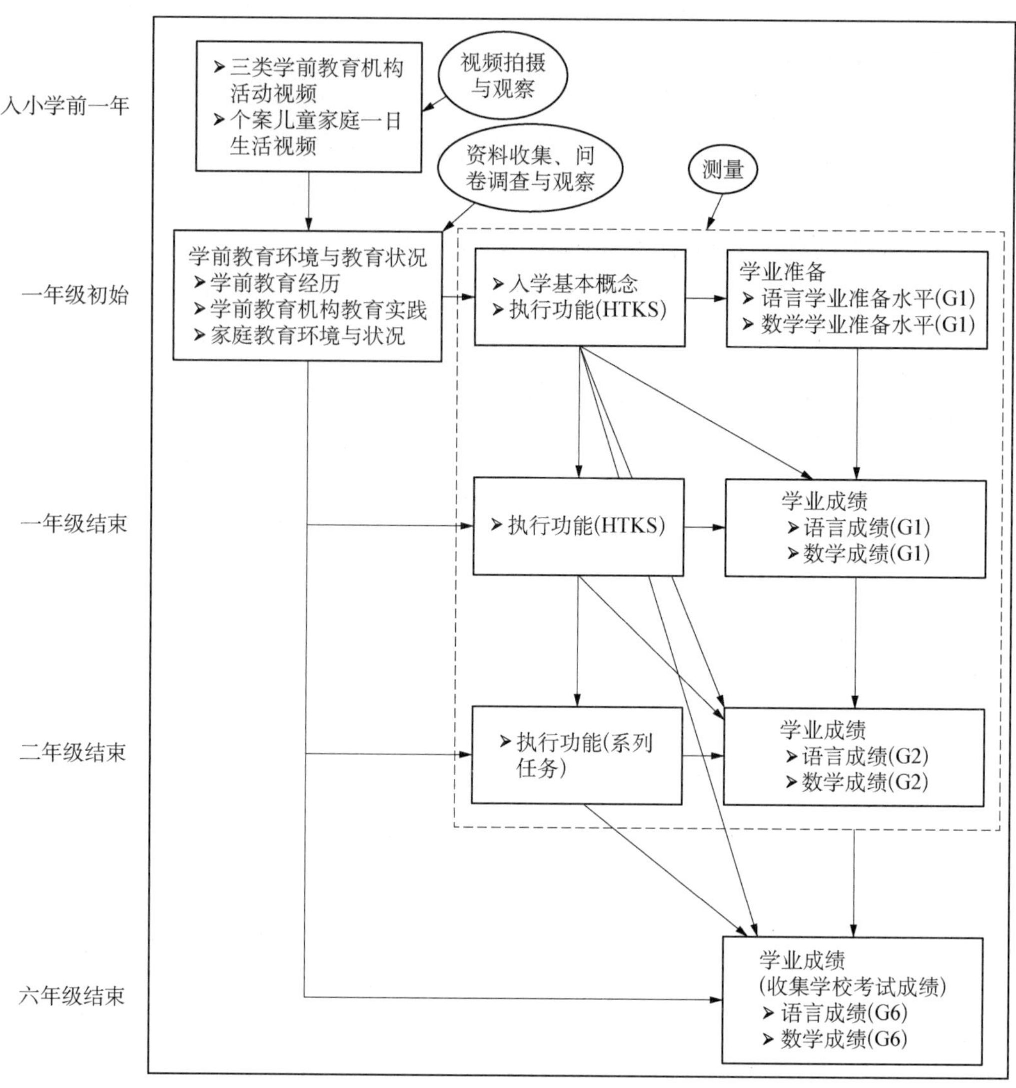

图 5-1　总体研究设计

况。这其中，六段视频来自四个混读班，另外 12 段视频则来自唯一的幼儿园以及三个学前班。同样，在对家庭环境和教育状况的分析中，邀请家长参与问卷调查的同时，对 12 名儿童作了个案研究，对其家庭一日生活进行跟踪观察，考察儿童家庭亲子互动和教育状况。此外，也对儿童所在班级的教师进行非结构化的访谈，对相应的研究内容作进一步补充和验证。

第二节 研究地区儿童教育与发展的环境状况

本研究在我国西南地区一个国家级贫困县下属的一个镇（Y 镇）和一个乡（Z 乡）进行。Y 镇下辖 8 个村，人口近 2 万，其中，有约 35%的人口为少数民族，包括布依族、苗族等。在开展研究初期（2007 年），大部分人口（97.1%）以从事农业劳动为生。在 2006 年，该地人口年均纯收入为 1938.50 元（Y 镇中心校，2007）。Z 乡毗邻 Y 镇，下辖 5 个村，人口总数约 1 万。与 Y 镇相似，Z 乡也是少数民族人口众多，但以布依族为主（约 76.8%），且几乎所有的村民（97.9%）都以农业劳动为生。根据当地政府报告，Z 乡人口年均纯收入为 1508.50 元（Z 乡政府，2009）。而在同期，2006 年我国农民年人均纯收入为 3587 元（国家统计局，2007）。因此，研究开展地家庭的人均年收入仅为全国农村家庭水平的 50%左右甚至以下。从 2000 年起，两地外出打工现象日益严重，大量青壮年劳动力外出打工。据统计，2006 年，Y 镇青壮年劳动力外出打工人数约占该年龄群体人数的 21.42%。2007 年，该镇打工户数约占总体户数的五分之一（张莉，2008）。

由于当地村民以农业劳动为生，受教育水平相对较低，家长较少和儿童开展学习活动方面的互动。同时，很多儿童，特别是学前儿童，由于父母在城市中打工，而成为“留守儿童”，这些儿童较少有机会获得父母直接提供的教育支持（张莉，2008）。因而，儿童早期的发展与认知刺激的获得很大程度上有赖于儿童所接受的学前教育。

两地的学前教育主要以三种形式开展：幼儿园、学前班以及招收不足龄儿童的一年级班级（混读班）。如前所述，混读班并不是正规的学前教育形式，仅是一种在学前教育资源紧缺的情况下，暂时为不足龄的儿童提供教育的特殊形式，其目的是让儿童能够体验学校的学习生活，并在此过程中学到一些学业知识（王晓芬，2009）。在当地，教育站负责监管当地教育，分管全镇/乡各村校的教育工作，包括学前教育。根据县级政府的规定，幼儿园由教育站直接管理，并由教育站相关业务员组织和开展教研活动。学前班的管理由其所在区域的中心校以及村民小组负责，并由幼儿园和教育站业务员组织开展教研（张莉，2008）。混读班是非正式的学前教育形式，为便于统计和管理，政府部门将就读于一年级的不足龄儿童记入学前班范畴。在实际工作中，政府部门（包括教育站）对学前教育管理甚少，教育的开展基本只是由各教育单位自行负责。

Y镇有1所幼儿园、7所小学附设的学前班、3所小学举办的混读班，此外，还有5个带有混读班形式的教学点[①]。Z乡还未开办独立的幼儿园，大部分学前儿童在5所小学及6个教学点中接受混读班教育。在这两地，大部分学前儿童能够接受正规或者非正规（混读班）的学前教育。所有机构授课语言均为普通话。据Y镇政府报告，在2007年，一年级学生中有71.80%的儿童接受过学前教育（张莉，2008）。为扶持当地学前教育、促进儿童早期的发展和教育，教育部联合联合国儿童基金会于2000年至2007年分别在当地开展了早期保育和发展项目（Early Childhood Care and Development Project, ECCD）及综合性早期发展项目（Integrated Early Childhood Development Project, IECD）。幼儿园联合多个部门开展早期育儿知识的社会宣传、学前班教师技能培训、非正规教学、入户指导，以为家长讲授科学育儿的知识和方法、送课下乡等方式积极开展早期教育工作（张莉，2008），在一定程度上促进了早期教育的发展。但由于师资紧缺、专业知识缺乏、财政受限等原因，当地学前教育事业的发展缓慢。

第三节 量化研究方法与设计

在本书中，量化研究方法的使用旨在考察农村贫困地区儿童的入学准备与学业发展状况以及儿童家庭基本信息与教育环境。其中，采用测量法，考察儿童的入学基本概念、执行功能及学业准备与发展情况。对入学基本概念和执行功能使用个别测试，而对学业准备及发展的测试采用团体测试。此外，采用调查法了解儿童家庭的基本情况与学习环境。在本节中，将从抽样和研究对象、研究工具以及研究程序三个方面对量化部分的研究方法和设计作介绍。

---

① 教学点并不是完小，通常只包含小学低年级（一至两年级或者三年级），由附近的完小管理。教学点的设置主要是解决偏远地区儿童就学困难的问题。由于交通的不便利性，这些偏远地区的儿童往往需要走长时间的山路才能到达学校。为解决这些低年级儿童的教育问题，保障其人身安全，一些完小在村庄内设置教学点。等儿童达到三、四年级时，进入所属完小继续接受小学教育。

一、抽样和研究对象

（一）抽样方法与过程

抽样方法的正确使用将影响研究的质量（Cohen, Manion, & Morrison, 2000）。在追踪研究中，被试的流失是正常的现象（McCartney, Bub, & Burchinal, 2006）。在本部分中，将介绍抽样的程序、被试的流失以及样本儿童的基本信息。

本研究采用了方便取样的方法选取儿童、教师以及家长。如图 5－2 所示，儿童的选取采用了三步式抽样的方法。首先，研究者考虑了儿童所接受的学前教育的类型，并确定了在每类机构中需要选取的儿童人数。之后，从两个地区选取了招收具有不同学前教育经历儿童的小学。最后，从所选中小学的一年级中选取儿童，并邀请儿童所在班教师参与研究，儿童父母或者照料者参与问卷调查。抽样的具体细节和步骤将在以下部分作进一步介绍。

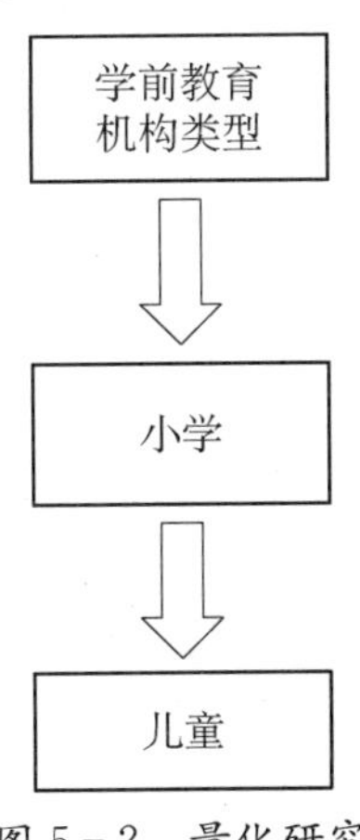

图 5－2　量化研究抽样过程

本研究采用了分层抽样的方法，将被试儿童分成不同的组别，分别进行抽样（Cohen et al., 2000, p. 101）。在第一步的抽样中，研究者根据儿童的学前教育经历将儿童分为四组，即幼儿园、学前班、混读班以及未接受过学前教育。根据研究者之前的研究经历（张莉，2008），在所研究地区，未接受过学前教育的儿童人数很少。因此，对于这组儿童，研究者邀请项目学校中从未接受过学前教育的所有儿童参与到本研究中。对于另外三组儿童人数的确定，研究者参考了统计效力分析的原则。科恩（Cohen）（1988）指出，研究涉及过程中，统计的效力应该达到 80%以上，或者使 α 水平保持在 0.5。根据这一原则，研究样本量的计算应根据统计方法的不同而不同。比如，旨在考察不同组别差异的分析方法（如，单因素方差分析，多因素方差分析等）需每个组别人数达到 30 人（最低不得少于 7 人）才能达到 80%的统计效力。而考察不同变量之间关系的统计方法（如，相关、回归等）中被试人数则需达到 50 人以上（VanVoorhis & Morgan, 2007）。本研究将主要采用以上两类方法，因此，在被试样本的确定过程中遵循以上的样本量确定法则（VanVoorhis & Morgan, 2007）。但由于研究人力和财力所限，研究采用了上述参数检验方法所规定的最低样本量要求。考虑到儿童发展过程中可能有性别差异，在抽样的过程中，考虑到性别因素，在每组中选取了同等数量的男女童。因此，本研究计划在三组儿童中，每组分别选取 60 名儿童，男女童各 30 名。

如上所述，所有儿童在一年级初参与研究。因此，选样的第二步是抽取小学。研究采用了方便抽样的方法，从 Y 镇和 Z 乡选取一定数量的小学。最终，研究从 Y 镇 10 所小学中选取了 8 所小学①（包括 7 所完小和 1 个校点）共计 205 名儿童，这 8 所小学分布在 Y 镇 8 个村中的 7 个村中。相对而言，这些小学交通较便利。如表 5-1 所示，在所有的学校中，有 1 所全部招收幼儿园毕业的儿童，4 所小学的一年级新生来自所附设的学前班，另外 3 所小学的一年级新生主要为已在本校一年级混读后年龄达标的儿童以及未接受过学前教育的儿童。由于混读班儿童以及未接受过学前教育儿童的数量不足，

表 5-1 被试儿童基本信息

研究地区（儿童人数）	村	儿童所在小学	性别			学前教育经历[a]			
			总体	男童	女童	KG	SPP	SIG	NPE
Y 镇（$n=174$）	XT	YZ	63	34	29	62	0	1[c]	0
	WS	WS	20	12	8	0	20	0	0
	BL	BL	20	9	11	0	16	0	4
	KL	KL	12	6	6	0	8	4	0
	BY	BYU	12	7	5	0	12	0	0
	XT	BYA	14	7	7	0	0	12	2
	BS	BS	20	11	9	0	0	16	4
	CJW	CJW	13	6	7	0	1[b]	8	4
Z 乡（$n=31$）	GZ	GZ	16	10	6	0	0	10	6
	XC	XC	15	8	7	0	0	13	2
合计			205	110	95	62	57	64	22

注：a. KG＝幼儿园；SPP＝学前班；SIG＝混读班；NPE＝未接受过学前教育
b. 一位曾在 WS 学前班接受学前教育的儿童在 CJW 小学入读
c. 一位曾在 BS 小学一年级混读班接受学前教育的儿童在 YZ 小学就读

① 小学：在一些偏远的贫困地区，小学分为完小和校点。完小包含一至六年级所有的班级，校点通常在偏远、交通不够便利的地区，通常只包含低年级段的班级，如，四年级及以下的班级；校点的设置主要考虑了儿童的安全问题，便于人口相对集中的偏远地区家庭小年龄儿童就近入学，一旦儿童达到小学高年级阶段就可以自行上学，因此，这些儿童在高年级阶段通常在所属村的完小学习。

研究者在邻近的Z乡随机选取了2所小学进行研究，这2所小学来自同一个村，1所为完小，1所为校点。因此，本研究最终选取了来自两个地区9个村10个一年级班级中的新生。

在第三步中，研究者邀请10名班主班教师根据以下标准筛选儿童：1. 所有有过学前教育经历的儿童必须是在当地接受过学前教育；2. 所有儿童必须是一年级适龄生，在下一学年会升入二年级；3. 所有在学前班以及幼儿园接受过学前教育的儿童应从未在一年级就读过；[①]4. 所有儿童均无特殊教育需要（如智力障碍、行为问题、听力问题、语言问题等）；5. 所有儿童应能够理解普通话，并能够说汉语；6. 每户家庭仅选取1名儿童；7. 从每所小学中选取的男女童人数相当。此外，研究者也请教师推荐从未接受过学前教育的儿童。表5－1所示，研究从两地共选取儿童205名（女童95名）。其中，Y镇儿童174名，有62名儿童曾在幼儿园就读、57名在学前班就读、41名在混读班就读，另有14名儿童从未接受过学前教育。Z乡儿童31名，其中23名曾在混读班就读，8名儿童从未接受过学前教育。

因此，本研究的205名儿童来自两个地区10所幼儿园的10个班级，呈现出嵌套数据的模式。在理想状态下，这样的数据应该使用层级线性模型（Hierarchical Linear Modeling，HLM）作分析，以考察个体、学前教育经历以及班级差异对儿童入学准备和学业发展的影响（Raudenbush，Bryk，Cheong，& Congdon，2004）。然而，由于本研究样本量有限，并未达到这一分析方法的要求，因此，仍使用传统的方差分析方法考察儿童之间的差异。

（二）被试儿童流失状况

被试的流失是大部分追踪研究都会面临的问题（Ribisl et al.，1996）。在本研究的各阶段也存在着被试儿童流失的现象。如表5－2所示，一年级结束时有3名儿童缺失（其中女童1名），二年级结束时，又有12名儿童流失。在到二年级结束时前后流失的总共15名儿童中，2位曾在幼儿园就读，11位曾在混读班中就读，曾在学前班就读及无学前教育经历的儿童各1位。此外，研究者发现在二年级结束时有1位女童和1位男童更换了小学，但在所研究的学校范围内，故仍将2位儿童的数据纳入到研究中。在二年级结束时，儿童样本人数为190名，流失率为7.32%。在190名儿童中，在幼儿园、学前班及混读班就读的儿童人数分别为60名、55名及54名，另有21名儿童无任何学前教育经历。至六年级结束，由于Z乡儿童学业成绩无法获得，进一步提高了流

---

① 在当地有个别幼儿园或者学前班儿童毕业后在一年级就读，但由于未达到入学年龄，可能会在一年级班级中混读一到两年。本研究抽样时特意排除了此类儿童。

失率，在这期的研究中，流失儿童54名，与一年级入学初时的研究人数（205名）相对照后流失率达33.66%，其中26名儿童来自Z乡。在六年级结束时的136名儿童中，以上四种学前教育经历类型的儿童人数分别为53名、42名、27名以及14名（见表5-3）。在本书第九章，研究使用儿童六年级结束时的学业成绩，考察早期的家庭、学前教育经历以及入学准备状况对儿童小学毕业时学业成绩的影响，使用136名儿童的数据作分析。在第六到第八章，研究使用儿童二年级结束时（190名儿童）的研究数据作分析。

表5-2　一年级、二年级和六年级末期儿童的流失情况

研究各期	流失儿童总数	流失儿童数		各学前教育经历类型[a]流失数			
		男	女	KG	SPP	SIG	NPE
一年级结束	3	2	1	2	0	1	0
二年级结束	12	7	5	0	1	10	1
六年级结束[b]	53	32	22	6	13	27	7
二年级结束总流失率	7.32%	8.18%	6.32%	3.23%	1.75%	17.19%	4.55%
六年级结束总流失率	33.66%	36.36%	29.47%	12.90%	24.56%	59.38%	36.36%

注：a. KG＝幼儿园；SPP＝学前班；SIG＝混读班；NPE＝未接受过学前教育

b. 六年级结束时，Z乡2所学校共计26名儿童的学业成绩数据无法获得，这其中，19名儿童曾在混读班就读，7名儿童无任何学前教育经历，因此，流失率较高。

表5-3　研究各期被试儿童人数

学前教育类型[a]	原始样本数（男童；女童）	二年级结束时（男童；女童）	六年级结束时（男童；女童）
KG	62(33;29)	60(31;29)	53(28;25)
SPP	57(29;28)	55(28;27)	42(19;23)
SIG	64(37;27)	54(32;22)	27(16;11)
NPE	22(11;11)	21(10;11)	14(7;7)
合计	205(110;95)	190(101;89)	136(70;66)

注：a. KG＝幼儿园；SPP＝学前班；SIG＝混读班；NPE＝未接受过学前教育

（三）被试儿童及家庭情况

参与研究的被试儿童基本信息如表5-4所示。在一年级初儿童的平均年龄是

87.15 个月。四组学前教育经历类型的儿童，年龄具有显著的差异（$F_{(3,180)} = 7.43$，$p < .000$）。来自混读班以及没有学前教育经历的儿童，年龄比来自幼儿园和学前班的儿童更大。除未接受过学前教育组儿童中女童人数更多外，在其他三组，男童人数均略多于女童，但在数量上并未达到显著差异。总体而言，儿童母亲的学历背景有显著的差异，曾就读幼儿园儿童的母亲受教育年限最长，而从未接受过学前教育组儿童的母亲接受教育的年限最短，但总体受教育年限较低，不到六年。

表 5-4　被试基本信息

	幼儿园	学前班	混读班	无学前教育经历	F or χ^2 值
儿童月龄平均数（标准差）	85.93 (3.69)	85.80 (2.81)	87.92 (5.55)	90.10 (9.32)	5.30***
性别（男童百分比）	52.67	51.79	56.90	47.62	.75
母亲受教育年限（年）平均数（标准差）	5.50 (3.82)	3.62 (3.47)	2.29 (2.64)	1.76 (2.91)	11.51***

注：$^{*}p < .05$，$^{**}p < .01$，$^{***}p < .001$。

此外，在儿童一年级入学初，研究邀请儿童的家长（父母或者照料者）填写调查问卷，共计 167 名儿童的家庭参与了此次调查。其中，参与研究的儿童母亲占 28.70%，父亲占 37.70%，祖父母占 25.80%，外祖父母等其他照料者占 7.80%。

二、家庭调查研究工具

为了解儿童家庭基本情况及学习环境，研究者采用改编的《家庭育儿历史问卷》（张莉，2008），对家长作一对一的访谈调查。问卷包含儿童基本信息、儿童接受学前教育的信息、家庭基本信息三个主要部分。其中，家庭基本信息包括儿童父母学历、工作、家庭收入、家庭育儿情况、家庭结构及物件等，以及照料者的育儿信念。

三、儿童测查研究工具

本研究在儿童入学初对儿童进行了入学基本概念的测试，并在入学初、一年级结束以及二年级结束时考察了儿童的执行功能发展状况。此外，在入学初、一年级结束以及二年级结束时，研究者邀请儿童在自己班级参加数学和语言学业能力团体测试。所有测试为自编。在六年级结束时，研究者联系两个研究地，并最后获取了 Y 镇儿童数学和语言学业成绩。

(一) 入学基本概念

布莱肯基本概念量表(修订版)(The Bracken Basic Concept Scale-Revised, BBCS-R)，主要用于考察两岁半到七岁儿童的入学准备发展状况(Bracken, 1998a)。该量表包含 308 个基本的教育概念。如前所述，这个量表的题目主要来自于几大知名的智力量表，比如韦克斯勒学前与小学儿童智力量表(修订版)(WPPSI-R)，贝利婴幼儿发展量表(第二版)(BSID-II)，斯坦福-比纳量表(第四版)(SB: FE)，以及伍德考克-约翰逊心理教育发展测试量表(修订版)。BBCS-R 有十一个分量表，其中，前六项(包括颜色、字母、数字/计数、量、比较和形状分量表)被称为入学准备综合得分(School Readiness Composite, SRC)，被广泛用于入学准备的筛查(Bracken, 1998a)。在本研究中，研究者将使用 SRC 评估儿童的入学准备。

由于 BBCS-R 在我国较少被使用，研究者邀请熟练掌握中英双语能力且来自学前教育专业领域的研究者对量表进行了翻译，并且作了回译，以保证翻译的精确性(Rao, Sun, Zhou et al., 2012)。为确保所翻译内容易于儿童理解，研究者邀请六名学前儿童(小、中、大班各两名)参与了预研究。基于预研究的结果，研究者对翻译内容作了微调，使指导语和问题更为清晰。由于该量表中字母分量表并不适合中国儿童，因此，研究者并未使用这一分量表。本研究的 BBCS-R 中的 SRC 包含五个分量表，包括颜色、数字/计数、量、比较和形状，共计 72 个题项。虽然该量表没有中国常模，但本研究主要目的为比较具有不同学前教育经历儿童对基本概念的掌握情况，并不将中国儿童的表现与美国儿童常模进行比较。

BBCS-R 中的 SRC 是一项一对一的测试，每次测试约 15 分钟。在测试过程中，研究者给儿童呈现一系列彩色图片，儿童需要仔细听研究者的问题，判断其中的核心概念，并以口头回答或者点指的方式指出正确的图片。除颜色分量表外，在大部分情况下，其余分量表的每个题项对应于一页彩图，每页上有四幅图片，儿童应根据问题指出其中一幅图片。在颜色分量表中，研究者为儿童提供一张色盘彩图，儿童需根据指令指出 11 种颜色。儿童每答对一题记为 1 分，答错时则为 0 分。当儿童未对某个题项作出反应或者拒绝回答时，研究者会鼓励儿童往后继续答题，但同时将这个题项的得分记为 0，并且在这个题项上标注“拒绝回答(NR)”。研究者对所有儿童进行了一对一测试。在原量表中，BBCS-R 中的 SRC 在对 2—7 岁儿童测试后的克朗巴赫阿尔法系数(the Cronbach's alpha coefficient)为.78 至.97，重测信度为.88(Bracken, 1998b)。原 BBCS - R 也具有较好的校标效度，与韦克斯勒学前与小学儿童智力量表(修订版)(WPPSI-R; Wechsler, 1989)以及皮博迪图片词汇测试(第三版)(PPVT-III; Dunn & Dunn, 1997)有高相关性。其中，BBCS-R 得分与 WPPSI-R 三个量表合成分在言语智商、操作智商以及全量表智商得分上的相关系数分别达到.85，.76 及.88，与 PPVT-III 的相关系数为.69 (Bracken, 1998b)。在本研究中 BBCS-R 中的 SRC 的内部一致性信度为.93。

（二）执行功能

本研究采用了两类执行功能任务。在第一期和第二期研究中，研究者采用了修改版的头—脚—膝盖—肩膀(HTKS)任务。由于在第二期时，有些儿童在该任务中的表现出现了天花板效应，研究者在第三期时采用了不同的执行功能任务。

1. 头—脚—膝盖—肩膀(HTKS)任务

如前所述，HTKS 是在原有头—脚(HTT)任务基础上的拓展版，内容更复杂，用于评估儿童在教室情境下的行为调控和执行功能(Wanless, 2009)。HTKS 已经被广泛运用于美国、韩国、中国以及多个欧洲国家(Cadima, Gamelas, McClelland, & Peixoto, 2015; Gestsdottir et al., 2014; Størksen, Ellingsen, Wanless, & McClelland, 2015; Wanless, McClelland, Acock, Cameron et al., 2011; Liu et al., 2018; Zhang & Rao, 2017)，结果显示这一任务对评估不同文化情境下儿童的执行功能具有较高的信效度，并且易于操作(Cameron, McClelland et al., 2009; Wanless, 2009)。HTKS 任务包含两组指令，“摸你的头”或者“摸你的膝盖”，“摸你的脚”或者“摸你的肩膀”。研究者先说出一条指令，然后要求儿童使用动作或者口头作答的方式做出/说出与所听指令相反的动作。例如，当研究者说“摸你的脚”时，儿童应该摸自己的肩膀或者说“摸头”。当研究者说“摸你的膝盖”时，儿童应该摸自己的肩膀或者说“摸肩膀”。HTKS 任务包含两个部分，在第一部分中只涉及到一组指令，“头—脚”或者“肩膀—膝盖”，共有十个项目；第二部分将两组指令混合，也含有十个项目。比起原来的 HTT 任务，HTKS 任务难度增加了，更适于小学低年级阶段儿童(Cameron, McClelland et al., 2009)。然而，已有研究显示，6 岁儿童已经掌握了 HTKS 任务中的指令，且中国儿童比起西方儿童具有更好的自我调节技能和自控能力(Burrage et al., 2008; Cameron, Rimm-Kaufman, Grimm, & Curby, 2009; Rubin et al., 2006; Sabbagh et al., 2006)，因此，HTKS任务对于一年级儿童而言可能挑战性不够，需要适当增加任务难度。鉴于此，研究者对该任务作了一定的修改。

考虑到本研究中儿童的平均年龄超过7岁，因此在本研究中，只使用了HTKS任务中的第二部分。此外，研究增加了另一个部分，共计十个项目，要求儿童同时对两个指令作反应，以确保这个任务在儿童上二年级时仍具有一定的挑战。比如，当研究者说"摸你的头和肩膀"时，儿童应该摸脚和膝盖，或者说出相应的动作。因此，修改后的HTKS任务也包含两个部分。

在第一部分，研究者邀请儿童玩一个热身游戏(分别摸头、脚、肩膀和膝盖)。之后，研究者向儿童介绍游戏的规则(做出和指令相反的动作)，共解释两遍。随后研究者请儿童作第一次练习，在此过程中，研究者可最多解释两遍规则。四次练习结束后，儿童直接进入正式测试阶段，共计十个项目，中间无停顿。儿童每答对一题得1分，答错或者无反应则计0分。

第二个部分要求儿童能够同时记住两条规则，并给出正确的反应。与第一部分相似，研究者首先解释规则，随后让儿童作两次练习，练习中最多给儿童提示规则三次，之后便是正式的测试，共计十个项目。这个部分对儿童的要求更高。儿童每答对一题记为2分，如果两个答案前后顺序颠倒或者其中的一个指令反应正确给1分，回答错误或者没有回答给0分。

每位儿童完成整个任务测试时间约为15—20分钟。在第一期和第二期，该任务的内部一致性信度为.91及.88。这个任务的测试者为本书作者(评估员A)以及另一位研究助理(评估员A1)。两位测试者在第一期研究中对30名儿童共同测试时打分的一致性达到96%，评估评分者一致性信度的肯德尔和谐系数达.99。

2. *执行功能任务系列任务*

在儿童二年级结束时，由于部分儿童在第二期测试(一年级结束时)时出现了天花板效应，因此，研究者选用了执行功能系列任务，该任务包含七项测试，考察儿童的工作记忆、抑制控制和注意力或者认知灵活转换技能(Bierman et al., 2008; Blair, 2002; McClelland, Cameron, Connor et al., 2007; Miyake et al., 2000; Zelazo et al., 2008)。这些测试的选择主要基于已有文献，并考虑了任务所针对的儿童年龄特点以及测试的便利性。但由于小学更注重儿童学业的学习，因此，研究者对已有的测试任务进行改编,加入了学业学习的内容。在改编的过程中,研究者也结合了儿童的学业学习内容,对刺激或者材料作了调整。在以往的研究中,每个执行功能的成分需要有三个测试进行考察(如, Lehto et al., 2003; Miyake et al., 2000; Wiebe, Espy, & Charak, 2008)。考虑到儿童容易疲劳,并且测试时间过长会影响儿童的表现,因此,本研究选取了七个执行功能任务对儿童进行测试。如图 5-3 所示,两个任务考察工作记忆能力,三个任务考察抑制控制能力,另外两个任务考察儿童的注意技能或者认知灵活性。

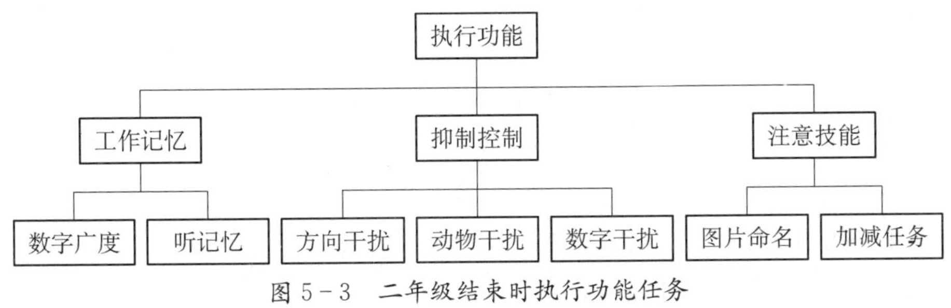

图 5-3 二年级结束时执行功能任务

为确保各项测试适于儿童,并且测试指导语清晰,研究者从 S 市一所专门招收流动儿童的小学中邀请一年级以及二年级儿童各六名(男女童各三名)参与预测试。在测试的过程中,研究者要求儿童反馈测试的材料是否合适,指导语是否能够理解。研究者也记录了儿童完成系列任务的时间。在此基础上,研究者对测试任务作了调整。比如,研究者对听记忆中所使用的语句作了简化、对动物干扰测试中的个别动物图片作了替换,更易于儿童辨认。此外,在最后的加减任务中,研究者将原先看到特定标记加上或者减去 3 改成加上或者减去 2,以减少儿童在完成此任务过程中的计算负荷。此外,研究者也邀请了所研究地区两位资深教师对整个系列测试任务的内容作反馈,提出建议。在此基础上,研究者作了最后的调整和修改。

在以下的部分中,研究者将进一步介绍七项测试。整套系列任务完成的时间为 45—60 分钟。整套测试的内部一致性信度为.83。所有儿童测试由作者(评估员 A)和另外两位研究者(评估员 A2 和 A3)完成。三位研究者对其中的 30 名儿童进行了共同测试,在此基础上,获得了对每项测试的评分者一致性信度。

(1) 工作记忆

工作记忆能力主要指个体对与当前任务相关的信息进行处理,同时通过将新信息替代旧信息的方式，对记忆中的一些内容进行调整的过程(Miyake et al.，2000)。工作记忆能力(the working memory capacity，WMC)的测试通常是在干扰条件下考察儿童保存和记忆特定信息的能力(Conway et al.，2005)。这一类型的测试比传统的短时记忆测试(如记忆数字)更好(Conway et al.，2005；Kane，Conway，Hambrick，& Engle，2007)。本研究选取了数字广度和听记忆任务。

a. 数字广度任务

这一测试由凯斯(Case)团队开发，之后由布尔(Bull)和司切里夫(Scerif)调整。这一测试适合5—14岁儿童，能够有效地考察儿童的工作记忆能力(Bull & Scerif，2001；Case，Kurland，& Goldberg，1982；Danahy，Windsor，& Kohnert，2007)。这一测试也曾被用于考察我国6—11岁儿童的工作记忆能力(文萍，李红，2007)。

在这一测试中，研究者为儿童呈现一系列10厘米×10厘米的白色正方形卡片。每张卡片上有一定数量的黄点(2—9个不等)以及红点(2—9个不等)，每个点的直径为8毫米。两种颜色的点随机分布在卡片上。根据两种颜色点的数量，研究者设计了64张完全不重复的卡片。根据Bull和Scerif的测试(2001)，红点是干扰刺激，在测试任务中，儿童需要一一指出黄点，并数出黄点的个数，同时，要避免受到卡片上红点的干扰。

在测试的过程中，研究者给儿童两次练习的机会。在第一次练习中，研究者给儿童出示2张卡片(一张上有2个黄点和2个红点，另一张上有3个红点和3个黄点)，要求儿童分别数出这2张卡片上的黄点数，然后按顺序报告。如果儿童出现问题，研究者给予提示和帮助。之后，研究者将剩下的62张卡片打乱顺序，让儿童进入到正式测试阶段。每一轮测试包含3组卡片，当儿童能够正确回忆出一轮3组卡片中的2—3组后，测试进入到下一轮，同时每组卡片也增加1张，以此类推。卡片张数从2张开始。如表5-5所示，这个测试共包含6轮18组。当62张卡片用完后，研究者将所有64张卡片重新打乱，随机抽取用到后续的测试中。在测试的过程中，研究者首先将测试的卡片反面朝上呈现给儿童。随后，研究者翻开第一张卡片，要求儿童数出卡片上的黄点数。数完后，研究者将这张卡片翻回去，将第二张卡片正面朝上让儿童数出黄点数，以此类推，直到儿童将所有卡片上的黄点数完。数完后，研究者要求儿童回忆每张卡片上的黄点数，并依次报告。当儿童在一轮中有2组卡片回忆错误时，测试终止。儿童不作回答、回答正确的卡片数量少于该组卡片数量的一半，或者首先说出最后一张卡片上的黄点数时，则认为儿童在该组卡片上的回答错误，记为0分。

表 5-5　数字广度测试

测试轮次	第一组	第二组	第三组
T1	2 张卡片	2 张卡片	2 张卡片
T2	3 张卡片	3 张卡片	3 张卡片
T3	4 张卡片	4 张卡片	4 张卡片
T4	5 张卡片	5 张卡片	5 张卡片
T5	6 张卡片	6 张卡片	6 张卡片
T6	7 张卡片	7 张卡片	7 张卡片

研究者记录儿童的回答，并使用部分得分法（partial-credit unit scoring）进行打分（Conway et al.，2005）。部分得分法考虑了儿童对每张卡片的作答情况，计分更为精细。比如，如果给儿童所呈现的 5 张卡片上的黄点数量分别是 3，5，6，7，2，而儿童的回答是 3，6，5，4，2 时，对此次回答的计分为 3/5，因为儿童在 5 张卡片中答对了 3 张卡片。在这个例子中，儿童把 5，6 记颠倒了，从儿童的回答中可以获知儿童能够记得 5 和 6，只是顺序记错了，因此，这 2 张卡片在计分时算作答对 1 张。当儿童在相应的轮次中有 2 组卡片回忆错误，则测试终止。表 5-6 显示，作者（评估员 A）与两位研究者（评估员 A2 和 A3）的评分一致性分别为 93.33%及 100%。三位研究者的评分者一致性信度系数为.99。

表 5-6　三位研究者各测试任务的评分一致性情况

测试任务	评分者一致性		肯德尔和谐系数
	评估员 A 及 A2	评估员 A 及 A3	
数字广度	93.33%	100%	.99
听记忆	96.67%	90%	.99
方向干扰	86.67%	80%	1.00
数字干扰	93.33%	90%	.97
动物干扰	83.33%	80%	1.00
图片命名	90%	90%	.99
加减任务	86.67%	80%	.96

b. 听记忆

本测试改编自克莱尔-汤普森、盖泽寇(Clair-Thompson & Gathercole, 2006)以及索劭斯和梅因兹(Salthouse & Meinz, 1995)的研究中的测试任务。该测试曾被用于测试6岁儿童的工作记忆能力,并在西方和我国相关研究中都被使用过(Clair-Thompson & Gathercole, 2006; Salthouse & Meinz, 1995; 文萍,李红, 2007)。在这两个研究中,研究者要求儿童判断句子的真实性或者回答与所听到的句子相关的问题,此外,还要重复每个句子的最后一个词。为了简化这项测试,并且能够与数字广度测试形式相匹配,研究者仅使用了上述测试中的第二个部分,即让儿童听完句子后回忆每个句子的最后一个词。在本研究中,研究者所选用的所有句子均来自课程教材研究所、小学语文课程教材研究开发中心所编的二年级上册同步阅读《金色的小船》。研究者从中选取了81个句子,每个句子平均长度约为15.31个字(11—18个汉字),标准差为1.58。研究邀请当地两位教师(一名为一年级教师,另一名为二年级教师)参与了句子的选择以及修改。

研究者给儿童三次练习的机会。在第一次练习中,研究者给儿童读两个句子。每句读完后要求立刻回忆所听到句子的最后一个字。在第二和第三次练习中,研究者要求儿童按顺序正确回忆两个句子的最后一个字。如儿童出现错误或者不理解规则时,研究者给儿童解释。与数字广度测试一致,当一轮三组测试通过后,儿童所听到的每组句子数将增加一句。在测试的过程中,研究者读完一句话后就要求儿童说出该句话的最后一个字。当整组句子读完后,研究者要求儿童按照正确的顺序说出所听到的各个句子的最后一个字。与数字广度测试相同,该测试的停测点和计分要求都一致。研究者同样采用部分得分计算方法评估儿童在这一任务中的表现。本书作者与另两位研究者的一致性分别达到了96.67%及90%。三位研究者的评分者一致性信度系数为.99。

(2) 抑制控制

抑制控制指儿童能够抑制优势或者自发反应,并且在必要时停止当前反应的能力(Brocki & Bohlin, 2004)。斯特鲁普任务(Stroop Tasks)被认为是典型的抑制控制任务(Burrage et al., 2008; Miyake et al., 2000)。斯特鲁普任务的难度在于儿童要抑制自身优势反应,表现出恰当的行为(Sternberg, 2009)。第一个斯特鲁普任务由约翰·里德利·斯特鲁普(1935)开发,在这个任务中,斯特鲁普要求被试阅读颜色词,而所呈现的颜色词所代表的意义和词的颜色有一部分是匹配的,而另一部分则完全不匹配。此后，从这个任务衍生出了其他不同的斯特鲁普任务，包括数字干扰、方向干扰和动物干扰等(Sternberg, 2009)。在本研究中，研究者采用这三个任务，并且以相似的形式呈现和测试。所有的三项测试来自于由索劭斯和梅因兹(1995)以及儿童神经科学网站(2002a, 2002b, 2004)所设计的任务，所有测试适于幼儿园至12岁儿童。三个任务均采用了图卡，每张图卡上有若干刺激图片。为了避免计分错误的产生，研究者要求所有儿童在读图卡时按照从左往右，从上至下的统一顺序，并且不能有遗漏。在每个任务中，研究者要求儿童对两张图卡作出应答，第一张图卡中每个刺激的内容与所代表的意义一致，第二张中则是混合型的，部分一致，也有一部分并不一致。研究者记录儿童的回答情况，并且使用秒表记录下儿童完成每张图卡的时间，儿童反应时间精确到0.1秒(Salthouse & Meinz, 1995)。但在具体分析过程中，研究者仅将第二张图卡的回答结果作分析，这与赫伊津哈研究团队(2006)的计分方法一致。

a. 方向干扰测试

在本测试中，研究者要求儿童报告"上、下、左、右"这四个字在图卡长方格内的位置。刺激图卡为两张A4白纸，每张上有3行6列，共计18个长方格。每个格子为3.5厘米×4厘米。每个格子尺寸和呈现形式，以及字在格子中的位置和原测试一致。图卡为黑白打印，第一张图卡四个方位字在长方格的位置与其所代表的意义一致，第二张图卡则是混合的，即有一部分一致，另一部分不一致。

在正式测试前，研究者给儿童呈现4列2行共计8个长方格作为练习所用的刺激材料。在第一行中，每个方位字所代表意义与其所在位置一致。在第二行中，则是不一致的。在让儿童说出每行长方格中方位字所在位置时，研究者都向儿童解释规则。如果儿童在练习过程中出现错误或者理解有困难，研究者给儿童解释或者帮助。练习结束后，儿童进入正式测试阶段。

在测试阶段，研究者首先给儿童呈现第一张刺激图卡。儿童需要尽快报告图卡上每个长方格中方位字所在的位置，研究者则用秒表记录儿童的反应时间(Salthouse & Meinz, 1995)。当完成第一张图卡后，研究者给儿童呈现第二张图卡进行测试。作者与两位研究者的评分一致性分别为86.67%及80%，三者的评分者一致性信度为1.00。

b. 数字干扰测试

本测试要求儿童说出图卡上每个长方格中符号的个数(第一张图卡)或者数字的个数(第二张图卡)。我国学者已用这个测试评估过一年级(文萍，张莉，李红，刘莉湘君，张雪怡，2007)以及三年级儿童(梁贞巧，文萍，李红，2008)的抑制控制能力。本研究采用儿童神经科学网站(Neuroscience for Kids website)中的互动式数字干扰实验任务(2002b)。刺激材料为两张 A4 大小的图卡，图卡上有 7 列 3 行，共计 21 个长方格。每个长方格为 3.5 厘米×4 厘米。第一张图卡中每个长方格中有若干"X"符号，第二张图卡的长方格中则是若干相同的数字，数字为黑色。与儿童神经科学网站上提供的数字干扰效应实验有所不同的是，所有"X"符号和数字在每个长方格中横向呈现，而不是竖向呈现，这与 Salthouse 和 Meinz(1995)以及梁贞巧等人(2008)的研究一致。

在测试的过程中，研究者先给儿童呈现两张练习方格卡片，第一张卡片上有两个"X"，第二张卡片上有两个"1"。研究者给儿童介绍规则，要求儿童分别报告两张卡片上符号或者数字的数量。如果儿童在回答过程中出现错误，研究者给儿童解释。之后，进入正式测试阶段。研究者要求儿童尽可能快地报告第一张图卡上每个方格中"X"的数量，以及第二张图卡上方格中数字的个数。在儿童回答的过程中，研究者使用秒表记录儿童的反应时间。作者与两位研究者评分的内部一致性分别为 93.33% 及 90%。三位研究者的内部一致性信度系数为.97。

c. 动物干扰测试

在该测试中，儿童需要说出特定动物的名称，而在每个动物身上都有一个动物名称的标签，标签上的名称跟动物一致或者不一致。给儿童呈现的刺激是两张 A4 彩色图卡，每张图卡上印有 4 列 5 行，共计 20 个动物。每张动物图片在 3.5 厘米×5 厘米的长方格中。在第一张卡片中，每张动物图片与其身上所贴的名称标签一致，第二张中则不一致，用于引发斯特鲁普效应。

由于原测试中有些动物并不是我国儿童所熟悉的，因此，研究者参照小学语文教材，并结合当地儿童的生活将一些动物图片作了替代。动物的选择主要基于如下的标准：(a)根据当地两位教师的建议，所有动物都应该是儿童所熟悉的；(b)所有动物名称都应该在当地小学一、二年级的语文课本(课程教材研究所，小学语文课程教材研究开发中心，2007，2008a，2008b，2008c)中出现过，以确保这些儿童所熟悉的汉字对儿童命名动物图片造成干扰；(c)动物图片应该清晰可辨认。最后，研究者替换了原有动物图片中的八张，并且将动物图片位置作了随机调整(见表 5-7)。所有动物图片都来自微软公司网站，并且预测试中，12 名儿童表示均能清楚地辨认出每个动物。

表 5－7　干扰测试中动物图片的修改

原始/替代动物	每行动物名称				
原始动物	企鹅	长颈鹿	熊	鸟	蜘蛛
替代动物	狮子	狗	羊	—	—
原始动物	骆驼	鸡	猪	斑马	蛇
替代动物	鸭子	蜜蜂	狐狸	驴子	—
原始动物	老虎	大象	乌龟	奶牛	鱼
替代动物	—	—	兔子	牛	—
原始动物	猫	青蛙	螃蟹	蜜蜂	马
替代动物	—	—	蝉	母鸡	—

在预测试阶段，研究者给儿童呈现两张练习卡片，第一张卡片上的动物和其名称标签一致（都是蚂蚁），第二张卡片则不一致（动物图片是麻雀，但名称标签是母鸡）。研究者要求儿童说出动物图片表示的动物名称，而并不是读出动物图片上的名称标签。如果儿童在练习中出现问题，研究者为儿童作解释，直到儿童理解游戏的规则。

在测试阶段，研究者要求儿童说出每张图卡上每个动物的名称，并且需要说得又快又准确。同时，研究者记录儿童的反应时间。作者与另两位研究者的一致性达83.33％及80％。三位研究者评分一致性信度系数为1.00。

（3）注意力或认知灵活性

注意力或者认知灵活性反映了儿童在不同任务或者心理定势间灵活转换的能力（Miyake et al.，2000）。本研究采用了两个形式相近的任务。第一个任务改编自泰勒（Taylor）（Anderson et al.，2000）团队所开发的图形命名任务，第二个任务改编自迈亚克（Miyake）团队（2000）所开发的加减任务。研究者都记录了两个任务的反应时间。两个任务所采用的刺激材料都是图卡。所有儿童需要按照从左往右、从上至下的顺序对图卡中的图片命名，或者作简单的计算。研究者也对儿童在任务中的错误情况作了记录，最后算出儿童错误的总个数，再对最后的得分作计算。儿童在两个任务上的得分使用“效率”得分作计算，具体的计算公式如下（Anderson et al.，2000）：

$$\text{效率得分}=\left[(1/\text{时间})/\sqrt{\text{错误数}+1}\right]\times 100$$

a. 图片命名

图片命名测试适用于7—15岁儿童(Anderson et al.，2000)。我国研究者曾对五年级儿童使用了类似的测试(何华，李凌云，刘电芝，2008)。原测试包含四轮测试。第一轮和第二轮为颜色和形状命名任务。在第三轮测试中，研究者要求儿童根据一条规则对图形的颜色或者对图形的形状进行命名。在第四轮的测试中则包含两条规则，儿童需要灵活地切换规则(Anderson et al.，2000)。预测试的结果显示，前两轮的命名游戏对儿童而言较简单，但第四轮游戏太难。因此，在本研究中仅采用了第三轮测试任务。在正式测试前，研究者为儿童提供了练习机会。

测试材料为一张A4的彩色图卡，图卡上有9行3列共计27个图形组合。所有图形组合与原测试一致。每个图形组合都由外层大图和内层小图(圆形、三角形或者正方形)组成。每个图形组合为1.9厘米×2.2厘米。此外，研究者还为儿童提供了一张练习图卡，图卡上有9个图形组合。原有的刺激材料为蓝色、绿色和粉红色，但根据当地两位教师的建议，儿童对某些颜色不够熟悉，因此，将图形的颜色改为黄色、绿色和红色。

在练习阶段，研究者给儿童呈现练习图卡，为3行3列。每练习一行图形，研究者使用A4白纸把其他两行盖住。在第一行中，研究者要求儿童命名每个图形的形状(圆形、正方形和三角形)。随后，对第二行的图形，研究者要求其命名每个图形的颜色(黄色、绿色和红色)。第三行则为形状和颜色不同的组合图形，与正式测试的图形相似。3个图形组合为：绿色大圆中包含小圆、黄色三角形中包含正方形，以及红色正方形中包含圆形。研究者要求儿童根据以下规则报告图形组合的颜色或者形状：如果内外层图形一致，则报告图形组合的颜色；如果内外层图形不一致则报告外层图形的形状。在练习过程中如儿童有问题，研究者不断解释规则，直到儿童能够理解和掌握规则。

之后，儿童进入正式测试，研究者要求儿童按照给定的顺序快速命名图形组合的颜色或者形状。儿童回答过程中，研究者记录儿童的回答以及反应时间。作者和两位研究者的一致性均为90%。三位研究者的一致性信度系数为.99。

b. 加减任务

加减任务适用于8岁及以上儿童(如，Clair-Thompson & Gathercole，2006；Miyake et al.，2000；Tamnes et al.，2010)。原测试包含了30个两位数，分为三列呈现(Miyake et al.，2000)。研究者要求儿童在第一列的每个数字后面加上3，在第二列的每个数字后面减去3，对第三列数字则看到特定的符号后加上或者减去3。由于本测试关注的是儿童的灵活转换能力，研究仅采用第三列数字的测试方式。为了降低儿童计算的难度，研究者让儿童对相应的数字作加减 2 而不是加减 3 的运算。在测试图卡中，有些数字旁有一颗星，表示相应的数字需要减去 2。研究共随机选取了 30 个两位数，且有一半的数字旁边标有星号。因此，整张图卡包含 30 个数字，以 5 列 6 行的形式呈现。每个数字在 3.9 厘米×3.0 厘米的长方格中呈现。

为确保儿童理解测试的规则，研究者准备了练习图卡，图卡上有 4 个两位数，其中，有 2 个两位数旁边标有星号。研究者告诉儿童如果看到数字旁有星号则将这一数字减去 2 后报告答案，如果没有星号则将这一数字加上 2 后报告答案。如果儿童在练习的过程中出现问题，研究者为儿童解释规则，直到儿童理解和掌握为止。在正式测试阶段，研究者给儿童呈现 30 个数字的图卡，要求儿童用手指指着数字，按照从左往右、从上到下的顺序尽可能快地报告出每个答案。研究者记录儿童回答的情况以及反应时间。作者与两位研究者的一致性为 86.67%及 80%。三位研究者的一致性信度系数为.96。

3. 学业准备与发展测试

学业成绩被认为是学校学习效果的重要指标，教师和家长都对此特别重视。相应地，研究者也对儿童学业成绩的发展有较大的兴趣，并致力于探讨和揭示影响儿童学业成功或者失败的各种因素(Welsh et al., 2010)。在本研究中，研究者根据儿童学习内容编制了一、二年级语言和数学学业测试。虽然两地都使用相同的测试评估儿童学期末的学业表现，但由于 Z 乡儿童成绩缺失率高，并且没有专门评估儿童入学时学业准备的工具，因此，研究者和当地两位教师根据小学课程大纲(教育部，2001b, 2002)，当地所使用的一、二年级课本(课程教材研究所，小学数学课程教材研究开发中心，2008a, 2008b, 2009a, 2009b;课程教材研究所，小学语文课程教材研究开发中心，2007, 2008a, 2008b, 2008c)以及当地教育部门所采用的考卷编制了一年级、二年级两套考卷，每套考卷包含语文学业测试和数学学业测试。每份测试完成时间约为 45 分钟。

一年级两份学业测试分别在儿童入学初以及一年级结束时施测。语言学业测试由四个部分组成，包括汉字书写、组词、组句和短文理解，两次测试的内部一致性信度系数分别为 $\alpha=.96$ 及.97。数学学业测试由三个部分组成，包括数数、比较和计算(包括应用题)，两次测试的内部一致性信度系数分别为 $\alpha=.94$ 及.93。

二年级两份学业测试在儿童二年级结束时施测。其中语言学业测试包括汉字书写、组词、造句或者补充完整句、阅读理解以及看图写话五个部分，测试的内部一致性

信度系数为 α=.95。数学学业测试包括对单位、数量转换以及运算符号的基本认知，计算，角和图形平移知识以及应用题，测试的内部一致性信度系数为 α=.91。

此外，在六年级时，研究者向当地教育部门直接收集了儿童第二学期的语文和数学学业成绩。由于 Z 乡成绩无法获得，因此，仅对 Y 镇儿童六年级学业发展及影响因素作分析。

（三）研究程序

第一期研究在儿童刚入学后的三周内进行。两位研究助理(作者和研究助理 A1)到每所小学进行调研。研究者邀请儿童所在班的班主任教师提供儿童的基本信息，帮助研究者进行抽样，邀请儿童家长参与问卷调查。同时，研究邀请教师帮忙发放儿童学业测试问卷，并施以团体测试。研究者要求在测试过程中，教师可以为儿童读题，但不能教儿童解决问题。同时，两位研究者对儿童进行一对一测试，考察儿童入学准备过程中基本概念的获得。此外，研究者还使用修改后的头—脚—膝盖—肩膀任务考察儿童的执行功能发展。

第二期研究在儿童一年级结束前的一个月开始。作者与研究助理 A1 再次测查了儿童的执行功能发展状况。同时，研究者再次邀请教师帮助收集儿童的学业测试卷。研究的测试内容、程序与第一次完全相同。

第三期研究在儿童二年级结束前的两个月进行。作者与两位研究者再次访问所有的学校，并对儿童进行了新的执行功能系列任务测试。为避免测试顺序对儿童的影响，研究者在测试过程中对七项任务的先后顺序作了安排，在一定程度上平衡了测试顺序的影响。如表 5－8 所示，每六名儿童按照特定的测试顺序接受测试。同时，研究者使用与儿童所学内容匹配的学业测试，邀请儿童所在班教师组织儿童测试并帮忙回收问卷。

表 5－8　执行功能系列任务测试顺序

研究者	儿童	测试顺序		
		工作记忆	抑制控制	注意转换
A(A2，A3)	C1*—C6	a1*→a2	b1*→b2→b3	c1*→c2
A2(A，A3)	C7—C12	a2→a1	b1→b3→b2	c2→c1
A3(A，A2)	C13—C18	a1→a2	b2→b3→b1	c1→c2

续 表

研究者	儿童	测试顺序		
		工作记忆	抑制控制	注意转换
A	C19—C24	a2→a1	b2→b1→b3	c2→c1
A2	C25—C30	a1→a2	b3→b1→b2	c1→c2
A3	C31—C36	a2→a1	b3→b2→b1	c2→c1
		工作记忆	注意转换	抑制控制
A	C37—C42	a1→a2	c1→c2	b1→b2→b3
A2	C43—C48	a2→a1	c2→c1	b1→b3→b2
A3	C49—C54	a1→a2	c1→c2	b2→b3→b1
A	C55—C60	a2→a1	c2→c1	b2→b1→b3
A2	C61—C66	a1→a2	c1→c2	b3→b1→b2
A3	C67—C72	a2→a1	c2→c1	b3→b2→b1
		抑制控制	工作记忆	注意转换
A	C73—C78	b1→b2→b3	a1→a2	c1→c2
A2	C79—C84	b1→b3→b2	a2→a1	c2→c1
A3	C85—C90	b2→b3→b1	a1→a2	c1→c2
A	C91—C96	b2→b1→b3	a2→a1	c2→c1
A2	C97—C102	b3→b1→b2	a1→a2	c1→c2
A3	C103—C108	b3→b2→b1	a2→a1	c2→c1
		抑制控制	注意转换	工作记忆
A	C109—C114	b1→b2→b3	c1→c2	a1→a2
A2	C115—C120	b1→b3→b2	c2→c1	a2→a1
A3	C121—C126	b2→b3→b1	c1→c2	a1→a2
A	C127—C132	b2→b1→b3	c2→c1	a2→a1
A2	C133—C138	b3→b1→b2	c1→c2	a1→a2
A3	C139—C144	b3→b2→b1	c2→c1	a2→a1

续　表

研究者	儿童	测试顺序		
		注意转换	工作记忆	抑制控制
A	C145—C150	c1→c2	a1→a2	b1→b2→b3
A2	C151—C156	c2→c1	a2→a1	b1→b3→b2
A3	C156—C162	c1→c2	a1→a2	b2→b3→b1
A	C163—C168	c2→c1	a2→a1	b2→b1→b3
A2	C169—C174	c1→c2	a1→a2	b3→b1→b2
A3	C175—C180	c2→c1	a2→a1	b3→b2→b1
		注意转换	抑制控制	工作记忆
A	C181—C186	c1→c2	b1→b2	a1→a2→a3
A2	C187—C190	c2→c1	b2→b1	a1→a3→a2

* 注：C=儿童；a=工作记忆测试的两项任务(a1 表示第一项，a2 表示第二项)；b=抑制控制的三项任务(b1 表示第一项，b2 表示第二项，b3 表示第三项)；c=注意转换的两项任务(c1 表示第一项，c2 表示第二项)。

最后，在儿童六年级结束时，研究者收集儿童语文和数学学业成绩得分。在每期测试完毕后，本书作者收集所有的记录表和测试纸，并输入所有数据。

第四节　质性研究方法与设计

在本书中，质性研究方法的使用旨在考察家庭及学前教育机构的教育状况。研究采用观察法，对个案儿童进行一日生活跟踪观察，同时对儿童、家长和教师进行非正式访谈，以了解家庭教养观念及家庭亲子互动状况等。其中，对入学基本概念和执行功能使用个别测试，而对学业准备及发展采用团体测试。在本节中，研究将从家庭教育状况和学前教育机构教育状况两个方面对质性研究方法和设计作介绍。

一、儿童家庭教育状况研究

为了解学前儿童家庭教育活动开展状况，研究者对 12 名小班至大班年龄段儿童进行一日生活的跟踪观察，进而分析照料者与儿童在学业和语言学习方面的互动情况。在观察的过程中，研究者也对儿童家长作非正式访谈以了解家长的教养观念。

（一）研究对象

研究对于被试儿童的选择采用方便抽样的方法，所有儿童均来自 Y 镇中心区域，且都就读于该镇唯一的一所幼儿园。考虑到当地"留守儿童"现象较普遍，研究者在选取 12 名儿童的过程中，加入了这一因素，因此，留守与非留守儿童各半，每个年龄段男女童各半。研究所选取的留守儿童父母双方均外出打工，儿童日常生活完全由祖父母照料，但儿童留守的起始年龄不同。所选取儿童家庭经济情况都属于中等或者偏下水平，儿童父母双方学历大部分都为初中（具体如表 5－9 所示）。

表 5－9　12 名农村个案儿童基本情况

留守状况	班别	姓名	性别	留守初始年龄	父亲学历	母亲学历
留守	大班	LDX	男	5 岁	初中	初中
		CXZ	女	3 岁	初中	初中
	中班	ZBJ	男	10 个月	初中	初中
		ZZD	女	8 个月	初中	初中
	小班	WCM	男	8 个月	小学	小学
		JCG	女	8 个月	高中	高中
非留守	大班	ZZL	男		初中	初中
		ZJP	女		初中	初中
	中班	LZB	男		初中	初中
		WCY	女		高中	文盲
	小班	ZGC	男		初中	初中
		ZHY	女		初中	初中

（二）观察与分析方法

研究者事先征得家长和幼儿园同意，在此基础上，全程观察每名儿童的一日生活，包括儿童起床至晚餐结束的所有过程，儿童午睡及如厕等活动除外。研究者每天对不同儿童的一日生活进行观察，连续两周，其中，对两名儿童的观察在周末两天进行。

在分析的过程中，研究者着重分析主要照料者与儿童在学业学习以及语言学习活动上的互动，选取所观察到的片段，对相应的观点予以佐证和解释。

（三）访谈与分析方法

在观察的过程中，研究者采用非参与式的自然观察，并在非观察时间就相关内容对儿童、家长以及儿童所在班教师作非正式访谈。访谈内容侧重家长的教养观念。在分析的过程中，研究者选取被访者的观点，对所研究的内容，即家长对儿童早期教育和学习的观点作进一步的解释和说明。

二、学前教育机构教育状况观察研究

为了考察各学前教育机构的学习环境以及教育状况，研究者对各机构作了观察研究。在儿童进入小学的前一年，研究者对三类机构的集体教学活动进行了拍摄。在此基础上，本研究按照如下的标准选择活动作进一步分析：1. 所有录像拍录的班级应该是本项目所测试儿童曾就读的班级；2. 尽可能多地包含多个机构以及不同领域的活动；3. 尽可能选择三类机构中相近的主题活动。基于以上标准，研究共选取 18 个教学活动，每个活动持续时长为 20—50 分钟，平均为 36 分钟。每类机构（幼儿园、学前班及混读班）都选取 6 个活动。除了三个混读班的活动外，所有活动所在班级均为本研究中的儿童曾就读的班级。由于拍摄的时间段内，有两所接受学前儿童在一年级混读的小学正准备迎考，不便于研究者拍摄。因此，研究者在第一期研究时，拍摄了这两所学校混读班的三个活动。尽管这些活动并未在儿童学前阶段所拍摄，但考虑到儿童在学前阶段就曾在这些班级，并且也没有更换过教师，因此，将这些活动纳入分析。

(一) 研究对象

教学活动所涵盖的学前教育机构为 8 个,其中,1 所幼儿园,3 个学前班,4 个混读班。所有活动共涉及曾经教授本研究儿童的教师 13 位,其中 3 位来自幼儿园,4 位来自学前班,6 位来自混读班。在 18 个教学活动中,15 个活动拍摄的是本研究儿童在学前阶段的活动,共包含儿童 164 名。

(二) 观察与分析方法

本研究围绕教师教育教学实践中与执行功能 3 个方面相关的内容,即工作记忆、抑制控制以及注意转换,对各教学活动进行编码分析(Zhang & Rao, 2012)(见表 5-10),探讨教师在帮助儿童记忆和理解学习内容、培养和促进儿童行为控制能力,以及引导和优化儿童课堂的注意力的教育实践过程中所使用的不同策略和方法(Florez, 2011; Gillespie & Seibel, 2006; Lan et al., 2009; Pianta, La Paro, & Hamre, 2008)。研究邀请一位有教学经历,并且是心理学专业毕业的教师共同参与编码,在未告知研究目的的情况下,邀请这位教师根据所给定的编码框架对其中的 6 个教学活动进行编码,要求教师标注出每个教学活动中特定编码所对应的活动片段。编码结果显示,与本书作者的一致性为 91.7%。

表 5-10　教师教学活动观察编码框架

教育实践内容	子成分	观察要点
学习内容的记忆与理解		教师帮助儿童记住学习内容所使用的策略
行为控制能力的培养与促进	课堂活动的预期	教师在课堂开始前给儿童介绍活动结构与内容
	学习任务的示范和指导	教师给儿童示范完成任务的步骤以及解决问题的过程等
	课堂纪律的保持和引导	教师所使用的能够促进儿童参与的策略
课堂注意力的引导与优化	课堂参与行为	教师给儿童安排的座位对儿童课堂参与或者不参与行为的影响
	学习材料的提供与学习活动的组织	教师所提供的材料、活动以及特定的教学实践活动(比如提问)

第六章
我国农村贫困地区儿童入学准备发展状况

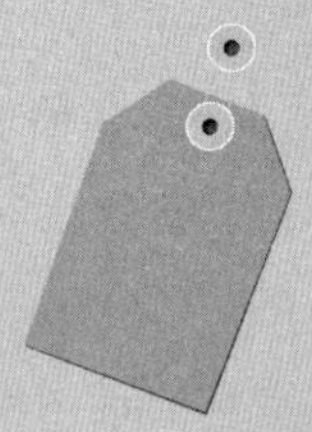

在本章中，研究将探讨农村儿童入学准备状况和小学低年级学业发展及其相互关系，共分四节内容。前三节内容分别考察儿童入学准备中的基本概念、执行功能以及学业准备与低年级学业发展状况。在此基础上，第四节内容将对相应研究结果作讨论并总结。

第一节　农村儿童入学基本概念发展状况

Bracken 基本概念量表被广泛用于评估儿童的入学准备状况，可以评估儿童对于重要概念的掌握程度以及接受性语言能力的发展(Bradley-Johnson, 1999)。为了解儿童入学准备状况，本研究使用该量表对儿童进行了一对一的测试，共测查儿童 190 名，其中 110 名为留守儿童。

本研究所使用的 Bracken 基本概念量表共包含十项内容，其中前五项为入学认知准备的基本概念，后五项为入学认知准备的综合概念。其中，前五项通常被用于儿童入学准备的筛查。本研究也将关注农村儿童在前五项上的入学准备状况。在分析过程中，首先考察儿童整体发展状况，并探讨性别差异，在此基础上，将本研究中农村儿童的发展状况与现有关于城市儿童发展的数据作对比。

Bracken 量表的计分采用 0 和 1 两分法，儿童每答对一题即得 1 分，因而每个儿童在各分量表上的得分即为其所作出正确回答的题数。由于目前该量表在我国还未有相应常模，因此，在解释儿童基本概念发展状况结果时，研究拟选取儿童在各分量表上答题的正确率(即项目通过率)作为指标加以分析。

一、农村儿童入学认知准备基本概念发展水平

为了解农村儿童在刚进小学时,对入学准备基本概念的掌握程度,研究者对儿童在各项上答题的正确率,即各分项目的通过率进行了描述统计,结果如表 6-1 所示:

表 6-1 入小学初农村儿童入学认知准备基本概念的获得状况

测试项目	分量表题项总数	平均答对题数①	项目通过率②
颜色	11	4	36.36%
数字/计数	19	17	89.47%
量	12	10	83.33%
比较	10	6	60.00%
形状	20	12	60.00%
入学基本概念	72	49	68.06%

表 6-1 和图 6-1 显示了儿童入学基本概念的准备状况。由结果可知:

至学前末期(小学初入学阶段),儿童对颜色这一概念的掌握情况最差,在 11 种颜色中,正确辨认率仅为 36.36%,大部分儿童只能指认黑色、白色、红色、黄色及绿色等 5 种常见的颜色,而对蓝色、咖啡、粉红等色彩的认知还存在局限性。

与此相反的是儿童数字/计数概念的获得。在这部分的测试中,儿童几乎能够答对大部分题项,能很好地认读两位数,并将图和数进行一一对应,其正确率达到 89.47%,在入学准备五项认知基本概念中表现最好。

此外,儿童对于量概念的掌握程度也较好,能较正确地理解大小、长短、粗细等概

① 平均答对题数:由于 Bracken 基本概念量表的计分方式为每答对一题记为一分,因此,在统计答对题数时,研究者首先计算出所有儿童在各项中的平均得分,再对平均得分取整数作为各项的平均答对题数,以下同。

② 项目通过率=平均答对题数/分量表题项总数

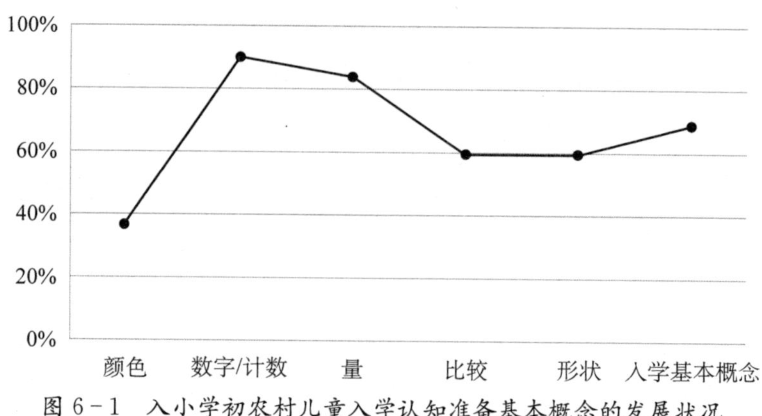

图 6-1　入小学初农村儿童入学认知准备基本概念的发展状况

念，在测查中，平均答对 10 题。

但是，在比较以及形状两大概念中，儿童的表现较差，仅能对其中 60% 的概念作出正确的回答。各题项的作答结果显示，在比较概念中，儿童对于"匹配"、"相似"、"一样"的概念的理解还存在一定的困难，尚不能很好地根据事物的某些特征进行配对或者分辨差异。

在形状概念中，儿童甚至还不能很好地掌握一维空间的图形，如"曲线"和"斜线"这两种图形辨认的错误率较高。儿童对二维或者三维空间图形的认知能力也较差，诸如"角"、"圆锥体"以及"圆柱体"等图形是其较难掌握的概念。

综合儿童在以上五项中的作答情况，分析其入学认知基本概念准备状况，可知，在所有 72 个具体的概念中，儿童平均答对 49 题，掌握率仅为 68.06%。

Bracken 各分量表内题项的设计遵循由易至难、概念难度梯度逐步增加的原则（Bracken, 1998b），儿童作出正确回答的题数越少，其所获得概念的难度也越低。因此，以上结果表明，学前留守儿童对入学基本概念的掌握情况较差，对于难度在中等偏上的概念还不能很好地把握。具体在各分项目中，儿童所掌握的颜色、比较以及形状三大概念的难度在中等水平。相对而言，数字/计数以及量的概念是儿童较为擅长的，基本已达到或者接近较高的难度水平。

进一步比较儿童入学基本概念发展的性别差异，结果显示，男女童在入学基本概念总分及各个分量表上的得分均无显著差异（$p_S > .05$）。

二、农村儿童与城市儿童入学认知准备基本概念掌握情况比较

为探讨农村儿童与城市儿童在入学认知准备基本概念上的发展差异，研究者参考了王晓芬及王莹（2014）对江苏省某市儿童入学准备研究的相关数据。该研究于2011—2012年进行，研究者使用Bracken基本概念量表研究小、中、大班流动儿童的入学准备状况，并与非流动儿童的发展状况作对比，两组儿童合计人数为180名。其中，大班儿童年龄与本研究儿童年龄最接近，因此，研究选取该研究中大班儿童在基本概念五个分量表的得分以及总分进行比较。

由于上述结果显示，农村贫困儿童在入学认知准备基本概念上并无显著的性别差异，因此，在以下的分析中，并未将农村与城市男女童的发展状况分开比较。研究使用独立样本 t 检验分析显示，除量概念外，农村贫困儿童在入学基本概念各分量表以及总分上均极显著低于城市儿童（$p_s<.05$）。具体而言，农村儿童在颜色、数字/计数、比较、形状概念的得分显著低于城市儿童（见表6-2）。

表6-2 农村儿童与城市儿童入学认知准备基本概念的获得情况比较

测试项目	农村儿童		城市儿童		t	p
	平均数	标准差	平均数	标准差		
颜色	4.49	3.61	10.11	1.66	−11.34	<.001
数字/计数	17.09	4.40	18.61	1.52	−2.55	<.05
量	10.03	2.04	9.96	1.07	0.25	>.05
比较	5.94	3.06	8.50	1.20	−6.16	<.001
形状	11.81	4.90	15.07	2.44	−4.82	<.001
入学基本概念	49.36	13.99	62.25	4.46	−6.82	<.001

上述分析展现了农村儿童在初入小学时的基本概念掌握情况，相对而言，这些儿童对于颜色、比较和形状三项基本概念的掌握度较低，进一步与城市儿童相比，结果显示，除量概念外，农村儿童在其余四类入学基本概念以及入学基本概念上的总分都显著较差。

第二节　农村儿童执行功能发展状况

儿童执行功能的发展是近年来入学准备研究关注的重要内容之一。本研究借助使用较广泛的头—脚—膝盖—肩膀(Head-Toes-Knees-Shoulders，HTKS)任务，在追踪研究中，根据儿童年龄段作修改后，于儿童一年级初入学以及一年级结束时对儿童的执行功能进行测查。此外，在儿童二年级结束时，使用一系列执行功能任务，再次考察儿童在这方面入学准备的发展状况。在本节中，我们将首先描述农村学前儿童在各时间点上执行功能的发展状况，在此基础上探讨各个时间点执行功能发展间的关系，最后，研究将聚焦入学初执行功能水平较高和较低的两组儿童在二年级时执行功能各个方面的发展状况。

一、农村儿童执行功能的发展状况

在儿童入学初以及一年级结束时，研究者使用HTKS任务考察了儿童的执行功能，而在二年级结束时则使用了七个实验任务从工作记忆、抑制控制以及注意转换和灵活性三个方面考察了儿童的执行功能。表6-3展现了儿童在三个时间点上的执行功能发展状况。在一年级初始阶段，儿童在总得分为30分的HTKS修改版任务中平均得分为19分，而到一年级结束时得分略有增加，为21分。二年级时的执行功能测试共包含七项任务，其中，两项任务考察儿童的工作记忆能力。这两项任务中，第二项听记忆任务对儿童有一定的挑战性，约有10%的儿童因无法理解而不能完成此项任务。相对而言，三项考察抑制控制的任务较容易，大部分儿童能够正确回答大部分的题项。但是，儿童的反应时间存在较大的个体差异，其范围为20秒到100多秒。两项注意转换任务对儿童也有一定难度，在图形命名测试以及加减任务中，分别有9%以及10%的儿童无法完成任务。在图形命名测试中，儿童出现错误的平均题项数为5题，而在加减任务中为4题。儿童完成加减任务的时间(M=205.59 s)多于图形命名任务(M=79.26 s)时间。

进一步对男女童的比较显示，从一年级入学初到二年级结束，儿童在HTKS任务以及七个执行功能的实验任务中均无显著差异($ps>.05$)。这表明，在所研究的农村地区，男女童在入学初的执行功能准备以及入学两年内执行功能的发展状况相似。

表 6 - 3　入学初至小学二年级末期农村儿童执行功能发展状况

时间点	具体内容	任务	人数	平均数	标准差/百分比	全距	项目数
入学初			190	18.85	6.86	1—30	20
一年级结束			190	20.86	6.82	1—30	20
二年级结束	工作记忆	数字广度任务	188				18
		得分		8.18	2.74	3.17—16.53	
		听记忆任务	188				18
		未通过比例(N,%)		19.00	10.11		
		得分		3.57	2.20	0—10.80	
	抑制控制	方向干扰任务	187				18
		反应时(秒)		31.93	15.87	13.10—105.10	
		得分		16.76	2.62	4—18	
		数字干扰任务	187				21
		反应时(秒)		33.36	14.74	17.10—136.00	
		得分		19.88	2.68	1—21	
		动物干扰	186				20
		反应时(秒)		47.66	23.02	16.34—137.59	
		得分		18.60	2.44	5—20	
	注意转换	图片命名任务	188				27
		未通过人数比例(N,%)		17.00	9.04		
		错误数		4.76	6.29	0—21	
		反应时(秒)		79.26	27.30	32.25—217.78	
		效率值		.81	.50	0—2.33	
		加减任务	188				30
		未通过人数比例(N,%)		20.00	10.64		
		错误数		3.83	4.52	0—26	
		反应时(秒)		205.59	100.70	69.75—692.28	
		效率值		.34	.29	0—1.43	

二、农村儿童入学初至二年级执行功能发展的关系

以上研究对农村儿童在各时间点上执行功能的发展水平作了描述统计，在本部分中研究将进一步探讨三次测查间的相关性。如表 6－4 所示，儿童在三个时间点上的执行功能得分呈两两相关。尽管二年级时执行功能的测查任务与一年级初及一年级结束时不同，但前面两次执行功能的得分与第三次执行功能的各个方面得分也呈显著相关。其中，农村儿童在入学初执行功能的得分与二年级结束时执行功能三个方面得分的相关系数为.48—.61。

表 6－4　农村儿童入学初至二年级末期执行功能各得分相关分析

	1	2	3	4	5	6
1. 入学初执行功能	1.00					
2. 一年级结束执行功能	.61**	1.00				
3. 二年级结束执行功能	.63**	.61**	1.00			
4. 工作记忆	.48**	.47**	.80**	1.00		
5. 抑制控制	.52**	.55**	.86**	.47**	1.00	
6. 注意转换	.61**	.53**	.85**	.62**	.58**	1.00

注：* $p<.05$，** $p<.01$。

为了考察儿童入学初的执行功能水平在一年级结束时是否得到了显著的提升，并且是否能够预测二年级结束时执行功能的三个方面，研究使用重复测量的方差分析以及一系列线性回归分析作了进一步探讨。已有的文献显示，母亲受教育水平对儿童的认知以及执行功能发展有显著的影响(Carlson, Mandell, & Williams, 2004; Sektnan et al., 2010)，因此，在本部分的分析中将母亲受教育水平作为控制变量。首先，研究使用重复测量的方差分析，以时间作为被试内变量，将儿童的执行功能作为因变量，探讨儿童从入学初至一年级结束时执行功能的发展状况。结果显示，时间主效应显著，即在入小学的第一年内，儿童执行功能水平获得了显著的发展 ($F(1,188)=11.40$, $p<.01$, $\eta_p^2=.06$)。至一年级结束，儿童执行功能的得分(M=20.86)增长了6.70%，显著高于入学初的水平(M=18.85)。

此外，研究使用了一系列回归分析考察儿童入学初执行功能水平对二年级结束时执行功能发展的预测作用。由表 6－5 可知，儿童入学初的执行功能得分对二年级执

表 6－5　农村儿童入学初执行功能水平对一年级及二年级末期执行功能发展的预测作用

因变量	预测变量	回归系数	回归系数标准误	标准回归系数	自由度	t 值	F 值	相关系数	调整后的决定系数
二年级结束时执行功能	第一步				188		6.59*	.18	.03
	母亲受教育水平	.04	.01	.18		2.57*			
	第二步				187		61.64**	.63	.39
	母亲受教育水平	.00	.01	.01		.17			
	入学初执行功能	.44	.04	.63		10.62**			
工作记忆	第一步				188		54.61**	.48	.23
	入学初执行功能	.42	.06	.48		7.39**			
抑制控制	第一步				188		8.59**	.21	.04
	母亲受教育水平	.05	.02	.21		2.93**			
	第二步				187		35.62**	.53	.28
	母亲受教育水平	.02	.02	.07		1.09			
	入学初执行功能	.42	.05	.50		7.74**			
注意转换	第一步				188		7.87**	.20	.04
	母亲受教育水平	.05	.02	.20		2.81**			
	第二步				187		54.30**	.61	.37
	母亲受教育水平	.01	.01	.04		.60			
	入学初执行功能	.50	.05	.60		9.83**			

注：** $p<.01$，* $p<.05$。

行功能发展水平有36%的解释率。与以上相关分析的结果相一致，儿童入学初的执行功能对二年级结束时注意灵活转换能力的预测作用(β=.60)强于对工作记忆能力(β=.48)以及抑制控制(β=.50)的预测，并且对以上三个成分的解释率分别为33%、23%以及24%。

三、农村儿童执行功能起始水平与发展差异

在以上分析的基础上，本部分进一步聚焦入学初执行功能得分高于以及低于1个标准差的儿童，并考察这些儿童在一年级以及二年级结束时执行功能的发展水平。如表6-6所示，在入小学初，所有的190名儿童中，34名儿童执行功能的得分低于平均值1个标准差，另有29名儿童得分高于平均水平1个标准差。前面一组儿童被定义为执行功能低水平儿童，后面一组被定义为执行功能高水平儿童。其中，低水平组儿童得分范围为1—11分，平均得分为8分，高水平组儿童的平均得分为26分，接近满

表6-6 入学初执行功能高水平和低水平农村儿童在三个时间点上执行功能的发展状况

	执行功能初始水平	人数	平均数	标准差	全距
一年级初始	低水平	34	7.54	3.05	1.00—11.00
	高水平	29	27.52	1.33	26.00—30.00
一年级结束	低水平	34	13.90	7.18	1.00—25.00
	高水平	29	25.97	3.18	19.00—30.00
二年级结束*	低水平	34	−0.75	0.74	−2.30—.76
	高水平	29	0.56	0.45	−.32—1.54
工作记忆	低水平	34	4.14	1.85	1.95—9.05
	高水平	28	7.47	2.15	3.50—13.57
抑制控制	低水平	34	51.08	20.08	24.66—97.20
	高水平	28	29.49	5.23	21.02—42.42
注意转换	低水平	34	.28	.26	.00—.87
	高水平	28	.85	.27	.22—1.31

* 注：此处使用标准化得分，将参与项目的所有儿童在二年级各执行功能任务的得分作标准化处理，在此基础上计算总平均分，得出7个任务标准分的平均值。

分 30 分。在此基础上，对两组儿童之后两次执行功能的发展状况进行追踪。表 6－6 显示，随着年龄的增长，在一年级结束时，低水平组儿童执行功能的得分增长，个别儿童得分甚至增长至 25 分。在二年级结束时，高水平组儿童比低水平组儿童工作记忆能力表现更好，在抑制控制任务中反应时间更少，同时在注意转换任务中的效率也更高。但在平均数上，两组儿童的差距逐步减少，在二年级结束时，低水平组儿童平均得分低于整体水平 3/4 个标准差，而高水平组儿童得分仅高于整体 1/2 个标准差，两组儿童在执行功能水平上的差距由原来的 2 个标准差下降为 1.25 个标准差。

以上研究对高水平以及低水平执行功能儿童在三个时间点上的执行功能的发展状况作了描述统计分析，为了进一步考察入学初儿童的执行功能对一年级以及二年级结束时执行功能发展的影响，研究在控制儿童母亲受教育水平的基础上，使用了两次单因变量协方差分析。其中，在分析初始水平对儿童二年级执行功能的影响时，研究将一年级结束时执行功能的得分作为第二个控制变量。结果表明，儿童入学初的执行功能水平对一年级结束（$F(1,60)=47.85$，$p<.01$，$\eta_p{}^2=.44$）以及二年级结束时（$F(1,59)=14.11$，$p<.01$，$\eta_p{}^2=.19$）的执行功能得分均具有显著的影响。入学初具有高水平执行功能的儿童在一年级结束以及二年级结束时均获得较好的执行功能发展，而具有较低水平执行功能的儿童在后续两次的测查中得分也较低。在二年级结束时，儿童入学初的执行功能水平对其工作记忆（$F(1,58)=12.29$，$p<.01$，$\eta_p{}^2=.18$）以及注意转换能力（$F(1,58)=22.46$，$p<.01$，$\eta_p{}^2=.28$）有显著的影响，但对抑制控制能力的影响并不显著（$F(1,58)=2.53$，$p>.05$，$\eta_p{}^2=.04$）。

接下来，研究进一步分析了初入学时高低水平执行功能儿童该能力的后续发展模式。由于二年级结束时执行功能的任务与前两次不同，因此，研究将儿童三次得分均转化为标准分数，以描述两组儿童间的发展差距。图 6－2 表明，随着儿童年龄的增长，两组儿童在执行功能任务中的得分越来越趋近于平均分，组间得分的差距逐步缩小。在入学初，两组儿童执行功能的平均得分相差 3 个标准差，一年后，两组儿童的差距已经低于 2 个标准差。而在二年级结束时，差距减少至 1.5 个标准差以下，但在三个具体成分上的差距有所不同。如图 6－3 所示，入学初高执行功能组儿童比低执行功能组儿童在工作记忆、抑制控制能力以及注意力三个方面的得分分别高出 1.36、1.21 以及 1.53 个标准差。

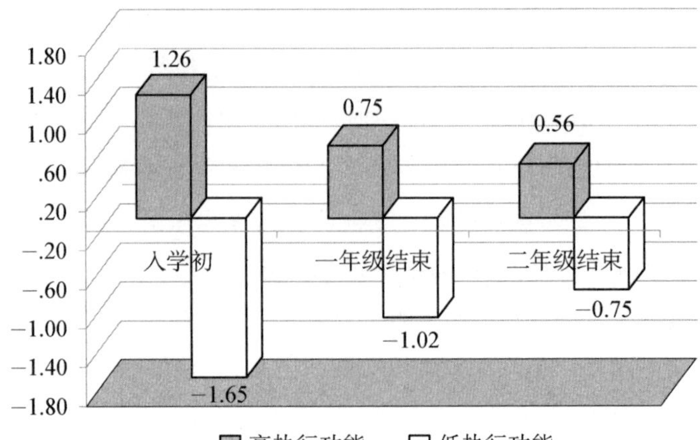

图 6-2 入学初执行功能高水平和低水平农村儿童在三个时间点上执行功能发展差异模式

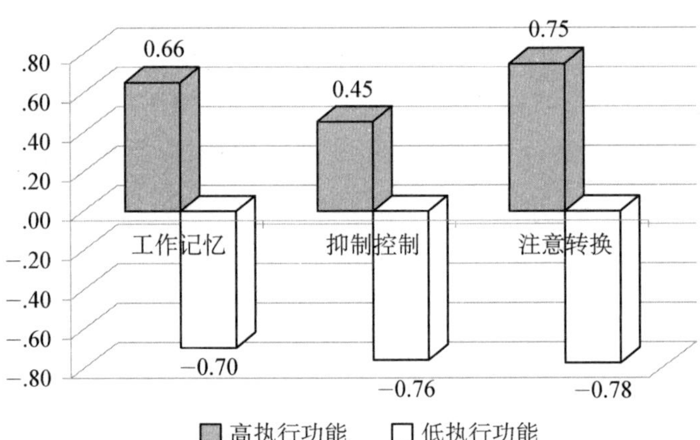

图 6-3 入学初执行功能高水平和低水平农村儿童在二年级末期执行功能三个成分的发展状况

第三节　农村儿童学业准备及发展状况

儿童早期的学业准备奠定了未来学业发展的基础(Duncan et al.，2007)。近年来，西方国家，特别是美国掀起了儿童入学准备测试的热潮，考察儿童入学前所获得能力和知识的水平，为幼儿园和小学低年级教师的教学提供参考，也能够让家长了解儿童的发展状况(张莉，2015)。本研究中，研究者根据一年级课程内容编制了语言和数学学业能力测试，考察儿童初入学时的学业准备状况以及一年级结束时的学业表现。此外，在二年级结束时，研究者根据儿童学习内容编制了适于二年级儿童的学业能力测试，对儿童进行测查。在本节中，研究将描述儿童学业准备以及发展状况，在此基础上探讨学业准备对儿童二年级结束时学业表现的预测作用。

一、农村儿童学业准备及低年级学业发展状况

在儿童初入学、一年级结束以及二年级结束时，研究者使用相应的学业能力测试对儿童进行团体测试。表 6－7 展示了农村儿童在三个时间点上的学业准备及发展状况。在一年级初始阶段，儿童在语言和数学学业准备方面的得分都较低，在总分为 100 分的两个学业测试中，儿童的总得分均在 30 分以下，且无论男女童，得分差异都较大，特别是入学初的测试中，儿童语言和数学测试得分的标准差超过了平均数的一半以上。一年级结束时，研究使用相同的测试再次测查儿童学业表现。从表 6－7 中可知，无论男女童，儿童在第二次测试时的得分都高于第一次测试的得分，尽管标准差也较大，但与平均数相比，几乎都在平均数的 1/3 左右，因此，相对而言，儿童得分之间的离散程度相对降低。儿童二年级结束时，研究者使用了另一套与儿童年级水平相适应的学业测试，结果表明，在满分为 100 分的两项测试中，儿童得分仍相对较低，且标准差较大，学业能力的表现差异较大。

表 6－7　入学初至小学二年级末期农村儿童学业准备与发展状况

内容	时间点	男童			女童			t	p
		平均数	标准差	全距	平均数	标准差	全距		
语言学业	入学初	23.35	15.09	1—66	26.92	19.24	1—80	−1.43	.15
	一年级结束	52.11	21.25	7—92	63.03	22.21	8—94	−3.46	.00
	二年级结束	35.22	24.51	0—94.5	44.61	27.50	0—91	−2.49	.01
数学学业	入学初	23.00	9.91	4—50	24.21	13.09	1—57	−0.71	.48
	一年级结束	41.95	12.64	0—60	44.29	13.06	10—65	−1.25	.21
	二年级结束	38.50	21.96	0—92.5	40.16	22.75	0—95	−0.51	.61

进一步对男女童学业准备及发展状况作比较发现，男女童在数学学业准备以及发展上并无显著差异（$ps > .05$），但在语言能力方面，虽然在入学初，男女童没有显著差

异，但在一年级结束以及二年级结束时，两组儿童的差异显著($ps<.01$)，女童较男童得分更高($t_{一年级结束}=3.46$，$p<.01$；$t_{二年级结束}=2.49$，$p<.05$)。因此，在语言和数学学业准备上，男童和女童没有显著差异，而在学业发展上，女童语言学业能力的发展显著优于男童，但在数学学业能力发展上则无显著差异。

二、农村儿童学业准备与低年级学业发展的关系

以上部分中，研究对儿童学业准备及发展水平作了描述统计，本部分中将进一步探讨三次测查间的相关关系。结果如表 6-8 所示，儿童在三个时间点上的语言能力得分显著相关($r=.43—.68$，$ps<.001$)，同时，三次数学学业测试得分间也显著相关($r=.38—.64$，$ps<.001$)，即儿童入学初语言或者数学学业准备能力得分较高，未来两年内的语言或者数学学业 得分也较高。除此之外，在各个时间点，儿童语言和数学准备或者学业能力得分之间也显著相关，即儿童数学和语言学业准备或者学业发展相互影响。

表 6-8　农村儿童入学初至二年级末期学业能力得分相关分析

	1	2	3	4	5	6
1. 入学初语言	1.00					
2. 一年级结束语言	.43***	1.00				
3. 二年级结束语言	.42***	.68***	1.00			
4. 入学初数学	.59***	.37***	.33***	1.00		
5. 一年级结束数学	.51***	.61***	.54***	.55***	1.00	
6. 二年级结束数学	.47***	.71***	.83***	.38***	.64***	1.00

注：*** $p<.001$。

由于在一年级入学初与一年级结束时，研究者使用了相同的学业测试，研究将通过重复测量的方差分析，探讨儿童在第一学年内语言和数学能力的提升是否显著。与对执行功能的分析相似，研究以时间为被试内变量，将儿童一年级结束时的语言或者数学学业得分作为因变量，以母亲的受教育水平作为控制变量。考虑到性别对儿童语言学业水平发展的影响，因此，在对语言学业能力的分析中，也将性别纳入到控制变量中。结果显示，无论是语言还是数学学业的发展，时间主效应均显著，即在入学的第一

年内，儿童语言学业能力（$F(1,187)=15.15$，$p<.01$，$\eta_p^2=.08$）和数学学业能力都获得了显著的发展（$F(1,188)=222.02$，$p<.01$，$\eta_p^2=.54$）。

此外，研究使用两个回归分析，分别以儿童二年级结束时的语言和数学学业能力为因变量，在控制母亲受教育水平以及儿童性别的基础上，进一步探讨儿童语言和数学学业准备能力对二年级结束时相应学业成绩的预测作用。由表 6－9 可知，当控制了母亲受教育水平以及儿童性别后，儿童入学初的语言准备能力对二年级时语言学业表现有显著的预测作用，并且解释率达 13%。表 6－10 显示，控制母亲受教育水平后，儿童入学初的数学准备能力也能够显著预测儿童二年级时的数学学业成绩，其解释率为 10%。

表 6－9　语言学业准备对儿童二年级末期语言学业能力预测作用的分析结果

变量	模型 1			模型 2		
	回归系数	标准误	标准回归系数(β)	回归系数	标准误	标准回归系数(β)
控制变量						
母亲受教育水平	1.90	.51	.26***	1.49	.48	.20**
儿童性别	9.54	3.65	.18*	7.49	3.40	.14*
预测变量						
语言入学准备				.57	.10	.37***
F 值	10.29***			18.60***		
决定系数 R^2	.09			.23		
调整后的决定系数	.09			.22		
决定系数增加值				.13***		

注：* $p<.05$，** $p<.01$，*** $p<.001$。

表 6－10　数学学业准备对儿童二年级末期数学学业能力预测作用的分析结果

变量	模型 1			模型 2		
	回归系数	标准误	标准回归系数(β)	回归系数	标准误	标准回归系数(β)
控制变量						
母亲受教育水平	2.35	.42	.38***	2.05	.40	.33**
预测变量						

续 表

变量	模型 1			模型 2		
	回归系数	标准误	标准回归系数(β)	回归系数	标准误	标准回归系数(β)
数学入学准备				.65	.12	.33***
F 值	31.52***			31.52***		
决定系数 R^2	.14			.25		
调整后的决定系数	.14			.24		
决定系数增加值				.10***		

注：* $p<.05$，** $p<.01$，*** $p<.001$。

第四节　研究讨论与总结

以上的研究从入学基本概念、执行功能以及学业准备与发展三个方面考察了儿童入学准备的发展状况。从性别差异、地域差异以及发展状况三个方面对以上问题进行了探讨。以下内容，研究者将就上述的研究结果作分析和讨论。

一、入学准备的性别差异

研究分析了男女童在入学基本概念、执行功能以及学业准备与发展三个方面的差异。结果表明，除一年级及二年级结束时女童表现出了显著的语言学业发展优势外，在其余方面，男女童均无显著差异。一项对包括中国在内亚太地区六个国家近 8000 名 3—5 岁儿童的研究显示，在认知发展方面，有五个国家的男女童并无显著差异；在执行功能方面，有三个国家的男女童差异显著，女童表现好于男童；在语言和早期阅读方面，有五个国家的男女童表现出了显著差异，且女童的发展优于男童（Weber, Darmstadt, & Rao, 2017）。本研究结果在一定程度上与以上研究一致。

首先，本研究的入学基本概念测查量表中的内容来自于多个智力测验，是儿童认知能力的重要组成部分，亚太地区的研究发现多个国家中男女童认知能力并无差异，与本研究结果一致。

第二，本研究显示，农村贫困地区男女童在执行功能准备及发展方面并无显著差异，这与现有的研究存在不一致性。一项有关亚太地区的研究采用了敲击游戏考察儿童的学习品质和执行功能，在测试过程中研究者要求儿童作出相反的反应，如研究者敲击一下，儿童敲击两下，这与本研究中的 HTKS 任务具有一定的相似性。该研究显示，在包括我国在内的三个国家中，男女童存在差异，并且均显示女童优于男童。在西方国家对幼儿园以及青少年执行功能的研究均表明女童表现更优秀(Cameron, Rimm-Kaufman, Brock, & Nathanson, 2009; Duckworth & Seligman, 2006; Matthews, Cameron, & Morrison, 2009)。研究者认为，女童坚持性更强，注意力更集中，并且更倾向于听从教师教学(Ready, Douglas, LoGerfo, Laura, Burkam, David, & Lee, 2005)。这些因素可能是造成男女童学业差异的重要原因(Li-Grining, Votruba-Drzal, Maldonado-Carreno, & Haas, 2010)。但是，一项跨文化研究显示，与美国文化情境有所不同，来自中国和韩国等国家的儿童在执行功能方面并未显现出性别差异(Wanless, McClelland, Acock, Cameron et al., 2011)。有研究者认为，这可能与亚洲文化情境注重儿童自我控制和行为调节技能等有关(Wanless, McClelland, Acock, Cameron et al., 2011)。文萍和李红(2007)对我国 6—11 岁儿童执行功能的研究显示，男女童在执行功能各维度方面均无显著差异。本研究中，儿童起始年龄为 7—7.5 岁，与该研究儿童年龄相吻合。由此可知，在学前期，男女童执行功能方面的差异尚不明确，而随着年龄的增长，两组儿童执行功能发展趋近。对于这一推论，仍需更多研究的验证。

第三，在语言发展方面，亚太地区的研究表明男女童在早期已显现出了差异，女童的优势明显。在本研究中，男女童入学初的语言准备无差异，但在后期的发展中，女童的优势日益凸显。来自发展心理学的研究显示，比起男童，女童能够更快地学习词汇(Huttenlocher, Haight, Bryk, Seltzer, & Lyons, 1991)，使女童在早期已经具备了语言发展的优势。也有研究显示了男女童在阅读方面的差异。比如，在 2006 年国际教育评估关于阅读能力的研究中(IEA's progress in international reading literacy study, PIRLS)，研究者发现在所参与的各国家和地区中，四年级女童在阅读方面的表现显著优于男童(Mullis, Martin, Kennedy, & Foy, 2007)。女童对语言更感兴趣(Meece, Glienke, & Burg, 2006)，在语言和阅读方面所花的学习时间也较男童更多(Newman et al., 2007)，因此可能使女童在语言和阅读方面的优势更为凸显。在本研究中，儿童语言入学准备的测试内容来自于一年级的语文教学大纲，除了混读班儿童外，无论男女童，大部分儿童都未接触过课程内容，因此，可能在入学初男女童的语言准备并无差异，而随着儿童学习的深入，女童原有的语言优势得以凸显，使其在语言学业发展中优于男童。

二、农村贫困儿童与城市儿童入学准备的差距

除了考察儿童入学准备的性别差异外，本研究也探讨了农村贫困儿童与城市儿童入学准备的差距。通过与江苏省某市大班儿童的对比，研究显示，农村贫困地区儿童在入学基本概念四个分量表以及总分上均显著落后于城市儿童。我国多项有关城乡儿童发展差异的研究已经显示，农村地区儿童在认知准备、早期语言和数学学业准备方面都较城市儿童显著更差（"城乡儿童入学准备状况比较研究"课题组，盖笑松，2008；刘焱等，2012；潘月娟等，2012）。农村经济水平较差，家长教育观念较落后，特别是由于家长外出打工等原因，亲子互动缺失或者不足的现象较严重。同时，农村地区师资力量和教育教学资源欠缺。这些都可能是造成农村儿童在入学起点上落后与不足的原因。因此，要为农村儿童提供良好的学习开端，不仅要注重对其自身入学准备技能的培养，同时也要关注和提升家庭和学前教育机构的教育质量。

三、入学准备的发展状况

研究对儿童执行功能和学业准备进行了追踪研究，能够在一定程度上考察儿童在上述两大入学准备方面的发展状况。无论是对执行功能较短期的追踪，还是对学业准备较长期的追踪，研究都一致发现，儿童早期的入学准备能力对后期相应能力的发展具有重要的奠基和预测作用。以下，研究将就两方面的结果作讨论。

（一）执行功能发展状况

研究显示，儿童早期的执行功能与这一能力后期的发展密切相关。本研究发现，在儿童进入小学后的一年内，其执行功能获得显著的增长。这一结果与卡梅伦(Cameron)、瑞姆-考夫曼(Rimm-kaufman)及布洛克(Brock)等人的研究(2009)一致。在该研究中，研究者对刚进入小学的儿童进行了头—脚—膝盖—肩膀(简称 HTKS)任务的测试，测试在秋季学期和夏季学期重复进行，结果表明，在第一年内，儿童的执行功能有显著发展。虽然本研究中儿童年龄更大，并且对原有的任务作了修订和拓展，但本研究的结果仍与美国的研究一致。研究表明，虽然 3—5 岁是儿童执行功能发展的关键时

期，但其发展一直延续到青少年期(Berger, Kofman, Livneh, & Henik, 2007)。本研究的儿童处于童年期，因此，根据以上研究，儿童的执行功能仍可能有显著的发展。除了年龄因素外，练习效应也可能提升儿童在这一任务中的表现。当儿童第二次接触HTKS任务时，由于存在练习效应，儿童对于任务规则的熟悉度增加，可能使他们的表现更好(Cameron, McClelland et al., 2009)。

此外，研究也发现，儿童一年级初的执行功能准备能在很大程度上预测其在二年级结束时的执行功能表现。即使控制了母亲受教育水平这一因素后，儿童入学初的执行功能准备仍能解释其在二年级结束时执行功能表现得分的36%。有研究者认为，儿童执行功能，特别是抑制控制能力的发展是从“他控逐步过渡到自我控制的过程”(Berger et al., 2007)。在早期，儿童依赖他人，特别是成人达到控制自我的目的，而随着儿童的成熟，他们能更好地进行自我控制。本研究在儿童一年级入学初以及结束时所使用的执行功能任务更偏重儿童行为方面的表现，而二年级结束时的执行功能系列任务更偏重认知方面的表现。研究表明，儿童认知执行功能的发展在很大程度上有赖于早期的执行功能，包括行为自我调节能力的发展(Calkins & Williford, 2009)。此外，两次测试均关注执行功能的三个方面，这也在一定程度上解释了早期执行功能发展对二年级结束时执行功能发展的重要预测作用。

另外，还有一点值得注意，尽管HTKS任务更侧重对抑制控制能力的考察(McClelland, Cameron, Connor et al., 2007)，儿童入学初在此任务中的得分对于二年级结束时注意技能的预测作用大于抑制控制。对二年级结束时抑制控制任务的描述统计显示，三项任务对儿童的挑战性不大，儿童能够在较短时间内答对大部分题项。同时，相关分析表明，儿童抑制控制能力得分与工作记忆得分相关性更高。这就有可能使儿童入学初的执行功能与二年级结束时的注意能力相关性更紧密。有研究采用了母亲报告法考察儿童执行功能和注意力发展情况，也得到了相似的结果(Raffaelli et al., 2005)。

研究也比较了执行功能初始水平较高和较低组儿童在二年级结束时执行功能的发展状况。结果显示，在一年级结束和二年级结束时，两组儿童在执行功能上的差异均显著。然而，随着儿童的成长，两组儿童执行功能发展水平的差异逐步缩小。两组儿童的表现均有接近平均水平的倾向。高分组儿童可能在入学初时已经达到了较高水平的执行功能，在后期进一步提升的空间有限。此外，小学对儿童的课堂纪律要求较高，并要求儿童遵循班级规则(Rao, Chi, & Cheng, 2010; Rao, Ng et al., 2010)。当进入小学后，儿童可能有更多机会练习和发展执行功能，比如，倾听教师课堂内容，在教师的监控下集中注意力，避免受到外界干扰等。因此，小学可能对于儿童执行功能的发展具有补偿作用。

此外，本研究发现，当儿童一年级结束时的执行功能加入到回归模型后，儿童一年级入学初的执行功能对二年级结束时的执行功能没有预测作用。正如前所述，二年级执行功能系列任务中三个考察儿童抑制控制能力的任务对儿童的挑战性并不大，因此，可能在一定程度上削弱了入学初执行功能对二年级时执行功能的预测作用。此外，儿童一年级结束和二年级结束时的执行功能有密切的相关性。当分析过程中控制了一年级结束时的执行功能时，入学初这一能力对后期发展的影响就会削弱。因此，儿童入学初的执行功能为入学第一年内的执行功能发展提供了基础，并进一步促进了儿童二年级时执行功能的发展。

（二）学业准备与发展状况

研究显示，儿童入学初的语言或者数学学业准备与一年级和二年级结束时相应的学业能力间密切相关，无论是语言还是数学能力，儿童在入学一年内学业能力都得到了显著的提升。此外，一年级的语言和数学能力对二年级结束时的语言和数学学业表现预测率达到 10%及以上。以上发现与 Duncan 等人关于入学准备与学业发展研究的结果一致。该研究分析了英国、美国和加拿大六个大型的追踪研究，探讨了儿童入学初的数学、阅读、注意力及社会性和情绪能力对小学三年级至 13—14 岁儿童学业能力的影响，结果表明，在所有入学准备技能中，数学和阅读准备以及注意力对学业发展有显著预测作用，并且数学准备的预测效果最佳(Duncan et al.，2007)。因此，帮助农村贫困地区儿童作好学业准备是确保其未来良好学业发展的关键要素之一。

四、总结

在本章中，研究者分别考察了儿童入学基本概念、执行功能以及学业能力三个方面的发展状况，从性别差异、地区差异以及发展关系三个角度作了全面分析。研究显示，男女童在入学基本概念及执行功能发展上无显著差异，但女童在小学语言学业能力上优势明显。农村地区儿童基本概念的获得显著差于城市儿童。此外，儿童入学初的执行功能和学业准备情况对后期相应能力的发展都具有显著的预测作用。在此基础上，本节就三个方面的发现作了探讨和分析。

第七章
我国农村贫困地区家庭环境与教育状况及对儿童入学准备发展的影响

上一章中，研究考察了儿童入学准备和学业发展状况及其相互关系。结果显示，在整体上，农村学前儿童的入学准备水平较低。特别是在入学基本概念的获得上，与城市儿童相比，有显著的差异。

父母是儿童的第一任教师，家庭是儿童的第一所学校。家庭以及家庭中父母的教育对儿童的发展有着重要的影响。本章将借助《育儿历史调查问卷》中的部分结果，以农村儿童家庭教育与学习环境以及家庭教育活动两个方面为切入点，考察学前儿童家庭教育环境与教育状况的特点，并在此基础上考察这些特点对儿童入学准备的影响。此外，研究者也将借助对12名个案儿童的生活观察以及对个别教师的访谈，进一步分析农村儿童家庭教育观念与教育活动，以探讨家庭教育状况对儿童入学准备的影响。

第一节　农村学前儿童家庭状况与学习环境

在本节中，研究者将从儿童家庭结构和经济状况、儿童父母及主要照料者教育背景以及家庭教育资源状况三个方面描述农村儿童的家庭状况与学习环境。其中，对家庭结构和经济状况的探讨将包括儿童现居家庭结构类型、留守状况以及家庭所拥有的生活设施等；在第二部分中，研究者将分析儿童父母和现居家庭照料者的学历背景以及书写和阅读能力状况；在家庭教育资源状况中，研究者关注于家庭中电视、图书、玩具等能够促进儿童早期学习与发展的教育资源的拥有状况。

一、家庭结构及经济状况

在本部分中，研究将从儿童现居家庭的家庭结构、家庭的子女数以及家庭经济情况三个方面对农村学前儿童家庭的基本情况作描述。由于研究所在地域外出打工现象较为普遍，年轻的父母往往选择一方或者双方外出打工，而将年幼的儿童留守在家中由一方或者儿童的(外)祖父母等照料，因此，在家庭结构类型的分析中，研究者也将考察儿童的留守情况。

家庭生活经历对儿童的成长和成年后的生活有重要的影响，其中家庭结构是核心的变量，与儿童的教育发展密切相关(吴愈晓，王鹏，杜思佳，2018)。因此，在本部分中，研究者也将对儿童的家庭结构作分析。在吴愈晓等人研究的基础上，研究者结合问卷调查结果，将家庭结构分为五类：双亲家庭(儿童与父母双方共同居住)、单亲家庭(因父母中一方外出打工而与另一方共同居住)、双亲和祖辈或者其他亲戚共同居住家庭、单亲和祖辈或其他亲戚共同居住家庭(因父母中一方外出打工而与另一方及祖辈、外祖辈或者其他亲戚共同居住)以及父母双方缺位家庭(父母双方均外出打工)。在整体上，不同结构类型家庭的分布存在极显著差异($\chi^2_{(4)}=97.14$，$p<.001$)，父母双方缺位的家庭最多，占 50.34%，其次为双亲家庭，为 22.15%，双亲与祖辈或者其他亲戚共住家庭为 12.75%，其次为单亲家庭，占 9.40%，单亲与祖辈或者其他亲戚共住家庭也有一定数量，占全体的 5.37%。

研究者进一步考察了男女童的家庭结构情况。如图 7 - 1 所示，农村儿童的家庭结构类型以父母双方缺位家庭为主，其中，有 43.24%的男童其现居家庭属于此类结构，而在女童组，这一百分比为 57.33%，占近六成。与父母双方共同居住的儿童也占到一定比例，其中，男童中有 25.68%属于这一类型，而女童中则不到 20%。对男童而言，由父母双方或者一方与祖辈或者其他亲戚共同居住抚养儿童的比例更高，接近 25%，在女童中，这一比例约为 12%。同时，当父母中有一方外出打工时，女童父(母)单独抚养儿童的比例(12%)相对男童更高(6.76%)。尽管男女童在各类型家庭人数百分比上有一定差距，但进一步的检验显示，不同结构类型家庭的男女童人数并无显著性差异($\chi^2_{(4)}=6.82$，$p>.05$)。

在以上各类型的家庭中，多子女家庭较为普遍。在参与调查的 167 个家庭中，每个家庭未成年子女数平均 2 个以上，其中，仅有 1 个子女的家庭占 12%，育有 2 个子女

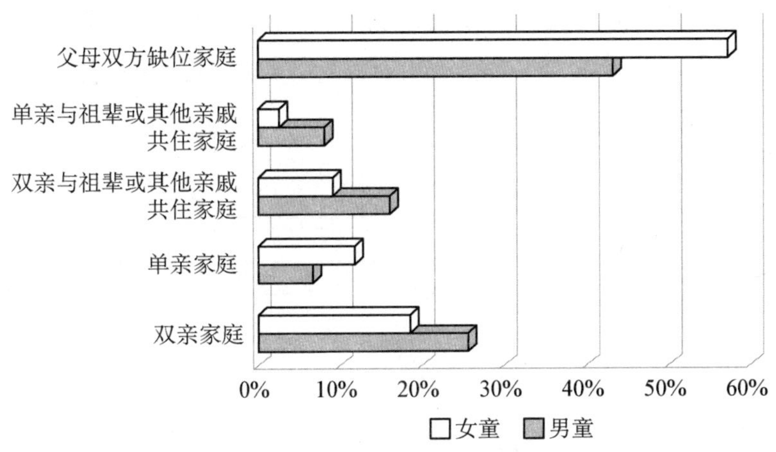

图 7-1　农村男女童家庭结构类型

的家庭数占 47.3%,而有 3 个子女的家庭占 40.7%。

家庭结构类型与父母外出打工情况紧密相关,因此,研究者考察了儿童的留守情况。结果显示,总体上,在 167 名儿童中,非留守儿童为 57 名,占 34.13%,父亲或者母亲外出打工的单亲留守儿童 30 名,占 17.96%,而父母均外出打工的双亲留守儿童为 80 名,占 47.90%,约一半儿童(见表 7-1)。图 7-2 所展示的是男女童的留守情况。由图可知,无论是男童还是女童,双亲留守的儿童人数均最多,其中,男童双亲留守儿童占 44.19%,而女童为 53.09%,比男童高近 10%。而在非留守儿童组中,男童人数占

表 7-1　农村儿童留守状况及主要照料人

留守状况	人数(百分比)	主要养育者	人数(百分比)
非留守	57(34.13)	母亲	41(71.93)
		祖母	11(19.30)
		父亲或者其他	5(8.77)
单亲留守	30(17.96)	母亲	20(66.67)
		祖母	6(20)
		父亲或者其他	4(13.33)
双亲留守	80(47.90)	祖母	67(83.75)
		父亲或者其他	13(16.25)

比为 40.7%，比女童高近 14%。尽管男女童在各类留守状况上的人数占比有一定的差距，但进一步的分析显示，男女童在各留守状况的人数分布上并无显著差异（$\chi^2_{(2)}=3.44$，$p>.05$），即男女童的留守状况相似。

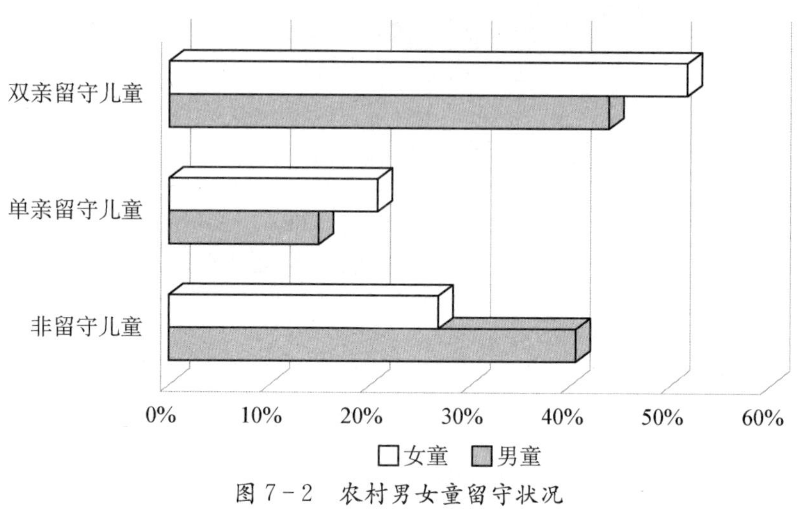

图 7-2　农村男女童留守状况

在此基础上，研究者分析了儿童的主要照料者。在参与调查的 167 个家庭中，以祖母为主照料的儿童人数最多，为 84 人，占 50.30%，其次由母亲为主照料的儿童，为 61 人，占 36.53%，由父亲或者其他亲戚为主照料的儿童为 22 人，占 13.17%。进一步分析显示，不同留守状况的儿童其主要照料人的分布存在极显著差异（$\chi^2_{(4)}=91.82$，$p<.001$）。由表 7-1 可知，与双亲共同生活的非留守儿童以母亲照料为主，占这组儿童人数的 71.93%，但也有一部分儿童（19.30%）以祖母照料为主。在父母一方外出打工的单亲留守家庭中，近 2/3 的儿童由母亲照料为主。当父母均外出打工时，双亲留守的学前儿童则主要由祖母代为照顾，这一比例占 83.75%。

除家庭结构和儿童留守状况外，研究也考察了儿童的家庭经济状况。在问卷中，研究者向儿童照料者询问家庭年收入情况，但由于作答率低于 1/4，因此，研究者将家庭是否拥有电视、影碟机、录音机、钟以及是否有自来水，共计 5 个题项的总得分作为家庭经济状况指标。结果显示，在以上 5 项中，家庭平均拥有 2—3 件物品，且不同留守状况儿童（$\chi^2_{(10)}=9.40$，$p>.05$）以及男女童家庭（$\chi^2_{(5)}=4.87$，$p>.05$）经济状况均无显著差异。

二、儿童父母及主要照料者教育背景

父母的受教育水平是影响儿童学习与发展的重要因素(Sun, Zhang, Chen, Lau, & Rao, 2018)。在本部分中,研究将探讨儿童父母的教育背景。此外,考虑到本研究中有大量儿童主要由祖母照料,并且有一部分由父亲或者其他成人照料,因此,也将包括对儿童主要照料者教育背景的分析。

结果显示,儿童母亲平均受教育年限为 3.63 年,如表 7-2 所示,从未接受过教育的母亲人数为 58 人,占总体近 40%,接受过小学及以下教育的人数占 44.38%,而初中及以上(包括初中辍学)的母亲人数不到 20%。在读写能力方面,均有 40%以上的母亲不能阅读也不能书写。能够较熟练阅读和书写的母亲均占总人数的 1/4 及以下。相对而言,儿童父亲受教育水平较高,平均接受教育年限为 6.33 年。其中,从未接受教育的人数在 10%以下,而初中及以上(包括初中辍学)人数占 40%以上。在读写能力方面,近 60%的父亲具有一定的阅读能力,不能阅读人数在 15%以下,能够写信的父亲人数占近 70%,不能书写的人数不到 15%。此外,在主要照料者中,有近一半(49.70%)无法阅读。

表 7-2 农村儿童养育者教育背景比较

教育背景	教育背景各水平	母亲 人数(百分比)	父亲 人数(百分比)
学历	初中及以上*	31(19.38)	68(44.16)
	小学及以下	71(44.38)	74(48.05)
	无教育	58(36.25)	12(7.79)
阅读能力	不能阅读	68(42.50)	22(14.10)
	阅读几个词	17(10.63)	15(9.62)
	阅读一段文章	35(21.88)	32(20.51)
	都能够	40(25)	87(55.77)
书写能力	不能	69(43.13)	23(14.74)
	几个词	30(18.75)	24(15.38)
	能够写信	61(38.13)	109(69.87)

* 注:有部分母亲或者父亲为初中辍学,也计入这一类别。

三、家庭教育资源状况

在农村地区，儿童教育资源的获取很大程度上依赖于电视，儿童可以通过观看电视节目、收看 DVD 等媒体材料，获得新的信息和知识。根据当地情况，研究者分别就电视拥有状况、儿童所拥有的音像制品、儿童读物量以及玩具四个方面向家长了解儿童教育资源情况。其中音像制品指家庭拥有的适于儿童的 CD、VCD、磁带等，通常为动画片、歌曲或者幼儿学诗词等一些具有教育功能的内容。儿童读物指儿童拥有的所有书籍、学习卡片等，不仅包括养育者购买的，也包括学校所发的各类图书。通过调查研究得到如下结果(见图 7－3)：

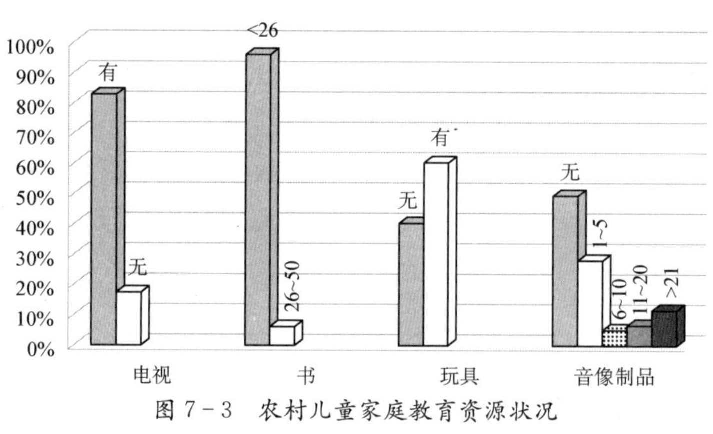

图 7－3　农村儿童家庭教育资源状况

由图 7－3 可知，在所调查的家庭中，电视普及率较高，有约 82.63%的家庭中拥有电视。通过电视，儿童可以收看很多节目，也可以观看少儿动画等碟片。与电视相关的教育资源为音像制品，从图中可知，家庭中音像制品的拥有状况较差，近一半的家庭没有可供儿童学习娱乐或欣赏的音像制品。即使有这一资源，数量也较有限。其中，约 30%的家庭在这一资源上的拥有量为 1—5 件，而数量超过 21 件的家庭仅约 11.27%。在内容上，通过对家庭的观察，结果发现，这些音像制品大致可分成三类：第一类是在儿童中比较流行的动画片，如奥特曼等；第二类为文艺娱乐类，如少儿歌舞表演等；第三类为教育类，如儿歌、学拼音、学数学等。

相对而言，儿童读物的拥有状况则更少。约 96%的家庭中，儿童读物的数量在 26 本以下，拥有 26—50 本儿童读物的家庭不到 5%。根据家长所提供的图书具体信息，并结合家庭观察可知，这些图书可分为故事书、字典以及认知类的识字卡、练习本等，其中，故事书和练习本提及率相对较高，也有少量绘画入门和剪纸等内容的书籍。事实上，很多儿童拥有的图书是就学后在学习过程中所使用的教科书，正如一名幼儿园教师所言，"可以说到现在为止儿童都没有一本属于自己的图画书，到幼儿园才可以接触到图书"（小班Y老师）。此外，也有部分家庭并没有儿童读物，有个别家长甚至认为只有等儿童能够识字后才需要为其购买图书，因此指出"孩子才开始上学，所以没有买书"（Y儿童家长）。

此外，研究也邀请家长报告了家庭玩具的拥有情况。结果显示，有40%的家庭并未给儿童提供玩具，甚至有个别家长指出，"家里没有玩具，玩玩具会让儿童贪玩，不能好好学习"（M儿童家长）。在另外60%的家庭中，儿童所拥有的玩具也较有限和单一，根据家长所提供的信息，这些玩具基本为娃娃、玩具车、玩具枪等，极少提到积木、拼图等建构类玩具以及球类等运动类玩具。

第二节　农村学前儿童家庭教育状况

在本节中，研究者从家庭教养观念以及家庭教育活动现状两个方面揭示本研究中儿童家庭教育的状况。其中，家庭教育观念主要包括父母和儿童照料者对于儿童早期教育和学习的观点以及对儿童的学历期望；而对家庭教育活动现状的描述则包括儿童照料者与儿童的日常互动内容以及学业与语言学习活动的开展状况。

一、家庭教养观念

家庭教育观念是指在教育和抚养儿童的过程中，对儿童的发展、教育儿童的方式和途径以及儿童的可塑性等问题所持有的观点或看法（张文新，2000）。家长的教育观念直接影响着家长对儿童进行教育的目标、方向、手段和家长的教育方式及行为，并对儿童的发展产生重大的影响（俞国良，辛涛，1995）。本部分将着重探讨照料者对儿童早期教育和学习的看法以及对儿童的学历和工作期望，探讨农村学前儿童家长的教育观念。

（一）关于儿童的早期教育和学习

为考察照料者对儿童早期教育和学习的看法，研究者邀请家长报告让儿童接受早期教育的原因。从具体内容看，主要集中于以下两个方面：

第一，养育者普遍认为学前教育的意义在于尽早让儿童获得知识，为适应小学学习，提高学习能力奠定基础。持这一观点的照料者为59.68%。这部分家长在观念上非常注重儿童入学前的认知准备，但对于准备内容的定义则非常狭隘。在他们看来，入学准备等价于能够数数、计算，能够写字、懂拼音。他们"……希望……4岁或者5岁的孩子学到很多很多的字，甚至是能够计算几十以内的甚至能够教到100以内的计算，他们更高兴……"(大班W教师)。一名大班男童的爷爷表示，"上幼儿园肯定重要嘛，他有点基础嘛，可以读一年级……能够数很多，那些阿拉伯数字他会数了嘛，你讲1+1好多，他也懂，懂点简单的"(LDX爷爷)。让儿童懂点"文化"的观念深入人心，无论家长是否外出打工，儿童现居家庭的养育者都注重儿童的认知发展。在这种观念的影响下，留守儿童在潜移默化中也知道"要写字写得好，读书读得好"(CXZ)。因而，即使是小班年龄的儿童，也基本能够拿起笔书写数字或者开始学写名字等。从入学认知准备基本概念的发展情况看，所有儿童在数字/计数该项分测验上的平均得分为17分(总分为19分)。

第二，部分照料者认为让儿童接受学前教育是因为家里无人照顾。提及这一原因的照料者人数约1/3。在该地区，"有能力管孩子的家长很多，但是主要搞经济，没有精力……加上农活一忙，抓紧干活了"(S教师)。此外，农村地区四处是山峦沟渠，儿童易出现溺水等意外事故。因此，学前教育机构成了安全的庇护所。把孩子送到学校，家长就无忧患，可以安心劳作。一位家长提到"家里人需要忙农活，如果孩子跟着我们，农活就会受到影响"。这些家长往往只注重儿童的人身安全，而不关注他们学到了什么，也没有要帮助儿童进行入学准备的意识。对于父母外出的家庭，照料者"愿意(把孩子)送到学校，老师给他管，保姆一样的，他放心了"(W校长)。这里折射出的是一部分农村家长对于儿童早期教育的漠视，将儿童教育的责任完全推给教育机构，并且他们只看重机构的托管功能，而忽视重要的教育功能。

此外，就学地点方便、照料者受教育程度不高无法教儿童等也成为了让儿童接受学前教育的原因。值得注意的是，还有部分照料者指出是由于教师的要求或者是学校所作的规定，才无奈让儿童接受学前教育。

由上所述，尽管家长让儿童接受早期教育的原因各异，但让儿童尽早接受教育的意识较为强烈。他们倾向于关注教育即刻实用的利益而非长远的利益(Chi & Rao, 2003)，大部分养育者都注重儿童认知方面的发展，希望儿童学会拼音、数学，能够学写名字等，且无论是祖父母辈还是父母，他们对于孩子在此方面的要求也相当，因此，大部分儿童能够书写数字、拼音等，并对数字/计数概念的掌握情况较好。但同时，他们却忽视了对儿童其他方面的入学准备。

在此基础上，研究者调查了照料者对学前儿童教育与学习的观点，即在家长眼中，学前阶段，儿童“玩”和“学习”哪个更重要。结果显示，在作出回答的 141 名家长中，有 117 名(占 82.98%)认为学习更为重要，一些家长提到学前期的学习“能够为未来学习打基础”、“对孩子发展好”，有家长指出“玩能够刺激大脑，但是不能让儿童获得知识”，“让儿童玩耍是不对的，教师应该教儿童很多知识”，“成人应该给儿童压力，否则儿童会玩性很重，不想学习”，甚至个别家长对幼儿园表示不满，认为“孩子在幼儿园只是玩，不学习”。可见，大部分家长对“玩”和“学习”的理解是狭隘的，并且认为两者完全对立，让儿童进行游戏或者玩会影响儿童的学习。此外，少部分家长认同“玩”在学前阶段中的重要性。认为游戏或者“玩”更重要的为 10 名(占 7.09%)，另外 14 名(占 9.93%)家长认为“玩”和“学习”同等重要，这些家长表示“应该为儿童提供足够的活动”，“成人应该和儿童一起玩”，“否则儿童会感到压力”。

游戏可以促进儿童身体与健康、社会性、情感以及认知等各方面的发展，培养儿童想象力和创造力(O'Dwyer, 2012)。游戏能够促进儿童的学习，学前儿童的游戏和学习相互融合，共同发展(王小红，田影，2018)。然而，以上的结果显示，在农村，大部分家长并没有意识到游戏的重要性，忽略了游戏对儿童发展的提升作用，对游戏持负面态度，将其视为学习的对立面。

(二) 对儿童的期望

研究者就照料者对儿童的学历期望进行了调查，结果如图 7－4 所示：

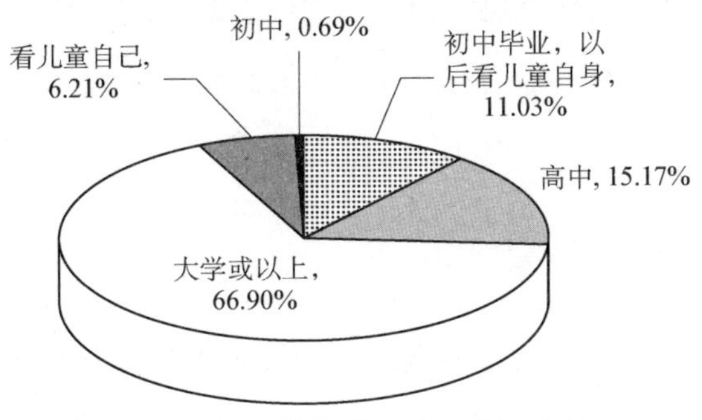

图 7－4 照料者对儿童的学历期望

由图 7－4 可知，照料者对儿童的学历要求普遍较高。有近 70％(66.90％)的家长希望孩子能够达到大学或者以上的学历。有 15.17％的照料者期望儿童能够读到高中。也有照料者为儿童设定了学历发展的底限，约 11.03％的照料者表示孩子必须初中毕业，以后就看儿童自身的发展。需要注意的是，有近 6.21％的照料者对儿童的发展没有明确的目标，认为儿童能够达到什么样的学历水平由其自身发展所决定。

此外，研究者也考察了照料者对儿童未来职业发展的期望。在调查的过程中，研究者为照料者提供了几个职业和就业方向，如医生、教师、经商、外出打工等，照料者可以从中选取一个或者多个答案。如果所提供的选项不符合，研究者允许照料者提供其他的回答。通过对所有回答的梳理，研究结果如图 7－5 所示。由下图可知，总体而言，照料者倾向于选择教师和医生等专业技术类职业，以及行政人员等。在提供回答的 149 名照料者中，有 43.62％选择了教师，26.17％希望儿童能够从事医生的职业。同时，有 18.79％的家长希望儿童能够成为公务人员或者官员。此外，值得注意的是，有近 10％的家长提及不希望儿童成为外出打工者以及在家务农。

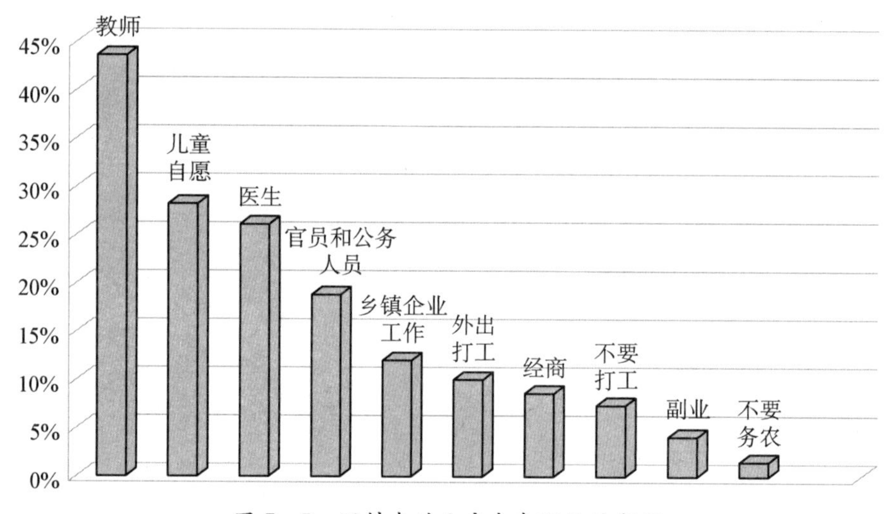

图 7－5　照料者对儿童未来职业的期望

二、家庭教育活动现状

布朗芬布伦纳指出儿童的发展需要两个必要的条件：一是来自一个或者多个成人的无条件的爱；二是成人必须在家庭及之外的环境中鼓励儿童参与活动，并与儿童共同参与(Boemmel & Briscoe, 2008)。与儿童建立强烈依恋关系,能为儿童无条件付出爱,能够照顾儿童日常生活,促进儿童发展的成人与儿童的持续互动,能够促进儿童各个方面的发展(Bronfenbrenner, 1994),即养育者与儿童的互动、在家庭中开展的教育活动与儿童的发展密切相关。在本部分中,研究者将分析农村学前儿童家庭教育活动状况。

(一) 照料者与儿童的日常互动内容

在调查问卷中,研究者邀请家长报告平时和儿童的互动活动。在参与调查的165名家长中,有140名家长对此作了回应,并提供了180条回答。由图7-6可知,约30%的家长报告平时与孩子的互动为日常就餐、洗漱以及家务和农活等,约30%的家长提出和儿童在一起时,通常会要求儿童去学习或者看书等,但仅限于口头监督,并没有和儿童实质性的互动。有11.93%的家长提到平时会和儿童一起看电视。而真正和儿童的互动活动主要为学习指导以及和儿童一起阅读或者做游戏,两类活动被提及率不到1/4。此外,也有家长提及平时和儿童一起运动、画画等,或者与儿童聊天,但提及率也很低。同时,有少量家长提到和儿童在一起无事可做。由此可知,在该地区,家长和儿童实质性互动较少,并且互动内容很有限。

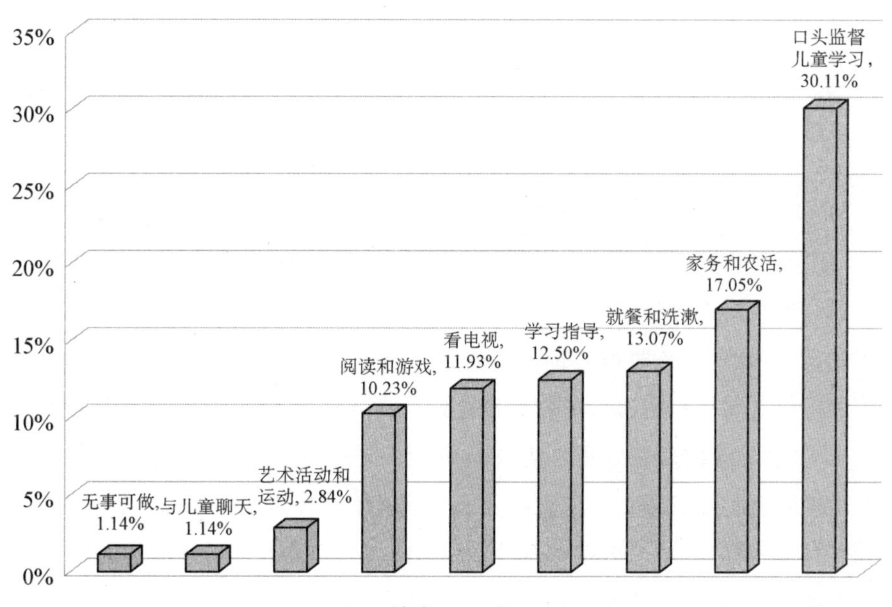

图7-6　照料者和儿童的互动活动

以上显示，照料者和儿童的互动很有限。上述对儿童家庭结构的分析显示，在本研究中，有近 2/3 的儿童为单亲留守或者双亲留守儿童。这些儿童在家庭中往往由单亲一方或者祖辈照料，由于精力或者教育能力有限，可能导致与儿童的互动不足。除了照料者外，父母与儿童的互动对留守儿童的发展也至关重要。因此，研究者分别考察了父亲和(或)母亲与留守儿童联系的频率，并将父亲和母亲所报告的联系频率作了整合，选取父母与儿童联系更高的频率作为最终的数据作分析。

结果显示，父母与儿童的联系频率为平均每周 1 次左右。如图 7 - 7 所示，与儿童联系频率为每周 1—2 次以及 1 次以下的家庭接近 70%，每周与儿童联系 2—3 次的家庭占 21.95%。与儿童每周联系 3 次或者以上的家庭仅为 3.66%，值得注意的是，有近 5%的留守家庭中，父母从不跟儿童联系。

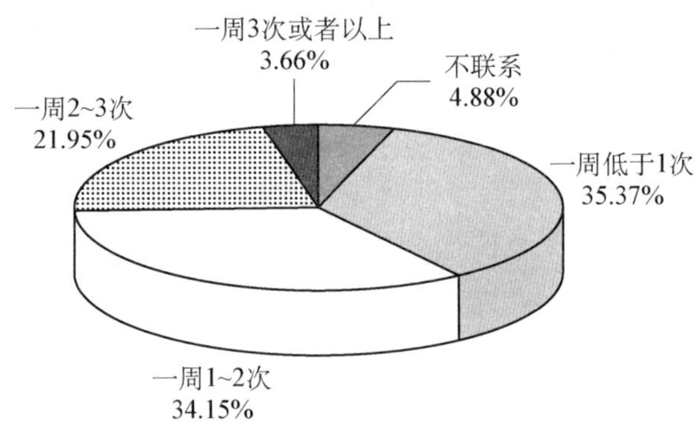

图 7 - 7　留守儿童父母与儿童每周联系频率

(二) 照料者与儿童的学业学习活动

在以上的分析中，研究显示，与儿童入学准备密切相关的互动活动主要为学习指导与阅读和游戏两类，提及两类活动的照料者人数均占 10%以上。此外，家长也较注重儿童的学习，近 1/3 的照料者提出在日常生活中会要求儿童去学习。而家长对于“学习”的理解主要指写字、拼音、数数和计算等。

在对 12 名儿童的家庭观察与访谈中，当问及平时和儿童在一起会做什么时，所有照料者均提到教写字、教数学。“大部分家长他们的启蒙教育就是教孩子写字，他没想过怎么和孩子一起玩，去做什么教具呀，玩具什么的。”(小班 L 老师)通过对儿童家庭的观察发现，无论儿童年龄大小，家庭的墙壁上都有一些挂图，包括拼音字母表，数字加减法口诀表，甚至也有一些简单的汉字。另外，家长也为儿童购买了少量诸如《学古诗》等识字方面的书籍。

观察过程中，一名小班女童的爷爷有声有色地描述了自己教孙女认识数字和写字的过程，“1是个棒，2是个鸭子，3是耳朵嘛……写字教笔画顺序……写字姿势要端正”(JCG爷爷)；早晨，当一名中班男童看电视时，爷爷教他写名字，他首先要求孙子看着他写，随后进行模仿，当孩子书写时，爷爷耐心地观察孩子书写每一笔，并给予及时的反馈，在孩子遇到困难时，爷爷手把手教他(ZBJ家庭观察录像)；一名大班男童的爷爷在做衣服之余还要求儿童拿出加减法口诀表背诵，他边听孩子朗读，边不时出题让孩子计算(LDX家庭观察录像)；一名大班女童的父亲则细述了自己使用玉米粒、葵花籽等食物教孩子十以上加法的过程(ZJP父亲)。相对而言，留守儿童养育者在这方面为儿童提供的机会较少，有时甚至是偶然的。“我没有时间教他，我也不识字。他公嘛没累就教他，累了就不教了……娃娃平时看电视、动画那些。”(ZBJ奶奶)晚上，LDX的爷爷奶奶已经忙着赶制了一天的衣服，晚饭过后，他们决定不再继续，于是，奶奶便让孩子拿出本子，写一写家里的电话号码(LDX家庭观察录像)。而非留守儿童父母则会更多给予这方面的教育指导。如一名大班男童父亲表示，他经常给儿童“布置作业”，要求儿童完成一定量的书写任务后才能出去玩(ZZL父母)。大班女童ZJP拿出了一本数学辅导书，告诉研究者，妈妈经常教她做算术(ZJP家庭观察录像)。由此可知，在认知活动中，农村儿童家长都较注重儿童数数、计算和汉字书写等，而较少有其他知识概念的教授。

虽然家长都表示他们平时会和儿童进行一些教育性的互动，但这些活动发生的频率也有限。“我们做这个农活呢，有时多也不多，但是必须在做，所以剩下的时间都是很少。”(ZHY父亲)一些家长表明有时干完农活回家已经很累，没有时间和孩子在一起或者自己的教育水平有限，无法教孩子“知识”。因此，在农村多子女的大家庭氛围中，大部分情况下认知性的互动产生于兄姐和儿童间，尤其对父母双方都外出打工的留守儿童而言。

兄弟姐妹具有亲密的关系(谢弗，2005)，可以互相提供支持。较为年长的兄姐通常会承担照顾者的角色，是弟弟妹妹的安全基地、榜样和老师。这就形成了农村家庭教育中普遍的“大带小”的特点。在12个家庭中，除3个男童家庭外，其余9个均是多子女家庭。通过家庭观察和访谈，研究者发现，这些儿童均由姐姐或者哥哥教其写数字，写名字，念拼音，教算术的内容。在儿童的教育和互动性的游戏中，家长因此也更多依赖于家庭中较年长的孩子。早晨，当一名大班男童遇到不认识的字问爷爷时，爷爷告诉他，“去问你哥”(LDX 家庭观察录像)。午饭过后，一名小班女童母亲就要求大女儿(二年级)教妹妹书写和朗读拼音(ZHY 家庭观察录像)。当然，哥哥姐姐与儿童认知互动的产生也有赖于家长的监督和管理，当照料者未提出相应的要求时，他们也很少主动教弟弟妹妹。如一名中班女童有两个姐姐(一个五年级，一个姐姐同龄)，孩子由年迈(80 岁)的奶奶照顾，而奶奶平时只负责孩子的饮食，从不过问她们的学习。因此，五年级的姐姐也很少和儿童进行一些认知性的活动。姐姐表示，仅在“没有事时教她写字(数字和名字)”(ZZD 家庭观察录像)。

(三) 照料者与儿童的语言学习活动

在学前期，亲子阅读和亲子故事是重要的亲子互动形式，在此过程中，父母帮助儿童理解故事，并通过图画内容阅读获得对人物情绪、关系的理解等。以上的分析显示，亲子阅读并不属于日常的互动活动，仅有 10%的养育者提到将与儿童共同阅读作为常规的互动活动。已有研究显示，特别是对贫困儿童而言，早期阅读有助于提升儿童语言及其他方面能力的发展(Chen, Lawrence, Zhou, Min, & Snow, 2018)。因此，研究者进一步考察了主要照料者与儿童的阅读互动情况。

结果如图 7-8 所示，总体而言，主要照料者与儿童共同阅读的机会较少。在所有家庭中，有 57.62%的主要照料者没有和儿童共同阅读过，在对个案家庭的观察与访谈中，通常以“我不会”，“忙活路，没时间”等原因予以解释。每天与儿童共同阅读的照料者不到 16%，每周仅阅读 1—2 次的照料者占比不到 20%。

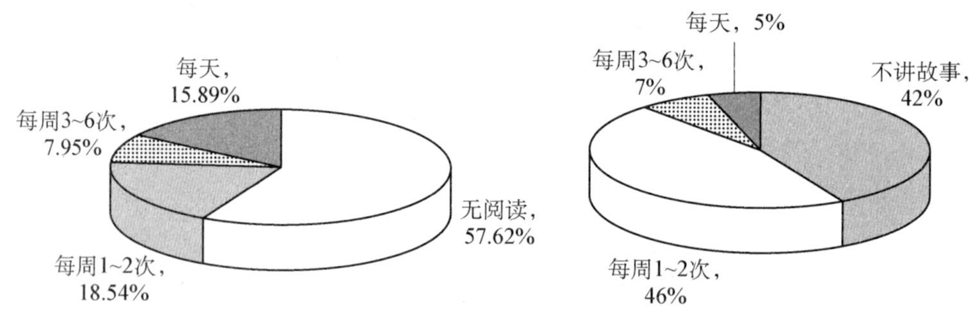

图 7-8 主要照料者与儿童共同阅读和讲故事情况

在具体的阅读活动中，通常以儿童阅读为主，成人特别是父母在一旁督促或陪同、倾听，当儿童遇到陌生字词时，以教读音的形式展开。在对12个儿童家庭的观察中，研究者也发现了这样的现象。一名小班的男童和母亲一起阅读识字图书，母亲指图片要求儿童认读或者教儿童阅读；午饭过后，一名小班女童的母亲拿起了孩子放在桌子上的图书，孩子走了过来，背儿歌给母亲听；晚饭后，一名中班男童的母亲让孩子拿出图书，和他一起看着图画，要求儿童"讲故事"，当儿童遇到生字时，母亲提示，随后母子俩继续阅读(ZGC、ZHY和LZB的家庭观察)。而当互动的成人是祖父或者外祖父辈时，这种互动式的亲子阅读已经简化为儿童看书，主要照料者在一旁督促的形式，这种情况往往出现于留守儿童家庭中。比如，早晨，刚吃好早饭，一名大班男童的爷爷便开始裁衣干活，孩子在一旁坐着，爷爷要求孩子拿出书来读给他听(LDX家庭观察录像)。

此外，研究者也考察了主要照料者与儿童讲故事的情况，结果显示，有58%的主要照料者会给儿童讲故事，但频率不高。这其中，有近一半照料者(46%)给儿童讲故事的频率为每周1—2次，而每天讲故事的照料者仅为5%。这在12名儿童的个案研究中也得到了印证。一名小班女童的爷爷给出了模糊的回答："得空就讲。"(JCG爷爷)而另一名中班女童的姐姐表示一般要到放假才会给妹妹讲故事(ZZD姐姐)。从故事的内容看，祖辈或者外祖辈在与儿童"拜故事"(讲故事)时以"以前"的故事，即经一代代无数次口传的内容较多，而以父母为主的非留守儿童照料者则更多根据书本上的内容讲述。一名大班的儿童家长表示，偶尔他们会在孩子的要求下讲些睡前故事，而这些内容都来自所购买的幼儿图书(ZJP家庭观察录像)。一名留守女童的姐姐告诉研究者，奶奶有时会给他们讲故事，但都是"以前的那些"(CXZ家庭观察录像)。由此可知，家长与儿童的语言认知活动非常有限，为儿童提供倾听故事的机会非常少，并且故事内容也比较陈旧。在此过程中，照料者也不注重儿童对故事内容的理解、没有互动式的问答等环节，因而，对儿童的认知准备难以有一定的促进作用。

第三节　农村家庭环境与教育状况对儿童入学准备的影响

在前面两节中，研究分别探讨了家庭教育环境以及教育状况。大量的研究表明家庭环境以及家庭的支持对儿童的入学准备及发展有重要的促进作用(Hughes, White,

Foley, & Devine, 2018)。在我国的研究中,家庭中的资源系统,包括父母的教育背景、职业状况等,以及教养活动系统,包括家长对儿童的教育指导、与儿童外出等方面的活动,对儿童入学准备有显著的影响(孙蕾,2007)。在本节中,研究将通过一系列相关和回归分析,探寻能够显著预测儿童入学准备发展的家庭环境与教养支持因素。

一、家庭环境及教育状况各因素与儿童入学准备的关系

在本部分中,研究者分别考察了儿童自身特征、家庭教育环境以及家庭教育状况与儿童入学准备各方面的相关情况。表 7－3 所呈现的是各变量及变量间的相关关系。结果显示,三个儿童特征变量与儿童入学准备各方面均无显著相关($ps>.05$),即儿童入学认知准备概念的获得、执行功能的表现以及早期学业能力的发展并不会因儿童性别、年龄以及留守状况的变化而变化。

表 7－3　家庭教育环境及教育状况与儿童入学准备的相关分析

儿童与家庭因素		入学准备基本概念	执行功能	早期语言学业能力	早期数学学业能力
1. 儿童特征	性别	.02	−.08	.10	.05
	年龄	−.09	−.08	−.08	−.12
	留守状况	.02	−.06	.04	.02
2. 家庭教育环境	家庭未成年子女数	$-.28^{***}$	$-.26^{***}$	−.13	$-.23^{**}$
	母亲受教育年限	$.37^{***}$	$.28^{***}$	$.15^{*}$	$.14^{*}$
	父亲受教育年限	$.29^{***}$	$.23^{**}$	$.28^{***}$	$.23^{**}$
	照料者阅读水平	.14	.13	$.19^{*}$	.06
	经济状况	$.28^{***}$	$.20^{**}$	−.04	.09
	儿童是否有玩具	.09	.13	−.08	−.02
3. 家庭教育状况	照料者是否与儿童一起阅读	.10	.02	.00	.05
	照料者是否给儿童讲故事	$.17^{*}$	.11	−.10	.05
	对儿童的学历期望	.16	$.26^{**}$	.06	.13

注:$^{*}p<.05$,$^{**}p<.01$,$^{***}p<.001$。

相对而言，家庭教育环境各因素与儿童入学准备各方面的关系更紧密。其中，家庭未成年子女数与儿童的入学认知准备概念、执行功能以及早期数学学业能力呈显著负相关($ps<.05$)，即当家庭中未成年子女人数越多越不利于儿童入学准备的发展。父母的受教育水平与儿童各方面的入学准备均呈显著正相关($ps<.05$)，父母受教育水平越高，儿童入学准备基本概念的掌握度、执行功能的表现以及早期学业能力都越好。同时，当儿童照料者能够阅读时，儿童早期语文学业成绩则更高($r=.19$, $p<.05$)。此外，家庭经济状况与儿童的入学准备基本概念以及执行功能密切相关，家庭经济条件越好，儿童在以上两个方面的入学准备水平也越高($ps<.01$)。

相比而言，家庭教育状况与儿童入学准备的相关关系较弱。照料者与儿童一起阅读、讲故事的活动以及对儿童学历的期望与儿童早期学业发展间的相关关系均不显著($ps>.05$)，但与入学准备基本概念以及执行功能的发展呈显著正相关。其中，照料者越常给儿童讲故事，则儿童入学准备基本概念的掌握情况越好($r_{故事}=.17$, $p<.05$)，照料者对儿童学历期望越高，儿童入学时的执行功能则发展越好($r_{期望}=.26$, $p<.01$)。

二、家庭环境与教育状况对入学准备的预测作用

以上的分析显示，儿童自身特征变量与其入学准备的相关性不大，但家庭教育环境以及教育状况中的多个变量与儿童入学准备各方面的相关性显著。在本部分中，研究将采用分层回归分析进一步探讨这些变量对于儿童入学准备基本概念、执行功能以及早期学业能力三个方面的预测作用。在分析过程中，研究者将儿童家庭教育环境各因素作为第一层的预测变量，将家庭教育状况各因素作为第二层的预测变量。变量的选择根据以上与入学准备各方面的相关情况而进行。

(一) 家庭环境与教育状况对入学基本概念的预测作用

上述相关分析显示，与入学准备基本概念呈显著相关的变量包括：1.家庭教育环境中的家庭未成年子女数、儿童父母的受教育状况以及家庭经济状况；2.家庭教育状况中的照料者是否给儿童讲故事。因此，在回归分析中，研究者分别将这两类变量放入两个不同的变量层，以儿童入学准备基本概念得分作为因变量。

表 7-4 所呈现的是回归分析的结果，由结果可知，教育环境对儿童入学准备基本

概念具有重要的预测作用，且将家庭教育状况的变量加入后，决定系数值(ΔR^2)的增加显著($F_{(1,144)}=5.63$)。家庭教育环境和教育状况对儿童入学准备概念得分的解释率为21%，而照料者是否给儿童讲故事这一变量在家庭教育环境的基础上，对入学准备概念得分有3%的解释率。在家庭教育环境中，母亲的受教育年限($\beta=.20$, $p<.05$)以及家庭经济状况($\beta=.20$, $p<.05$)对儿童入学基本概念的获得有显著的预测作用。因此，当母亲受教育水平越高、家庭经济状况越好、照料者能够给儿童讲故事时，儿童对入学基本概念的掌握情况也越好。

表7-4　家庭教育环境与教育状况对儿童入学准备基本概念预测作用的分析结果

预测变量	模型1			模型2		
	回归系数	标准误	标准回归系数(β)	回归系数	标准误	标准回归系数(β)
家庭教育环境						
家庭未成年子女数	−3.85	1.72	−.18*	−3.00	1.73	−.14
母亲受教育年限	0.92	0.36	.22*	0.82	0.36	.20*
父亲受教育年限	0.27	0.41	.06	0.43	0.41	.10
经济状况	2.02	0.96	.18*	2.22	0.95	.20*
家庭教育状况						
照料者是否讲故事				8.33	3.51	.18*
F 值		9.48***			5.87***	
决定系数 R^2		.21			.24	
调整后的决定系数(Adjusted R^2)		.19			.21	
决定系数增加值					.03*	

注：* $p<.05$，*** $p<.001$。

(二) 家庭环境与教育状况对执行功能的影响

与以上分析相似，研究者将与儿童执行功能显著相关的两类家庭变量作为自变量，以儿童的执行功能作为因变量，作分层回归分析。从上述相关分析可知，与执行功能呈正相关的变量如下：1. 家庭教育环境中的家庭未成年子女数、儿童父母的受教育状况以及家庭经济状况；2. 家庭教育状况中的照料者对儿童的学历期望。

回归结果如表 7－5 所示，家庭教育环境对儿童执行功能的发展有重要的预测作用，对儿童执行功能表现的解释率为 10%，但家庭教育状况的预测作用不显著。在模型 1 未加入家庭教育状况时，家庭的未成年子女数对儿童执行功能有显著的负向预测作用（$\beta=.20$，$p<.05$），即家庭子女数越多，儿童入学准备阶段的执行功能表现显著越差。当模型中加入照料者对儿童学历的期望后，所有的预测变量不再显著，并且调整后的决定系数下降，因此，研究接受模型 1，即家庭未成年子女人数是儿童执行功能的负向预测变量。

表 7－5　家庭教育环境与教育状况对儿童执行功能预测作用的分析结果

预测变量	模型 1			模型 2		
	回归系数	标准误	标准回归系数(β)	回归系数	标准误	标准回归系数(β)
家庭教育环境						
家庭未成年子女数	－1.95	0.81	－.20*	－1.60	0.83	－.18
母亲受教育年限	0.21	0.17	.12	0.13	0.18	.08
父亲受教育年限	0.15	0.20	.07	0.10	0.21	.05
经济状况	0.57	0.46	.11	0.51	0.48	.10
家庭教育状况						
对儿童的学历期望				1.21	0.79	.14
F 值		5.08**			3.43**	
决定系数 R^2		.12			.12	
调整后的决定系数（*Adjusted* R^2）		.10			.09	

注：* $p<.05$，** $p<.01$。

（三）家庭环境与教育状况对学业准备的影响

上述的相关分析结果表明，家庭教育状况各变量与儿童早期语言和数学学业能力的相关性不显著，但家庭教育环境中的多个变量与儿童早期学业能力呈显著相关。其中，父母教育水平的高低以及儿童照料者是否能够阅读与儿童语言能力显著相关，而与数学能力相关的变量除了父母受教育水平外，还有家庭未成年子女数。在以下的分析中，研究将考察这些变量对儿童早期语言和数学学业能力的预测作用。

由表7-6可知，在整体上，家庭教育环境对儿童的早期语言和数学学业能力都具有显著的预测作用，并且对于两类学业能力的解释率都为6%。进一步的分析显示，父亲受教育年限对儿童早期语言学业能力有显著的预测作用。父亲较高的受教育水平能够预测儿童较高的语言学业能力，但在早期数学学业能力的发展中，家庭未成年子女数是显著的负向预测变量，即当家庭中未成年子女人数越多时，在一定程度上也预测了儿童数学学业能力水平越低。

表7-6　家庭教育环境对儿童早期语言和数学学业能力预测作用的分析结果

预测变量	早期语言学业能力			早期数学学业能力		
	回归系数	标准误	标准回归系数(β)	回归系数	标准误	标准回归系数(β)
家庭教育环境						
家庭未成年子女数				−2.74	1.36	−.17*
母亲受教育年限	−0.24	0.48	−.05	0.09	0.29	.03
父亲受教育年限	1.42	0.50	.27**	0.62	0.32	.18
照料者阅读水平	−3.00	2.91	−.10			
F 值		4.40**			4.37**	
决定系数 R^2		.08			.08	
调整后的决定系数(*Adjusted* R^2)		.06			.06	

注：* $p<.05$，** $p<.01$。

第四节　研究讨论与总结

在本章中，研究考察了家庭环境与教育状况对儿童入学准备的影响，并分别探讨了儿童家庭状况与学习环境、家庭教育状况以及上述两个方面对儿童入学基本概念、执行功能与学业准备的影响。以下，将就上述研究结果作讨论。

一、农村学前儿童家庭环境与教育状况

本研究显示，在家庭状况与学习环境方面，该地区父母双方缺位以及多子女的家庭较多，儿童照料者以母亲或者祖母照料为主，男女童在留守状态以及家庭经济状况上并无显著差异。儿童父母及主要照料者的受教育水平普遍较低，读写能力较差。此外，在家庭教育资源方面，适于儿童的图画书较少、玩具有限、音像制品较少。本研究所在地处于经济落后的国家级贫困县，为改善家庭经济状况，不少父母“离乡”、“向城”，选择在城市打工。而同时受到户籍制度和城市生活成本压力的影响，将儿童留在家中，由一方或者(外)祖辈照料。当家庭经济有所提升后，农村首要的投资是修建家庭住房而非儿童的教育。与城市相比，农村地区对儿童的教育支出显著较低(刘保中，2017)，因此，农村儿童特别是贫困家庭儿童所能获得的教育资源有限，能够获得的认知刺激较少，在一定程度上影响了其入学准备能力的发展。

在家庭教育状况方面，本研究显示，家长的学前教育观念落后，将入学准备等同于计算、识字等，过于注重儿童的学习，将“玩”或游戏与学习对立，同时，家长对儿童有较高的学历期望。在农村地区，家长关注教育的实用价值，将教育视作是儿童离开农村，提升家庭生活水平的“重生机会”，但同时，他们又将教育的内容狭隘化，片面地将学习成绩作为衡量儿童发展的标准(Chi & Rao, 2003；张国洋，2016)。因此，儿童进行游戏或者自由玩耍时，往往家长会认为这是占用了学习的时间，在本研究中大部分家长都认为即使在学前期，学习的重要性强于“玩”或游戏。

尽管家长对儿童的学业和教育非常重视，但部分家长将教育的责任推给学前教育机构和学校，认为自身教育能力有限，儿童的教育应由学校监管。此外，本研究也发现，家长与儿童缺乏有效互动，亲子互动无论在量还是质上都存在较大问题。朱俊卿(2004)指出，在农村地区，亲子关系亲密度低，亲子依恋不强，亲子交往频率普遍低。与城市家庭相比，农村地区家长对儿童的教育参与情况明显较差(刘保中，2017)。虽然，农村家长与城市家长相似，都对儿童有高教育期望，但其对儿童教育和学习的关怀和监督行为尤为欠缺。有研究者分别使用“高教育期望＋高课外补习支出＋互动式参与”及“高教育期望＋低课外补习支出＋单向式参与”描述了我国城市和农村家庭对儿童教育的投入模式(刘保中，2017)，形象地展现了农村家长在亲子互动和儿童教育参与中的缺位。Bronfenbrenner 和 Morris(1998)指出，“特别在发展的早期阶

段(通常也是贯穿个体一生),人类的发展发生于渐进的更为复杂的互动过程中,这个互动是一个积极的、生理心理处于不断进化中的人类有机体与外界即刻环境中的人、物以及符号相互作用的过程”。因此,要促进农村贫困地区儿童的发展,应为家庭提供育儿观念和实践的指导,帮助农村家长树立正确的育儿观,提升其亲子互动能力。

二、农村学前儿童家庭环境与教育状况对儿童入学准备的影响

本研究进一步探讨了家庭教育环境与教育状况对儿童入学准备的影响。结果显示,父母的受教育背景、经济状况、家庭子女数以及照料者是否给儿童讲故事对儿童入学准备的各个方面具有显著的预测作用。家庭是儿童成长和发展的最重要场所,对儿童的影响在儿童早期就已显现,并贯穿其一生(Shonkoff & Phillips, 2000)。本研究的结果与一项有关亚太地区的研究结果一致。该研究考察了亚太地区六个国家家庭的社会经济地位,包括家庭经济水平、母亲受教育水平和父亲职业,对儿童早期各方面发展水平的影响(Richards, Bacon-Shone, & Rao, 2018)。该研究显示,在六个国家中,有五个国家的数据表明,家庭社会经济地位与儿童各个方面的发展紧密相关,其中,对认知发展、社会性和情绪发展以及语言和早期阅读的影响最大,而家庭收入水平和母亲受教育水平对儿童发展的影响最大。家庭经济水平和家长教育背景通常通过家庭教育投入和亲子互动对儿童发展产生影响。有研究表明,家庭对学前儿童教育的经济投入和时间投入(即参与儿童教育活动的频率)对儿童学习品质发展的预测作用显著,进而影响其早期数学和学业能力的发展(李燕芳,吕莹,2013)。而贫困家庭父母为儿童提供的学习材料较少,与儿童的游戏互动很有限(Ip et al., 2016)。因此,家庭经济状况可能通过家庭教育状况影响儿童的入学准备和发展。本研究也显示,即使在贫困家庭中,照料者给儿童讲故事的情况对儿童入学基本概念的获得也会产生影响。然而,本研究并未分析亲子故事情况是否在家庭经济地位和儿童入学基本概念发展的关系中起中介作用,无法作进一步验证。

此外,本研究还发现,家庭未成年子女数对儿童执行功能以及数学学业准备有负向预测作用,即家庭未成年子女数越多,儿童在两个方面的入学准备水平越低。这一结果与罗兰(Rolan)等人(2018)的研究一致。我国的研究也显示,在农村地区,家庭子女数的减少有助于提高儿童的学业成绩(郑磊,侯玉娜,刘叶,2014)。一项对美国 2.5

岁至5岁儿童的父母进行问卷调查的研究结果显示,儿童兄弟姐妹越多,执行功能表现越差,而这其中,父母的教养方式起到了中介作用,多子女对父母的教养方式具有负面的影响。本研究并未考察父母的教养方式,但这可能是家庭子女数影响儿童执行功能和数学学业准备的重要途径。

三、总结

在本章中,研究考察了农村贫困地区儿童家庭状况与学习环境、家庭教育状况以及这些因素对儿童三个方面入学准备的影响。研究显示,农村家庭经济状况较差,儿童的学习材料和玩具等不足,儿童照料者受教育水平较低,对儿童的教育参与和支持不足,而这些方面均对儿童入学准备各方面产生负面的影响。在此基础上,本节分家庭环境与教育状况以及家庭对儿童入学准备的影响两个方面对上述结果作了进一步分析和讨论。

第八章
我国农村贫困地区学前教育机构环境与教育状况及对儿童入学准备发展的影响

本章将探讨各类学前教育机构的学习环境以及教育状况，并在此基础上探讨学前教育经历对儿童入学准备三个方面的影响。研究共分四个部分。第一部分将从各机构的物理环境和教育资源，教师资质、培训和师资队伍稳定性，以及一日生活与课程三个方面描述和比较三类学前教育机构的学习环境。第二部分将基于对 1 所幼儿园、3 个学前班以及 4 个混读班共计 18 个教学活动的观察，从儿童执行功能培养的角度，探讨和分析教师在日常教学活动中对儿童记忆力、自我控制能力以及注意能力的培养。第三部分将考察四种不同的学前教育经历（包括无学前教育经历）对儿童在一年级入学初以及一年级结束时入学基本概念、执行功能以及语言和数学学业准备的影响。第四部分将对上述三个部分的研究结果作讨论和总结。

第一节　农村学前教育机构早期学习环境

有机会接受学前教育的儿童每天有大量的时间在学前教育机构中，机构的质量，特别是学习环境质量对儿童的发展有重要的影响。高质量的机构为儿童提供了丰富的刺激，能够促进儿童特别是处境不利儿童认知技能、早期语言和数学学业技能以及社会性等方面的发展（如，Burchinal et al.，2000；Dearing et al.，2009；McCartney et al.，2007）。在本部分中，研究将从物理环境和教育资源，教师资质、培训与师资队伍的稳定性以及一日生活与课程三个方面描述三类机构的学习环境情况。这三个方面是学前教育机构过程性和结构性质量的核心成分，对儿童的发展有重要的影响(Rao，2010)。

一、物理环境和教育资源

物理环境指的是机构的空间、班级规模、基础设施以及安全状况等，教育资源主要包括儿童进行游戏、操作或者阅读活动时可以使用的资源、材料等。表 8-1 所展现的是本研究中三类机构物理环境和教育资源的基本状况。相对而言，除了幼儿园外，其他 7 个机构的规模相对较小。

YZ 幼儿园是 Y 镇唯一一所幼儿园，有 5 个班级，其中小班 1 个，中班 2 个，大班 2 个。但在研究者收集数据期间(2006 到 2008 年)，由于幼儿园原有校址老旧，正在修建新校址，班级数量缩减为 3 个，每个年龄段 1 个班级。在 2007 年，幼儿园有 188 名儿童，其中中班有 75 名儿童，由三位教师负责，因此，师生比为 1∶25。每个班级内放置书架和玩具架，里面有图画书、玩具以及制作手工的材料，如球、积木、娃娃、教师自制玩具、蜡笔和铅笔。儿童可以在课间自由选择喜欢的图书或者玩具。户外有一片操场可供儿童自由进行游戏和活动。操场上有一个沙池、两个滑滑梯、几个轮胎以及塑料城堡玩具。操场上有一面墙，为家长介绍一些基本的信息，并发布一些公告。在安全和健康方面，每个班级有一个放置儿童水杯的架子，儿童可以在需要的时候喝水。在操场的一端，是儿童专用的厕所，厕所里有流水可供儿童洗手。幼儿园四周有围墙，外面有可上锁的门，可防止儿童在园期间外出。

相对于幼儿园，学前班是农村学前教育开展的主要形式(Zhu & Zhang，2008)。然而，由于学前班通常附设在小学，通常没有独立的校舍，需要和小学共用场地。因此，学前班的物理环境往往不适于学前儿童，并且所提供的教育资源也较少。在本部分研究中所涉及的学前班有三个。表 8-1 显示，这三个学前班来自三所不同的小学。BYU 和 BL 小学各开设了一个学前班，招收 3—6 岁的学前儿童，KL 小学有两个学前班，一个为中小班，招收 3—5 岁儿童，一个为大班，招收 5—6 岁儿童。大班儿童在下一学期进入小学，因此，研究者在 KL 小学选择了大班。三个班级儿童人数分别为 39、52 及 76 名。在 BYU 和 KL 小学的学前班各由一名教师完全负责。但在 BL 小学，有两位老师共同负责对 52 名儿童的早期教育，其中一名教师负责语文教学，另一名教师负责数学教学。三个教室的墙壁和窗户上均有少量适于儿童的装饰，比如，用纸做的

表 8-1 三种不同类型机构的物理环境和教育资源

内容	幼儿园	学前班	一年级
规模	有三个年龄班，每个年龄段(小班、中班、大班)各一个班级	在两所小学中只有一个学前班，第三所小学附设了两个学前班	四所小学均只有一个一年级班
儿童人数和师生比	所观察的中班儿童人数为 75 人，师生比为 1∶25	三个班级儿童数量为 39—76 人，师生比为 1∶26—1∶76	所观察的四个班级人数为 28—47 人，师生比为 1∶21—1∶47。其中三个班级的学前儿童人数超过适龄儿童人数
教育资源	为儿童提供开放式的书架和玩具架，儿童可以自行阅读，玩玩具或者做手工	有两个班级中没有教育资源，第三个班级所提供的资源有限，并且儿童不能自由使用	所有四个班级中均无教育资源
户外设施	有专门的儿童操场，操场上有滑滑梯等少量户外玩具和器械，以及为家长提供信息的家园交流板	有两个班级需与小学儿童共用操场，另一个学前班有自己的操场，但场地小，且设施有限、简陋	四个班级学前儿童均需与小学儿童共用操场，操场仅提供有限且不适于学前儿童的运动设施
健康及安全	每个班级儿童有自己的水杯，可以在需要时喝水。儿童的厕所干净，且有流水可供洗手。幼儿园周围有围墙，并且有可以上锁的大门，确保儿童的人身安全	未给儿童提供饮用水。学前与小学儿童共用厕所，并且厕所内没有可供洗手的流水。有两个班级所在小学没有可以上锁的大门	未给儿童提供饮用水。学前与小学儿童共用厕所，厕所条件较差，无可供洗手的流水。其中，有一所小学厕所设在校园外。有两个班级所在小学无可上锁的大门。一个班级所在小学旁边是公路，另一个班级所在小学则几乎不锁门

大树、纸花以及儿童作品等。教室中的教育材料非常有限。在BYU和BL小学，没有任何教育和游戏材料。在KL小学的学前班中，虽然有几个球、一些积木、动物玩具以及几本满是灰尘的图画书，但大部分情况下，这些玩具材料被锁在柜子中，儿童无法获取。在户外游戏场地及相关设施方面，BYU和BL小学学前班没有独立的适于学前儿童的操场，KL小学学前班有一片小型操场，在操场上有适于学前儿童运动的轮胎。在健康和安全方面，三个学前班均未给儿童提供饮用水。厕所条件也很差，三个学前班儿童都需要与小学儿童共享厕所，且均无流水让儿童洗手。BL和KL小学没有可上锁的大门，儿童较容易从校园内跑出去。

此外，在一些校舍和师资缺乏的农村地区，还存在着学前儿童在一年级班级中就读的现象，在本研究称为"混读班"（王晓芬，2009）。通常而言，3—6岁的学前儿童与一年级儿童在同一个班级接受相同的教育。然而，由于偏远地区人口分散，且每年的儿童出生率有所不同，[①]有时在一年级班级中，学前儿童人数超出适龄儿童人数。在本研究的四个混读班中有三个班级（BS，GZ及CJW）中学前儿童人数超过一半。四个班级儿童人数为28—47人。每个班级由一名教师负责，但在BS小学，一年级班级中有两位教师，分别负责语文和数学两门课程。四个班级的师生比为1∶21—1∶47。值得关注的是，由于当地小学师资力量缺乏，除语文和数学外，有部分课程需要一、二年级并班进行，因此，班额更大。例如，在2008年所观察到的CJW小学的一次音乐课上，教师就邀请二年级的学生到一年级班级中，一起上课。班级人数由27人增加至41人。在教育资源上，由于这些班级原本为一年级儿童所设，因此，没有任何适于学前儿童的游戏与教育资源。虽然每个班级所在学校有图书馆，但没有适于学前儿童的图书。在户外游戏场方面，学前儿童得与小学儿童共同使用操场。在所涉及的四所学校中，除了两个较高的篮球架和水泥砌成的乒乓桌，没有任何适合学前儿童的户外运动器材。厕所条件很糟糕，学前儿童和小学儿童共用厕所，厕所空间很小，较脏，也不提供流水，儿童不能在如厕后洗手。在BS小学，厕所在校园外，环境和条件都很差，学前儿童和小学儿童一样要走出校园上厕所，具有较大的卫生和安全隐患。在安全工作方面，BYA和CJW小学没有围墙或者可以上锁的大门。在BYA小学旁边是一个大谷堆，而在CJW小学，操场上有一些碎石。虽然GZ和BS小学有可上锁的大门，但GZ小学旁边就是公路，而BS小学几乎不锁大门。所有这些都为混读班中的学前儿童带

---

① 例如，2000年是龙年，儿童出生人数较多。

来了很大的安全隐患，增加了他们在学校期间外出离校以及受伤的可能性。

二、教师资质、培训与师资队伍的稳定性

本研究所观察的 8 个班级共有 13 名教师，教师间的资质存在差异。表 8－2 显示，一些教师有专业的资质，而另有几位教师是没有资质的代课教师。在 YZ 幼儿园，所有班级教师都有幼儿教师资格证，是专业的教师。这些教师的学历从中专到本科不等。学前班的四位教师则均为代课教师，没有专业资质，学历背景为初中或者高中。混读班教师通常为正式教师，但不具备幼儿教师资格证。但在一些乡村小学，在教师缺乏的状况下，通常招聘一些高中或者初中毕业生在学前班授课。混读班是在一年级中招收学前儿童的形式，因此大部分教师都是合格在编的教师，但没有专门的幼儿教师资格证。此外，在师资缺乏的偏远地区，学校也会招聘一些代课教师，以满足教学的需求（李涛，2006）。学校领导往往认为对低年级儿童的教学更简单，因此，经常把这部分代课教师安排在低年级，特别是一年级班级中授课。在本研究六位一年级教师中，有三位是高中或者初中毕业的代课教师，另外三位在编合格教师的学历则为中专至大专不等。

教师培训对提升学前教育质量，促进儿童发展至关重要。在教师培训方面，县政府建立了教师培训的指导和服务网络，规定县级示范园要为镇中心幼儿园提供师资培训，镇中心幼儿园则需为当地（包括乡、镇、村）所有的学前教育机构提供指导和培训（包括混读班）。在本研究所涉及的八个机构中，YZ 幼儿园为其他的六个机构提供教师培训，除了 GZ 混读班，因为 GZ 小学属于相邻的乡，不属于 YZ 幼儿园的辐射范围，而由其所在地的乡中心幼儿园负责。每年，YZ 幼儿园派教师到县示范幼儿园接受培训。之后 YZ 幼儿园至少每学期为学前班和混读班的教师安排一次培训。培训的主要内容包括如何布置教室环境以及如何使用恰当的教学方法等。然而培训的效果并不显著，一方面，每年的培训都安排在学期结束，新上任的教师在第一学期就得不到职前或者在职的培训，另一方面，代课教师的流动性很大，无法接受持续的培训。

师资的稳定性是确保学前教育机构质量的关键要素之一。代课教师的高流动性对学前教育的发展带来了较大的挑战（Jiang，2008）。在所观察的 13 位教师中，有七位为代课教师，超过了总人数的一半。七位代课教师中，有三位孩子还特别小，有两位在我们研究期间暂未找到适合的工作。这几位教师都认为在学前班或者混读班任教

表 8-2　教师基本信息与教学活动情况

机构类型	机构名	时间（年/月）	活动内容	班额	教师	教师性别	教师学历	教师资质	活动时长（分钟）
幼儿园	YZ	07/06	语言：学写汉字	75	Z老师	女	大专	合格	50
			语言：学习儿歌《小露珠》					有资质	36
			语言：如何爱护图书		LH老师	女	中专	合格	30
			语言：学习儿歌《剪纸花》					有资质	30
			艺术：创意画画		LX老师	女	本科	合格	38
			艺术：学习歌曲					有资质	24
学前班	BL	07/06	语言：复习拼音	52	T老师	女	初中	代课教师* 无资质**	38
		07/06	科学：学习简单计算		D老师	女	初中	代课教师 无资质	40
	BYU	07/06	语言：学习儿歌《动物走路》	39	M老师	女	初中	代课教师 无资质	20
		07/06	语言：学写汉字						20
		07/06	艺术：画画						32
	KL	07/06	语言：故事学习《姥姥和宝宝》	76	Q老师	女	高中	代课教师 无资质	40
混读班	BYA	07/06	语言：故事学习《小伙伴》	28(14)***	ME老师	男	大专	合格	40
	BS	08/10	语言：学写汉字	41(21)	C老师	女	初中	代课教师 无资质	34
		08/10	科学：学习形状	41(21)	M老师	男	初中	代课教师 无资质	36
	GZ	07/06	科学：学习时间	47(27)	CA老师	男	高中	代课教师 无资质	38
	CJW	08/10	艺术：学习歌曲《我快乐》	41(14)	LU老师	男	大专	合格 无资质	40
		07/06	科学：学习计算	30(16)	LI老师	男	中专	合格 无资质	38

注：* 代课教师没有教师资格证；** 无资质指的是无幼儿园教师资格证，不是专业的幼儿园教师；*** 括号中的数字指的是学前儿童的数量。

只是一份过渡的工作，如果她们的孩子到了 2—3 岁，或者当她们找到更好的机会时，便会辞去现在的代课教师工作。当研究团队在 2008 年再次回访这些班级时，五位老师已经离开学校，由新的代课教师接替工作。

三、一日生活与课程

对于幼儿园的课程和安排，教育部在 2001 年发布了《幼儿园教育指导纲要（试行）》（以下简称《纲要》），对幼儿园的教育目标以及五大领域的教育内容作了规定，但并未指定统一的课程。《纲要》倡导儿童的全面发展，在课程教学活动中要以儿童为本，避免小学化倾向。同时强调教师是儿童学习活动的支持者、参与者、合作者与指导者，体现了从传统的以教师为中心到以儿童为中心的教学理念和模式的转变（教育部，2001；Zhao & Hu，2008）。《纲要》同时也提出幼儿园的教育应“以游戏为基本活动”，教师要引导儿童主动学习和活动，并将这一理念融入到健康、语言、社会、科学和艺术五大领域的教学活动中（Wong & Pang，2002）。

然而，在所观察的 8 个机构的实践过程中，只有幼儿园能够在一定程度上遵循《纲要》的原则要求，另外 7 个机构都采用了小学课程的模式。表 8－3 至 8－5 呈现了幼儿园、学前班以及混读班的一日课程安排。学前班和混读班儿童比幼儿园儿童更早上课，提早约 1.5 个小时，此外，两组儿童比幼儿园儿童每天所上的课更多。在每节课的时长上，幼儿园儿童为 30 分钟，而另外两组儿童每节课持续 40 分钟。表 8－4 及 8－5 显示，学前班的课表与一年级混读班课表相似度极高。两组儿童每天早上到校后，需要和一年级儿童一样，进行晨读。相对而言，幼儿园的安排更符合学前儿童的特点。在儿童入园后，为他们安排了自由游戏以及早操。每天早晨，有一位幼儿园教师会在幼儿园门口迎接儿童，儿童进入教室后，便可以自己选择在操场或者教室里自由进行游戏，操场或者教室都有教师负责看管。之后，所有儿童到操场上排队，听着《世界真美好》的音乐，做广播体操。而学前班和混读班儿童在第二节课结束后到操场上和小学儿童做同样的广播体操。中午午休时间为 2 小时，所有的幼儿园儿童都回家吃午餐，并在家中午睡。相对而言，学前班和混读班儿童的午休时间较短，为 1.5 小时，由于部分儿童居住偏远，需要从家中带饭或者在学校吃午餐。

在师幼互动方面，幼儿园教师比起其他两类机构的教师更关注儿童的需求。她们能够回应儿童的需求，也能在教学活动中给儿童更多的参与机会。学前班的教师也能

表 8-3　研究者观察周内幼儿园中班日程安排

	星期一	星期二	星期三	星期四	星期五
8:00—9:00	入园	入园	入园	入园	入园
9:00—9:30	早操	早操	早操	早操	早操
9:40—10:10	社会与艺术：爱护图书	语言和艺术：纸花	艺术和语言：创意画画(I)	艺术和科学：纸张大不同	语言和科学：夏天，你好！
10:30—11:00	社会和科学：我们为什么要回收纸？	科学：纸的本领大	艺术和语言：创意画画(II)	语言，健康和社会：有趣的立体书	语言和科学：可爱的小露珠
11:00—14:00	午休	午休	午休	午休	午休
14:00—14:30	到园	到园	到园	到园	到园
14:30—15:00	健康和艺术：纸飞机(I)	艺术，语言和科学：制作纸花(I)	艺术和语言：纸娃娃(I)	艺术和社会：欣赏纸质工艺品(I)	健康和语言：小豆子的假期
15:10—15:30	游戏：歌唱比赛	游戏：击鼓传花	游戏：拍手游戏	游戏：找人游戏	
15:40—16:10	健康和艺术：纸飞机(II)	艺术，语言和科学：制作纸花(II)	艺术和语言：纸娃娃(II)	艺术和社会：欣赏纸质工艺品(II)	
16:30	离园	离园	离园	离园	

表 8-4　BL 小学学前班日程安排

	星期一	星期二	星期三	星期四	星期五
8:20—8:50	语文	数学	语文	数学	语文
9:00—9:40	语文	数学	语文	数学	语文
9:40—10:00	课间操	课间操	课间操	课间操	课间操
10:00—10:40	美术	科学	社会	语文	美术
10:50—11:30	科学	数学	语文	美术	健康
11:30—14:00	午休	午休	午休	午休	午休
14:00—14:40	健康	游戏	美术	活动	社会
14:50—15:30	游戏	社会	健康	科学	班会
15:40—16:20	课外活动	课外活动	课外活动	课外活动	课外活动
16:30	离校	离校	离校	离校	离校

表 8－5　BYA 小学一年级日程安排

	星期一	星期二	星期三	星期四	星期五
8:20—8:50	语文	数学	语文	数学	语文
9:00—9:40	语文	数学	语文	数学	语文
9:40—10:00	课间操	课间操	课间操	课间操	课间操
10:00—10:40	语文	语文	语文	语文	语文
10:50—11:30	数学	品德教育	数学	品德教育	品德教育
11:30—14:00	午休	午休	午休	午休	午休
14:00—14:40	体育	音乐	体育	音乐	体育
14:50—15:30	综合学习与实践	美术	综合学习与实践	美术	综合学习与实践
15:40—16:20	课外活动	课外活动	课外活动	课外活动	课外活动
16:30	离园	离园	离园	离园	离园

够考虑到儿童的需求，和儿童有一定的互动，但总体而言，还是把学前儿童视作小学儿童，并且特别强调班级纪律。混读班教师则较忽略学前儿童，因为他们主要的授课对象为一年级儿童。因此，即使班级中的学前儿童对于教师的指令或者所授内容不理解，教师也不给予或者较少指导，除非这些儿童影响了班级的正常教学。此外，为了防止学前儿童对一年级儿童的影响，教师们在安排儿童座位时，特意将两组儿童分开，比如，让学前儿童坐在后排，或者靠门、靠窗的位置。

在学习内容上，各个机构根据自身的需要以及当地情况自行决定和选择教材。幼儿园选择了《幼儿园活动整合课程》，该课程将语言、艺术、科学、健康以及社会有机整合。如表 8－3 所示，在幼儿园班级中，每次集体教学活动都聚焦两个或者以上的领域。在本研究的观察周内，所观察的中班学习主题是“纸”，在一周时间内，教师围绕该主题设计了丰富的活动，并引入了不同的故事。通过一周的活动，儿童学习了如何爱护图书、回收纸、制作纸质作品，了解和体会纸的重要价值。在每天下午，教师则设计了不同的室内以及户外游戏，不仅有助于提升儿童的健康和运动能力，同时也能让儿童提起精神，保持注意。

学前班并没有选用适于儿童身心特点的整合课程，而是选择了与一年级课程内容相似的学前班学科课程，通常是将一年级的部分内容提前学习，包括拼音、简单汉字以及简单的加减法等。如表 8 - 4 所示，儿童需要学习的课程包括语言、数学、艺术、科学和社会。与一年级课程相似，教师在教学过程中注重儿童的学科知识，并特别强调儿童语文和数学的学习。每天上午，儿童需要接受连续两节的语文或者数学课学习。语文包含拼音和阅读。儿童需要学习的内容包括拼读和拼音字母的书写。在阅读方面，儿童通过儿歌、简单故事和短文学习简单汉字和词语。在数学方面，儿童主要学习大小、方向、数字、计数等基本概念以及简单的计算。以上所教授内容都来源于一年级的课程，是教育部（之前称为国家教委）所明令禁止的（国家教委，1991）。下午，学前班教师通常不按照日程表的安排，而为儿童提供画画、简单游戏以及一些运动活动，但有时教师也会让儿童写字或者做简单的计算。在最后一节课中，教师通常安排儿童打扫教室，之后便是教室内外的自由活动，并非是教师指导下的课外活动。

混读班的学前儿童则与一年级儿童使用相同的一年级教材。相对于学前班，在一年级教室中则更强调学科知识。如表 8 - 5 所示，整个上午，儿童需要接受连续三节语文课或者两节数学课加一节语文课的学习。下午的活动则通常被语文课和数学课所替代。教师较少为儿童开设音乐、美术、体育等课。

三种机构在教学方法上也有较大的差异。虽然三种机构都以主导性的集体教学为主，但幼儿园在教学过程中适当加入了游戏，学前班和混读班则仍按照传统的以教师讲授为主的方法。此外，在幼儿园，教师通常会提一些有趣的问题，为儿童提供探索类的活动，并借助一些教玩具让儿童理解和获得知识。儿童有较多的机会回答问题、唱歌、画画、做手工、讲故事，有时也有一些在室外的探索活动。但是，在学前班和混读班，教师都使用了适于小学儿童的教学方法，并且不为儿童提供教学材料或者活动。在这些班级内，教师通常要求儿童倾听，然后一遍遍重复跟读。即使在音乐课，教师也是不借助任何录音机等设备，而让儿童逐句跟唱，整堂课氛围比较单一无趣。

第二节　农村学前教育机构教育状况

执行功能是儿童认知准备的重要组成部分，以上对儿童执行功能发展的分析显示，儿童学前末期的执行功能对小学二年级末期的执行功能起到重要预测作用。因此，在学前期教师如何在教育教学过程中促进儿童执行功能的发展尤为重要。在本部分中，研究者以在三类机构中所观察的18节集体教学活动为例，以教师对儿童执行功能各方面的培养为切入点，考察各类教育机构的教育活动过程。

教师对学前教育机构质量的发展起着关键的作用(Rao et al., 2003)，对儿童的学习经验有重要的影响(如，Hamre & Pianta, 2001; Mashburn et al., 2008)。教师对儿童起着榜样的作用，他们的班级管理行为、对儿童的教育支持以及教学方法和儿童执行功能的发展以及学习过程有着紧密的联系(Rimm-Kaufman et al., 2009)。在所观察的各个班级中，虽然教师并没有特意培养儿童的执行功能，但教师在组织和管理班级活动过程中的教学实践对儿童自我调控和执行功能的发展有重要的影响。那么，在这些班级中，教师为儿童提供了什么样的教育支持？采用了什么样的教学方法？三类不同机构的教师在教育教学实践方面是否有差异？在本部分中，研究将以儿童执行功能的培养为切入点，对不同机构的教育实践过程进行描述和分析。

执行功能包含工作记忆、抑制控制以及注意/认知灵活性。在本部分中，研究者将基于1个幼儿园中班、3个学前班以及4个一年级混读班的集体教学活动情况，分析和考察教师在以上三个方面的教育实践状况，包括学习内容的记忆与理解、行为控制能力的培养与促进，以及课堂注意力的引导与优化。

一、学习内容的记忆与理解

良好的工作记忆能力能够帮助儿童记住教师的指导和话语，在记忆中保存重要的信息，有助于知识和技能的学习(Gathercole & Alloway, 2008)。研究显示，工作记忆能力对儿童在班级中的学习以及语言和数学学业成绩的发展影响显著(Gathercole & Alloway, 2008; Gathercole et al., 2006; St Clair-Thompson et al., 2010)。教师在日常教学过程中所使用的各种方法影响着儿童对基础知识的掌握度。总体而言，在所观察的活动中，当教师帮助儿童记住新信息(比如，儿歌、汉字、数字等)时，都会采用机械记忆方法，让儿童反复跟读和背诵所学内容。但在具体方法和策略的使用上，三类机构教师在帮助儿童记忆和理解学习内容方面仍有差异。幼儿园教师通常会使用提问或者向儿童进一步解释的方法帮助儿童在理解的基础上记忆内容。学前班和一年级教师则使用反复读背的机械记忆方法。以下三个片段呈现了三类机构的差异。

幼儿园：学唱歌曲《纸飞机》[①]

T：现在让我们听听《纸飞机》这首歌。(教师让儿童仔细听歌曲。)

T：小朋友仔细听了吗？那想一下歌里面唱的是什么呢？

T：1,2,3(有些儿童没有认真听，教师拍铃鼓吸引儿童注意，教师拍铃鼓，儿童拍手)。

C：手放下。

T：好了，刚才小朋友没有仔细听，刚才我们说了，这首歌里唱了什么？

C：纸飞机。

T：哦，纸飞机，然后呢？

C：飞出去。

T：好了，我要请坐得好的。如果谁说得好，一会儿呢，我就奖励他一件东西。好不好？

C：好。什么东西？

T：我们再来听一遍。(教师重新播放歌曲。)

T：好，听到了什么？

C：(有些儿童大声回答。)

T：好了，我要请举手的，那些说得乱七八糟的小朋友我不请了啊。(教室有点吵闹，教师再次管理班级纪律。)

T：好的。咻咻。

C1：飞机然后飞出去飞出去。

T：哦，飞出去飞出去的时候发出什么样的声音？

C1：发出音乐的声音。

T：哦，音乐的声音吗？我想知道飞机飞出去的时候有什么声音？谁知道？

T：好了，我们再来听一遍。小耳朵仔细听。否则，你们就学不会这首歌了。(教师再放一遍音乐。)

T：纸飞机是怎么做的？

C：(几位儿童喊出了答案。)

T：哦，我们先折一下，把角往下折。对吗？然后我们就做好飞机，就可以飞出去

---

① T表示教师，C表示儿童，以下同；文中的儿童姓名为替代姓名。

了。接下来飞机会怎么样？

C：飞出去。

T：飞出去。对吗？飞的时候有什么声音？刚才你们听到了什么声音？

C：（儿童模仿声音。）

T：你们刚才说了飞机的声音。歌曲里是什么声音？咻咻咻（象声词）。（教师又拿出铃鼓吸引儿童注意。）

T：按照我们刚才说的，我们要折一折，叠一叠。然后我们就做好飞机扔出去。请跟我学（教师让儿童模仿如何扔飞机）。

C：扔出去。

T：折一折，叠一叠。然后我们做好飞机扔出去。然后怎么样？

C2：飞进来。

T：嗯？飞进来？

C：飞出去飞出去（其他小朋友纠正）。

T：哦，飞出去飞出去。飞机发出什么声音？

C：（儿童回答。）

T：不，咻咻咻的。假如你是一只小飞机，飞出去了，你高不高兴啊？

C：高兴。

T：哦，飞出去飞出去。咻咻咻。真开心。好了，再跟老师来一遍，预备起。折一折，叠一叠，做成飞机飞出去。飞出去，飞出去，咻咻咻，真开心。（教师让儿童一遍遍重复跟读。）

学前班：复习拼音

T：今天我们来复习一下。（教师在黑板上写拼音“ao”。）这是什么？

C：（儿童开始背诵和“ao”有关的儿歌，以及其他字母的儿歌。）

T：好了，静下来，今天呢，我们来复习一下。上一次，我们教了这个，怎么读的呢？

C：ao。

T：（教师指着黑板上的拼音组合。）这个怎么读？

C：我们会。c-ǎo，cǎo。

T：是第几声？

C：第三声。c-ǎo，cǎo。

T：c-ǎo，cǎo，cǎo。

C：c-ǎo，cǎo，cǎo。

T：你们会读吗？

C：会。（然后，儿童就开始读。）

T：现在让我们一组组来读，好吗？

C：好。

T：第四组先来读。

C：（第四组儿童读。）

T：第三组来读一下。

C：（第三组儿童读。）

T：好的。第二组。

C：（第二组儿童读。）

T：第一组。

C：（第一组儿童读。）

T：好。所有的小朋友一起读。现在我们来复习下前鼻韵母，有哪些？

C：元音字母。

T：除了元音字母还有什么？跟在元音字母后面的鼻韵母。

T：有几个前鼻韵母？

C：五个。

T：是哪五个？

C：an，en，in，un，ün。

T：记住。这些是前鼻韵母。（然后教师给儿童复习后鼻韵母和元音。之后，便让部分儿童在黑板上写前鼻韵母，其他儿童在练习本上写。）

T：好。接下来我们读一下这些拼音。从前鼻韵母开始。an。预备，开始！

T：再读一遍。我们来复习一下。（读完字母后，教师请儿童再读带有“ao”的儿歌。）

T：好。每个人都会读这首儿歌了。现在我们读 ou 的儿歌。

C：（儿童读儿歌。）

混读班：学写汉字

T：好了，不要说话。我们现在来认识一下我们的口、耳、目、日、月、火。好，我们来拼一下它们的拼音好不好？

C：好的。

T：k-ǒu，k-ǒu，口字，口字；ěr，ěr，耳字，耳字；m-ù，m-ù，目字，目字；r-ì，r-ì，日字，日字；……（儿童跟老师拼读。）

T：这些字的拼音里面有哪些是我们学过的整体认读音节，整体认读音节，知不知道？

C：不知道。

T：不知道啊，一定要记住了，我们这几个字里面呢，有两个是整体认读音节。我们的日是整体认读音节，还有月亮的月，也是我们的整体认读音节。（此时教室里比较吵闹。老师用竹鞭拍打下桌子。）

T：再吵，老师要生气了，不给你们上课了，下午就不跟你们做游戏了。

T：好，我们再读一遍。k-ǒu，k-ǒu，口字，口字；ěr，ěr，耳字，耳字；m-ù，m-ù，目字，目字；r-ì，r-ì，日字，日字；……

T：（儿童开始讲话，教师再次管理班级。）k-ǒu，k-ǒu，口字，口字；……（儿童跟着老师读字。）

T：好，你们会读了没有？

C：会了。

T：来读一遍。

C：（教师点汉字让小朋友读。）

T：这两个字是不是一样的？（教师指着“日”和“目”，让儿童说是不是一样的。）

C：不是。

T：为什么？

C：这个字里面有一条横线，那个字是两条线。

T：这两个字读什么？

C：rì和mù。

这三个片段记录了教师如何帮助儿童记忆学习内容。学前班和混读班教师的教学主要使用机械记忆策略，幼儿园教师则使用了其他的策略。在幼儿园，教师为了帮助儿童记住歌词，提了不同的问题，同时也邀请儿童通过动作的模仿，引导其记住核心的内容。通过回答问题以及表演歌词中的动作，儿童能够学会歌词，并唱完整的歌。而在后面两段活动摘录中，学前班和混读班教师都是反复让儿童读拼音、儿歌和汉字。虽然通过这种方法儿童能够在一定程度上记住内容，但在内容的理解上可能就不够深入。儿童的朗读实质上是唱读，只是将内容像歌曲一样唱出来，并不能将所读内容与书面内容一一对应。因此，如果让儿童指出特定的文字或者内容，有些儿童可能就无法完成。需要注意的是，在混读班中教师只是关注一年级儿童。当教师要求儿童跟读时，部分学前儿童能模仿跟读，但另外一些儿童则完全处于游离状态，因此，就不太可能记住所要学习的内容。

二、行为控制能力的培养与促进

抑制控制是儿童控制冲动行为，表现出恰当行为方式的能力（Cameron, McClelland et al., 2008; McClelland, Cameron, Connor et al., 2007），是儿童执行功能的重要方面。在教室情境下，儿童需要较好地控制自己不恰当的行为（如和同伴说话），听从教师的指令等。在所观察的教学活动中，虽然教师并未特意提升儿童的抑制控制能力，但他们的教学实践活动对儿童发展这些技能有重要的影响。

（一）课堂活动结构和内容的预先介绍

在每堂课前告知儿童课堂活动结构和内容有助于让儿童知道他们会学习什么内容，老师需要他们做什么（Gillespie & Seibel, 2006），这样儿童就更可能在课堂中集中注意，控制自己不恰当的行为。教师如何组织课程内容以及如何告知儿童课堂的安排影响着儿童对冲动行为的自我控制。三类机构教师在课堂活动结构、内容的组织和介绍方面存在着差异。

在幼儿园的六个集体活动中，教师在课前都会告知儿童该堂课的目标以及教师希望儿童做的事。在教学过程中，教师也始终围绕目标展开活动。例如，在《创意画画》课上，教师首先通过让儿童说出可以画画的方式（比如，用蜡笔、铅笔，或者用报纸贴画等）引入当堂课的主题。然后，为儿童展示了画画的材料，比如，取自彩色杂志的漂亮纸张、胶水、蜡笔等，并要求儿童以小组为单位，用任何一种喜欢的方式创作小组画画作品。之后，教师引导和鼓励儿童在开始画画前先构思，思考可以画的内容。在此过程中，儿童对教师所发的材料很感兴趣，也积极参与到小组绘画中。在整堂课中，虽然有些儿童出现了注意力不集中的行为，如与同伴说话、玩闹、离开座位等，但很快又能自觉或者在教师的引导下回到座位上和同伴一起画画。

在学前班，教师较少在课堂开始前为儿童介绍学习目标。在所观察的六个集体活动中，三堂集体活动课上教师并未传达清晰的学习内容，课堂内容的安排和结构也不够清晰，这就影响了儿童对自己在课堂中需要学习的内容和所要完成的任务的预期，从而出现大量的游离现象，导致班级秩序混乱。例如，在一堂算术课中，教师在课堂开始时并没有为儿童设定特定的目标。教师先让儿童拿出数学教科书，朗读加减法计算表。在此过程中，教师在教室里来回走动，以维持班级纪律。虽然一部分儿童在朗读，而另一些则在与同伴玩耍。教师便再次鼓励儿童读计算表，但有部分儿童仍不听教师指令，与同伴玩耍，或者站起来，而有些儿童甚至离开了座位。教师无法较好地管理班级纪律，儿童与同伴不停说话，无法控制自己的行为。

混读班中教师主要关注一年级儿童，没有为学前儿童提供特定的学习计划。在课堂开始前，教师为儿童简单介绍了学习内容，然后很快进入到课堂教学中。在所观察的六个集体活动中，有四个活动至少关注了两个以上不同的内容，但是在不同内容间，教师并没有设置特定的过渡活动，也没有提前告知儿童。对学前儿童而言，这样的安排就很难让他们跟上学习内容，并且无法预知自己的活动，这就增加了儿童出现不良行为的概率。例如，在一堂学习形状的活动中，教师首先请儿童翻开书本，辨认书上的三种形状，并教儿童认识三种形状。之后，教师就教一年级儿童计算相同形状或者颜色的图案数量。由于一年级儿童还没有很好地掌握计算的方法，教师就在黑板上为儿童展示如何用横式和竖式做加减法的计算，并且给一年级儿童作一对一的辅导。整堂课中，教师并没有明确地告诉小朋友他们需要学习什么内容，而且不同内容的学习间也没有明显的过渡。整个课堂很吵闹。好几位学前儿童都站起来，和同伴玩耍，和同伴说话，有几位甚至睡着了。

（二）学习任务的示范和指导

示范是能够促进儿童执行功能发展的有效方法之一（Florez，2011）。当给以足够的示范时，儿童就会知道如何完成任务，这样就能够减少不良行为的发生。研究者对三类机构的观察显示，幼儿园教师为儿童提供了更为细致的讲解和指导。学前班教师在布置学习任务时，并没有充分地示范完成任务的步骤以及解决问题的方法等。混读班教师则将大部分的注意力放在一年级儿童上，给学前儿童的教学指导就很少。在本部分的分析中，研究者比较了三类机构教师教儿童书写的过程，从中发现教师在为儿童提供示范和指导时存在差异。

在幼儿园中，为了让儿童学会按照特定的笔画顺序书写简单的汉字，教师为儿童展示了练习本，帮助儿童分析了练习本上田字格的特点，并示范了儿童应该如何书写。之后，教师在黑板上示范如何按照特定的笔画进行书写。教师写完一个字后，为儿童解释如何在规定的线条内书写，并强调每两个字间需要有一个空格。当教师书写完儿童要学的十个汉字后，将练习本发给儿童，为儿童展示练习本，并且指着不同地方为儿童解释书写的技巧。之后，教师再对全班儿童解释了书写的步骤和注意点，为儿童复习了每个字的书写顺序。在这段活动中，教师清晰地展示了儿童应当如何完成书写任务，并且强调了书写的顺序。为了确保儿童能够掌握正确的书写顺序，教师在让儿童书写前作了三遍示范，并且在观察儿童书写过程后，又强调了书写的顺序。此外，对那些无法按照正确顺序书写的儿童，教师提供了个别化的指导。由于教师的细致讲解和指导，大部分儿童都能够按照正确的顺序书写，较少有儿童请求教师的帮助。

在学前班，教师教儿童两个汉字的偏旁后，就让儿童按照正确的顺序在练习本上书写两个汉字，并且提醒儿童在汉字上面需要标上拼音和声调，然后教师简单地重复介绍了两个汉字的书写顺序。有几位儿童不清楚该如何写，也不知道该按照什么顺序写，因此便频繁地向教师求助。随后，教师便重复书写顺序，并且在教室里走动，给儿童个别指导。但仍有儿童问教师书写的顺序，因此教师又重复书写顺序以及技巧。在该活动中，教师重复了书写的顺序，但没有提供进一步的示范，比如，没有在黑板上示范应如何书写，因此有些儿童有点束手无策，便频繁向教师提问，有些儿童站起来离开座位看同伴如何书写。所有这些都是不恰当的行为。

在混读班中，教师教儿童辨认并知晓五个汉字的意义后，就让儿童书写。教师并没有告诉儿童书写的顺序以及技巧，当一位儿童提问是否需要写拼音时，教师回答“是”。另一位儿童问每个字是否要写两遍时，教师继续回答“是”，并催促儿童书写。之后教师就对一年级足龄儿童以及几位学前儿童进行一对一的辅导。在这个活动中，教师并没有向儿童说明书写的形式，也未规定每个汉字应该写几遍。因此，不断有儿童向教师提问。同时，在介绍五个新的汉字时，教师快速并同时展示了所有的字。这对坐在后排的学前儿童而言挑战很大。研究者发现，有一些儿童甚至不知道怎么拿起铅笔，有几位儿童拿起了铅笔但没有书写任何内容，有几位则在与同伴玩耍，另有几位只是环顾教室。

（三）课堂纪律的保持和引导

在每堂课开始以及儿童注意力分散时，教师通常会采用口头和动作提示的方法帮助儿童控制不当行为，重新回到课堂中。教师往往要求儿童有正确的坐姿，儿童需要身体坐直并且保持安静。在课堂纪律的保持和引导方面，三类机构教师也存在着差异。

幼儿园：学唱歌曲《纸飞机》

T：请大家举起小手来。（教师拍铃鼓吸引儿童注意。她要求儿童举起手臂，挥挥手臂。）好了，我看哪个小朋友坐得又快又好了。请你跟我这样做。

C：我就跟你这样做。（教师继续拍铃鼓，让儿童根据节奏拍拍手，拍拍腿。）

T：1，2，3。

C：手放下。

T：嗯，我看哪一组的小朋友坐得最好了，嗯，第二组的我喜欢了，第一组的我也喜欢了。

T：现在呢，我要拿一件东西给小朋友看。（教师拿出一件东西给小朋友看。）

T：这是什么呀？

C：飞机。

T：哦，飞机呀。那想一想这个飞机是怎么做成的呀？我要请一个小朋友，请举手的，坐得好的。（教师请儿童思考如何做纸飞机，如何让飞机飞起来。一位儿童上课迟到了，打断了课堂教学。教师又拿出铃鼓继续拍，并让儿童跟着节奏拍手。）

T：1，2，3。

C：手放下。

T：我来看看谁坐得最好了。

T：来得晚了，还要说话。（教师批评那位迟到的儿童。）嗯，我要请我的小飞机上来试试，会不会学小飞机飞。

（教师邀请一名儿童示范小飞机如何飞，然后整个班级表演飞行。当教师问儿童飞机如何飞时，有些儿童继续飞着，并喊出了答案。于是，教师又拍了铃鼓提醒儿童。）

T：小嘴巴闭上。

C：我就闭上。

T：我觉得我最喜欢第二组和第三组。如果第一组坐得好呢，我也喜欢的。

学前班：故事学习

T：起立！

C：老师上课好！（所有儿童都站起身。）

T：早上好，孩子们！

C：老师早上好！（儿童向教师鞠躬。）

T：孩子们，请坐下。微笑，我们每天要微笑。现在不要唱歌。请背下我每天教你们的话：我们爱……预备！起！

C：我们爱祖国，爱家乡，爱学校，爱老师，爱同学，爱学习，爱劳动，爱锻炼身体，做一个德智体美劳全面发展的好孩子。每天要微笑，要锻炼身体，要读书，要劳动，要讲礼貌，做一个优秀的共产主义接班人，我是最棒最能行的。

（老师借用小兔子和小狮子的毛绒玩具，表扬和批评好的和不好的小朋友。教师在说话时有几位儿童在写字。因此，教师批评了这几位儿童。）

C：要好好听老师的话。

T：小身子。

C：直起来。

T：小眼睛。

C：看老师。

T：好，这样就乖了，让我听一下。让我听一下。

（一位儿童在向教师告状。）

T：不要说话。我能听到你说话。不要说别人坏话。我想请你听我说。每位同学听我说。同学们，把我们的语文课本翻到第八页。

（儿童从书包里拿出书本。有些儿童和同伴小声说话。）

T：不要说话，我是让你们的手翻书，不是让你们的嘴巴说。

（一位儿童跟教师说话，教师让这位儿童打开书本，同时帮他把旁边的伞放好。）

T：不要看我，请看书。翻好书请举手，看哪个孩子翻书最快。我们的书不能搞乱了，要穿干净漂亮的衣服。你们的书没有封面，还不听我说。你们的书都坏了。翻到了第八页就请举手。如果翻到了就举手。好，请放下。还有一小部分同学没有翻到，我们等一下，稍等片刻，等一下。如果你们能写自己的名字请举手。

混读班：学会看钟表

T：上课！

C：老师早上好！（所有儿童站起来，然后坐下。）

（一名儿童和教师说话。）

T：不要说话。

（教室有点吵闹。）

T：今天，我们来复习圆角分的概念啊。

C：圆角分。（有几名儿童喊出了"圆角分"，有几名在和同伴说话。）

T：看这里。（教师让儿童看黑板。）

T：大家想一想，上一次上的课，大家还记得吗？（教师只针对一年级儿童。）

T：1 元等于多少角啊？

C：10 角。

T：1 元是 10 角对吗？

C：是的。

T：1 元是 10 角（教师把内容写在黑板上）。

T：好的，1 角有几分呢？

C：10 分。

T：几分？

C：10 分。

（有两位儿童站起来，教师要求他们坐下。）

T：请坐好。1 角等于 10 分，对吗？今天，我们来做一些计算。1 元等于 10 角，那么 3 元有几角？

C:30 角，30 角。（几位一年级适龄儿童喊出了答案，教室有点吵闹。）

T：（教师让儿童到黑板上写答案。）

C：我，我。（三名一年级儿童举手，两名儿童冲到了黑板前。）

T：好，你来吧。（教师邀请了其中的一名儿童。）

T：好。让我们来看看，检查他的答案是否正确。

C：好。

（然后教师就请全班学生拍手鼓励表扬这位学生。）

T：现在，让我们来看看这个。40 角是几元？

（当教师提出问题时，两位一年级儿童冲到了黑板前。教师就让其中一位儿童写答案。）

T：哦，根据小明的回答，40 角是几元？

C：4 元。

T：40 角是几元？

C：4 元。

T：请大家读一下。

C：40 角是 4 元（只有一年级儿童在读）。

（随后教师又出示了几个题目让儿童计算。）

T：现在我们要复习怎么样看时间了。请翻到这一页。

T：华华，坐好。华华，听到没有？（几位坐在教室后面的学前儿童站了起来，离开座位。）

T：（教师在黑板上画了一个钟。）现在，请看一下第一个钟。上面画的是几点啊？

C1：7 点钟。

C2：8 点钟。

T：现在让我们来看下这个钟。钟的时针指在 8，分针指在 1 上。那么是几点？

C1：8：05。

T：红红，这个钟上画的是几点？

C：8：05。

T：说大声点。

C：8：05。

T：8：05，对吗？这个钟上的时间就是 8：05。

（教师在两组一年级适龄儿童附近走动，并确认他们是否在关注当前的内容。）

T：坐下。（教师走到坐在后排的学前儿童那边，让他们注意纪律问题。）

以上三个片段展示了教师如何让儿童参与并将注意力集中在班级活动上。总体而言，三类机构教师在活动开始和进展过程中，都使用口头指令对儿童的游离行为进行调控，但教师们在对儿童的行为管理和班级纪律维持方面存在差异。幼儿园教师更倾向于同时使用口头和行为指导帮助儿童控制自己的行为。在课堂活动开始前，为了让儿童尽快平静下来，教师邀请他们根据铃鼓的节奏做一些手部练习和活动。铃鼓的节奏不断改变，儿童需要仔细听并跟上节奏拍手或者挥手。与此同时，教师也要求儿童用语言调控自己的行为。例如，儿童需要跟着老师的口令说，“我就跟你这样做”，“手放下”。通过这些话语，儿童逐步平静，并开始将注意力集中在教师身上。在教学过程中，当儿童出现注意力分散的情况时，教师也采用这些策略。此外，教师还注意采用一些社会性比较的策略。教师通常会在班级中选择表现较好的儿童，为那些经常表现出游离行为的儿童树立榜样。例如，为了让儿童坐端正，在课堂中集中注意，教师会表扬那些坐得较好的儿童。这样那些没有被教师表扬的儿童也能够调整姿势，集中注意力。此外，为了帮助儿童控制住喊出答案的冲动，教师也会强调她喜欢在回答前举手的儿童。通过这些策略，能够帮助儿童控制自己的不良行为。

学前班教师在管理班级的过程中通常采用口头管教的方式，与一年级教师相似。在以上所摘录的课堂片段中，教师以师生互相问好的传统方式开始课堂，随后便让儿童背读学习目标等。这样的方法在一定程度上能够吸引儿童的注意力。但是，对于年龄较小的儿童，这种说教式的方法较抽象，并且超出了他们的理解力。因此，仍有一部分儿童不能将注意力集中在班级活动中。当儿童在学习过程中出现明显的注意力分散行为时，教师使用口头指令提醒儿童，比如，眼睛看老师，身体坐直等。然而，教师并未用积极引导和鼓励儿童的方式，而通常使用一些否定祈使句等禁止儿童讲话，并且要求儿童将注意力集中在当前的任务中。在这种情况下，儿童不能积极主动地参与班级活动，有部分儿童只是被动地回答了教师提出的封闭性问题。

总体上，幼儿园教师和学前班教师对儿童纪律和行为方面的管理更为频繁，而一年级教师更关注的是教学内容，对于学前儿童的关注较少，除非他们的言行严重影响了班级的教学秩序。在这种情况下，教师会提醒儿童，要求他们停止不恰当的行为。在所摘录的片段中，坐在教室后面的学前儿童离开了座位，和同伴玩耍，这些行为影响了班级活动。因此，教师对儿童进行点名，并要求他们坐好，听教师上课。于是，儿童很快回到自己座位，立刻安静。然而，由于教师只是暂时提醒，对他们的关注很少，因此，儿童很快又出现了不良的行为表现。此外，教师也并未给儿童提供足够的支持，帮助他们较好地控制自我。比如，在该片段中，当教师提出问题后，有个别一年级儿童立刻离开座位冲到黑板前抢答，对此不当行为，教师并没有加以制止，也没有给儿童恰当的指导，而是默许儿童以这样的方式回答问题。这对学前儿童而言是一种负面的教育指导。

三、课堂注意力的引导与优化

良好的注意技能有助于帮助儿童较好地倾听教师，集中在课堂活动中，并且避免无关的干扰（McClelland, Cameron, Connor et al.，2007）。注意力是儿童执行功能和学业技能的重要方面，影响着儿童的学习过程。教师的班级管理策略和方法对儿童是否能够积极参与班级活动，保持较好的注意力有很大的影响（Lan et al.，2009；Mashburn et al.，2008）。这其中，儿童座位的安排是影响儿童注意力是否集中的因素之一（Wannarka & Ruhl, 2008），同时，教育教学形式的安排也是关键的要素。在本部分中，研究者将从以上两个方面比较三类机构教师在教学实践过程中如何帮助儿童保持注意力。

（一）座位安排与注意力的引导

儿童座位的安排是班级管理的一个方面，反映了教师对于儿童学习效果的期望。由于班级空间较小，儿童人数较多，所有观察的 8 个班级都采用了传统的“秧田式”直线型的空间排列方式。但是，在具体安排上，三类机构又存在差异。

在所观察的幼儿园中班，儿童分成三排就坐（如图 8 - 1）。每排放有 4—5 张桌子。每张桌子周围坐着 6 位儿童，分成两组面对面坐着。每位儿童坐在单独的靠背椅上。当教师向儿童介绍内容或者作示范时，儿童需要面向教师坐。当教师组织阅读、画画、手工等需要儿童操作的活动以及开展小组活动时，儿童就将椅子转向，相对而坐。由

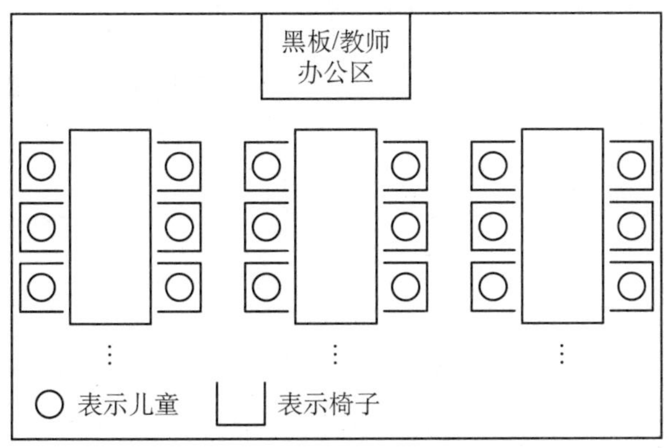

图 8 - 1　幼儿园教室座位安排

于班级儿童人数较多，教师通常在教室里走动，引导儿童注意。

除了KL小学的学前班，其余几个学前班的座位安排与幼儿园完全不同(见图8-2)。在KL学前班，儿童被分成四排，每排有3张桌子。每张桌子周围坐着6—7名儿童，儿童所坐椅子没有靠背。与幼儿园儿童一样，儿童椅子的朝向根据具体的活动情况而调整。但是，这个教室较幼儿园的教室更为拥挤。排与排之间没有足够的空间，教师无法在不同排儿童中走动，因此，相邻排的儿童就很有可能互相打扰，如不听教师而互相说话等(图8-2中第一类安排形式)。在另外两个学前班，儿童的座位方式与小学儿童一样。在整堂课上，儿童都面向教师而坐。儿童所坐的椅子并不是单独的，而是由2—3名儿童，有时甚至是4名儿童共同坐在一条长凳上。在这两个班级，儿童所用的桌椅是小学不再使用的旧桌椅，因此，在高度和尺寸上并不适合学前儿童。在BYU小学的学前班，儿童分三排坐，在BL小学的学前儿童被分成四排坐。在两个班级中，年龄更小的儿童通常坐在教室后排，而年龄稍大的儿童，特别是下一学年要升入小学的儿童则坐在靠前的位置。不同排之间有较大空间，便于教师巡回走动，管理班级纪律。但是，由于每条长凳上坐有2—4名儿童，空间较拥挤，因此，儿童之间容易相互打断和干扰(见图8-2第二类安排形式)。

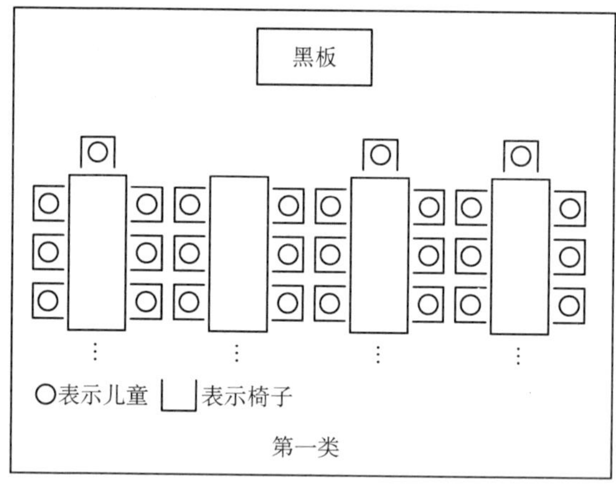

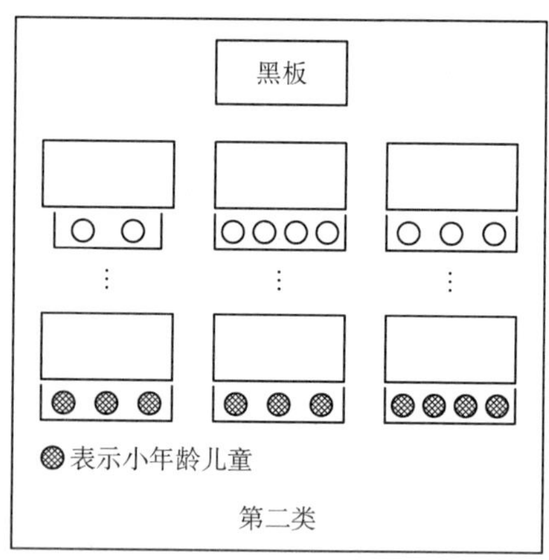

图8-2　学前班教室座位安排

在混读班中，学前儿童和一年级儿童坐在同一个教室。但是，由于教师主要关注的是这些班级中的一年级儿童，他们在安排座位时特意将一年级儿童与学龄前儿童分开，将一年级儿童安排在教师容易监控的位置。在所有四个混读班中，一年级儿童两人坐在一条长凳上，而大部分情况下，学龄前儿童则是三人合用一条长凳。四个混读班的位置安排可以分成三种类型。如图 8-3 所示，在第一种类型中，所有的学前儿童分成三排，坐在教室靠后的位置，如 CJW 小学的混读班便是采用了这种座位安排方式。在第二种类型中，学前儿童坐在教室的一边，通常是靠墙或者靠窗的位置。比如，在 GZ 小学的一年级教室中，大部分学前儿童坐在窗边的位置，剩余的学前儿童则坐在中间一排的后面。在 BS 小学的混读班中，学前儿童坐在中间以及靠墙的座位上。在第三类中，学前儿童坐在两边，而一年级儿童坐在中间一排。在 BYA 的混读班中，大部分一年级儿童坐在中间一排以及两边两排的前面。

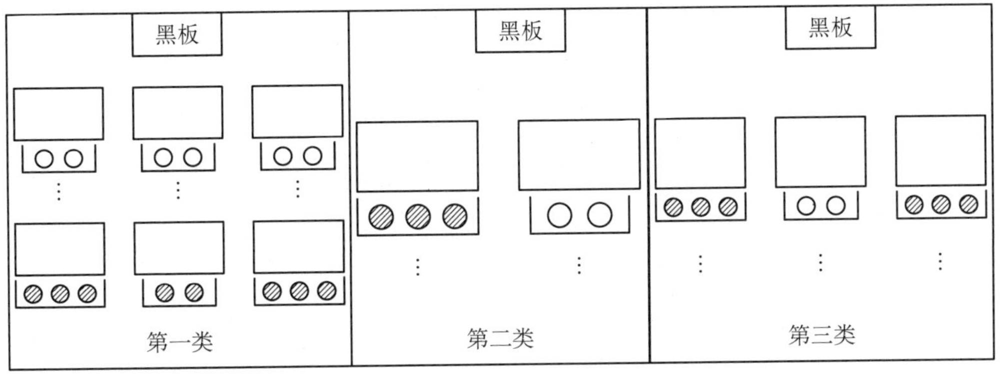

○表示一年级儿童 └─┘表示椅子 ◎表示学前儿童

图 8-3 混读班教室座位安排

(二) 学习材料的提供与学习活动的组织

“教学安排”源自美国弗吉尼亚大学教育学院院长、教学高级研究中心主任皮亚塔(Pianta)教授所领衔的团队开发的课堂互动评估系统(Pianta et al., 2008)。这一系统用于评估教室环境中师幼互动的质量，“教学安排”是这一评估系统中班级组织领域的维度之一(韩春红，周兢，2013)。这一维度主要指教师在教学过程中为最大限度激发儿童的学习兴趣，使其最大限度地参与班级活动，所使用的材料、活动、内容的呈现方式以及所提的问题等(La Paro et al., 2009)。在本部分中，研究者将描述并比较三类机构的教学安排。

首先，在教学材料的使用上，三类机构存在着差异。如表 8-6 所示，在每类机构的六个教学活动中，幼儿园所有活动使用了教学材料，学前班和混读班中分别有一个和两个活动未使用材料。在幼儿园中，当教师介绍新的学习内容时，使用了纸花、儿童的作品以及纸飞机等材料；在教儿童儿歌和歌曲时，借助了录音机等，让儿童欣赏和学习儿歌以及歌曲等；在艺术创作的活动中，教师为儿童提供了多元化的材料。相对而言，学前班和混读班的材料则非常单一，教师高度依赖教科书以及作业本。尽管在一次活动中，学前班教师使用了毛绒玩具，但这一材料的使用与学习内容并无关联，而只是在活动开始时，用玩具对行为表现较好和不好的儿童进行点名。在所有的混读班活动中，教师仅仅使用教科书或者黑板呈现相关的知识，开展教学。

表 8－6　各集体教学活动中所使用的材料

机构类型	机构名	活动内容	材料
幼儿园	YZ	语言：学写汉字	方格纸
		语言：学习儿歌《小露珠》	操场植物上的晨露；录音机；图画书
		语言：如何爱护图书	教科书
		艺术：学习儿歌《剪纸花》	纸花；教科书
		艺术：创意画画	纸；报纸；胶水；蜡笔；剪刀
		艺术：学习歌曲	纸飞机；录音机
学前班	BL	语言：复习拼音	无
		科学：学习简单计算	教科书
	BYU	语言：学习儿歌《动物走路》	教科书
		语言：学写汉字	作业本
		艺术：画画	教科书
	KL	语言：故事学习《姥姥和宝宝》	毛绒玩具；教科书
混读班	BYA	语言：故事学习《小伙伴》	教科书
	BS	语言：学写汉字	作业本
		科学：学习形状	教科书
	GZ	科学：学习时间	无
	CJW	艺术：学习歌曲《我快乐》	无
		科学：学习计算	教科书

在具体的教学过程中，三类机构教师所开展的活动形式、教学方法以及教师的提问方式等都存在差异。例如，同样是语言课，幼儿园教师倾向于在活动开始前向儿童提问，邀请儿童作探索，然后组织讨论，最后再教儿童儿歌或者歌曲。学前班教师则采用传统的教师讲授为主的方法，与小学教师相似，他们会先给儿童念儿歌或者故事，然后作简单提问，之后通过让儿童反复跟读学习和记忆所学内容。一年级混读班教师则注重新词的学习和儿童的阅读理解。教师会教儿童词汇的意义以及某个新字的书写顺序，之后便让儿童进行机械性的读写活动。在阅读理解方面，教师通常让儿童阅读相应段落，在此基础上提一些封闭性的问题，帮助儿童理解课文。以下三个片段展示了三类机构在教学过程中的差异。

幼儿园：学习儿歌《小露珠》

T：刚才老师叫小朋友去找小露珠，你们在哪里找到的？举手说。

（不少儿童积极抢着发言，有些喊出了答案。教师提醒儿童在回答问题前要举手。）

T：我请，我请亮亮说。

C：滑滑梯。

T：滑滑梯啊，哪个小朋友还找到啦？萱萱。

C：树上。

（教师还请另外8位儿童回答问题。）

T：你们都找到了小露珠。那么你们觉得小露珠看起来像什么？

（几位儿童迫不及待要喊出答案，教师要求儿童举手回答。）

T：朋朋，请告诉我小露珠长什么样？

C：西瓜。

T：其他小朋友说了西瓜，你也说西瓜。你自己觉得像什么？

T：除了西瓜，你们觉得小露珠还像什么？

C：苹果。

T：苹果。嗯，请坐下。

（另外16名儿童进行了回答。还有不少儿童想分享他们的答案。教室有点吵闹。于是，教师管理班级纪律，之后便请儿童看图画书。）

T：刚才小朋友们说了，露珠像很多很多东西。我知道了。那现在请小朋友们一起看书好不好？

C：好。

T：（教师打开大图画书。）你看书上的小朋友说蟋蟀都不像你们说的那些东西。

C：好大的蟋蟀啊。好看的蟋蟀啊。

T：小露珠在什么地方啊？

C：花。

T：在红色的花上。还有呢？在什么地方呢？

C：墙上。

T：（教师边给儿童展示图画书，边指出小露珠所在的位置，并作了简单的描述。）

T：白墙边红花上的小露珠。蟋蟀、蚱蜢跳过白墙边小红花上的小露珠。然后你们说，小露珠还在不在？蚱蜢从花上跳过去，碰到了花，摔碎了小红花上的小露珠，这是我们今天要学的一首儿歌，名字叫作《小露珠》。这节课，老师就不发书给小朋友了，我们跟着音乐来学这首儿歌。学会了，让小朋友第一个回家好不好？

（然后教师打开录音机，让儿童仔细听儿歌。之后教师跟着儿歌的节奏拍手，儿童也跟着模仿，并且唱儿歌。）

学前班：学习儿歌《动物走路》

T：翻好了就把书放在桌子上，我看哪个小朋友翻得最好。（教师帮助个别儿童把书翻到正确的位置。）

T：翻好书的小朋友就请看看书上的图片，想一想这些图片画的是什么？

C：（有几位儿童喊出了答案。）

T：好的。（教师给儿童看书上的图片。）这是一个圆圈，对吗？

C：是的。

T：这是什么？（教师指着另一个图片问儿童。）

C：小花猫。

T：哦，小花猫怎么走路的？很安静，对吗？（教师模仿小花猫走路。）

C：对。

T：嗯，小花猫走路静悄悄。（儿童开始讨论小花猫怎么走路。）

T：家里养猫的小朋友应该知道小花猫怎么走路的。小花猫这么走路的？静悄悄，对吗？

（教室有点吵闹，教师管理班级纪律。）

T：小花猫旁边是什么？（教师指着另一张图问。）

C：小螃蟹。

T：哦，小螃蟹啊。（教师再次管理班级纪律。）谁能够表演螃蟹走路？

（教师请一位儿童表演小螃蟹走路。）

T：哦，一一表演了小螃蟹走路横冲直撞是不是？我们平时走路这样可以吗？

C：不可以。

T：我们可以向小螃蟹学习吗？

C：不可以。

T：我们不应该学习小螃蟹。我们应该向谁学习？

C：小花猫。

T：我们应该向小花猫学习。好的。请看这幅图。这是什么？

C：小鸭子。

T：哦，小白鹅。我们应该怎么坐？像小白鹅还是小虾？

（儿童没有任何反应，开始互相说话。）

T：我们应该像小白鹅那样身体直直的还是像小虾那样弓起背？我们应该向谁学习？

C：（儿童互相说话。）

T：有几位小朋友说我们要像小白鹅那样。

T：我们应该像小白鹅那样直起身体，不能像小虾那样弓起背。否则，我们的背要驼了，是吗？

C：是的。

T：接下来。我们来看一下，这里有一首儿歌。现在，我们一起来学习这首儿歌，好吗？

C：好。

T：请指着书上的字念。指着字。请跟我念。

（儿童跟着教师一起念了七遍儿歌。）

T：看看我是怎么表演这首儿歌的。

（当教师表演的时候，有几位儿童也跃跃欲试。教师随后就邀请两名儿童在大家面前表演。随后，又让儿童念儿歌。）

混读班：故事学习《小伙伴》

T：拿语文书出来，我们这节课呢，要把28课上完。听到没有？这节课把28课上完。现在同学们呢，把书本打开，翻到28课。快点。小明，坐好。听到没有，听老师讲课。

（此时班级里有几位儿童没有听教师的话，教师管理班级纪律。）

T：翻到了没有？123页，123页。我们分组朗读。然后我们这节课呢，把这篇课文的内容讲完。

C：（一名学前儿童说话。）老师，我先读。

T：哦，这第一组，第一组，也就是学前班的啊，只有林林是我们一年级的，你们这一组朗读，读1、2、3自然段。读到哪里，读到里面装着面包和矿泉水，读到里面装着面包和矿泉水，还要在过程当中想一想啊，1、2、3段主要讲小朋友们在干什么？他们去，去哪里做什么事，干什么？有位小朋友，有位小朋友人家吃午餐，她站在一旁。读完之后我要提问的啊。

T：遥遥，不听话啊，你们第一组读。这两组听，这一组读啊。28，小伙伴，预备读。

（只有一名儿童读了第一段。）

T：其余同学呢？你们这一组的都要读，听到没有？跟着老师，老师跟着你们一起读，都要读。听到没有？听不听到，小勇？你们这一组的一起读。你们这两组听，到时候我要提问你们。玛莎她为什么站在一旁，小朋友们在吃午餐了，她为什么没有吃？等会我要提这个问题。（之后教师和第一组一起朗读前三段。读完后，教师请两位之前没有朗读的学前儿童再读一遍。）

T：（教师对另外两组儿童说。）不要说话，我要提问了，第一组读书，你们就没有事了，是不是啊？好，坐好坐好坐好。

T：（教师向一年级儿童提问。）小文，刚才第一组已经朗读了，你认真听没有？你认真听没有？认真听就回答老师的问题。1、2、3自然段主要讲了什么事？主要讲了小伙伴们怎么样？

C：吃午餐。

T：吃午餐，玛莎为什么站在一旁？

C：她把背包丢了。

T：把背包丢了。那么她把背包丢了，他们吃午餐，她为什么没有吃呢？你讲，她为什么没有吃？

C：她不想吃。

T：她不想吃吗？她把背包丢了。里面装了什么？

C：面包。

T：面包，还有什么？

C：矿泉水。

T：矿泉水。因为他们去哪里？……他们去春游，哦，去春游。小青，坐下。

T：大家说，小伙伴们去做，干什么事？

C：春游。

T：春游。对了。我们这个地方老师叫同学去春游过没有？

C：没有。

T：对了，那么春游大家知道是什么季节的活动啊？是什么季节有意义的活动啊？老师说，也就是到春天了，老师带大家到哪里去玩？

C：春游。

T：到外面去，是不是啊？到外面去，风景好看的地方，或者是哪里山水风光比较好的地方。我们去看看，是不是？或者是带到很远的地方，风景比较优美。

（教师向儿童解释了什么是春游，以及根据他的经验，春游可以有哪些活动。）

T：现在，让我们来看一下，这些小朋友是怎么去春游的？春游。他们中午做什么？

C：吃午餐。

（教师告诉儿童之前春游活动中他们是如何准备午餐，以及在春游过程中玩了哪些游戏。）

T：我们看一下这个玛莎，啊，看课文，注意听，不要说话……玛莎，她为什么站在一旁？

C：她把背包丢了。

T：因为她在午餐的时候把背包弄丢了。对的。

T：小伙伴们吃午餐，玛莎站在一旁，是吧？玛莎？

（教师管理班级纪律，之后邀请一年级的儿童回答问题。）

T：你讲。玛莎站在一旁，到底是不是她自己带的面包给掉了，自己没有吃的，是不是，你讲啊？

C：是的。

T：那为什么人家吃这个午餐，她为什么不吃呢？你讲。她的背包怎么样？

C：丢了。

T：丢了。但是丢在什么地方呢？她知道吗？知不知道？

C：不知道。

T：不知道丢在哪里了，是不是啊？玛莎站在一旁丢了什么？啊？

C：面包和矿泉水。

T：对了，丢了面包。

（儿童没有听教师讲课，教师管理班级。）

以上的片段显示，在幼儿园班级中，教师引入了较丰富的活动，并且使用了不同的教学形式，组织了视觉、听觉以及运动等多感官活动，让儿童学习《小露珠》这首新的儿歌。在学习儿歌前，教师让儿童探索和观察操场上的小露珠，随后组织了讨论活动，让儿童分享和交流寻找小露珠的经验，之后教师就指导儿童阅读图画书。在最后的环节中，教师教儿童念儿歌，并且邀请儿童唱儿歌，根据音乐打节奏等。不同的活动之间环环相扣，虽然班级中儿童较多，但大部分儿童都积极参与到活动中。很多儿童积极回答教师的问题，根据教师的指导仔细观察图画书中的图片，并且跟着音乐快乐地拍手。

相比而言，学前班的班级氛围就不那么积极。在整个教学活动中，教师占主导地位，较少给儿童提供活动。在教儿童儿歌前，教师指导儿童辨认了故事中的动物以及所做的动作，同时邀请儿童表演小动物走路的姿势。之后，教师要求儿童不断跟读儿歌。在整堂课中，教师不断说，留给儿童思考、表达和自我展示的机会很少。在这种情况下，班级比较吵闹，儿童也很容易受到干扰而分心。

在混读班中，教师则更少提供活动，而只是关注在课文上。教师首先让学前儿童阅读所学过的段落，之后便邀请一年级儿童回答问题以及读后续的段落。教师虽然有提问，但通常直接为儿童提供答案，且反复问同样的问题。此外，在给儿童布置特定任务前，教师往往有大段的话语，给儿童带来了较重的认知负担。学前儿童和一年级儿童都没有很好地倾听教师。特别是学前儿童，大部分都在玩耍、相互说话或者做与课堂无关的事。

在引导儿童注意力的过程中，提问是重要的环节。在以上的片段中，幼儿园教师提了两个开放式的问题，并且给很多儿童展示和分享自己的观察经历及想法的机会。这样的提问能够帮助儿童将注意力集中于课堂主题，并参与到课堂中。学前班教师同样也有提问，但是大部分的问题为是否疑问句或者选择疑问句，对儿童的难度不大。此外，值得注意的是，教师并没有给儿童提供充分思考和回答的时间，而是直接说出答案。这种情况下，儿童很少有机会参与到班级活动中，因此，较容易出现分心的行为。

在混读班中，教师所提的是封闭性的问题，并且只邀请一年级儿童回答问题。教师持续提同样的问题，并且在儿童提供回答前就给出了答案。因此，儿童可能觉得课堂比较无趣，这就更导致了学前儿童出现注意力分散等游离于班级活动的行为。

第三节 农村学前教育经历对儿童入学准备及发展的影响

在前面两节中，研究分别探讨了学前教育机构的环境以及教育状况。已有的大量研究显示，学前教育对儿童发展有重要的影响(Barnett，1995，1998，2008)。在贫困儿童中，相比于未接受过学前教育的儿童，接受过学前教育的儿童发展更好(Rao，Sun，Zhou et al.，2012)，且高质量的学前教育为这些儿童带来的获益更大(Burchinal，2018)。这些大量的研究证据来自于西方，在本节中，研究将探讨不同学前教育经历对儿童入学准备的影响。

一、学前教育经历对儿童入学基本概念获得的影响

研究者比较了不同学前教育经历的儿童在入学基本概念各分量表及总分上的情况。结果如表 8 - 7 所示，除了简单汉字分量表外，来自幼儿园以及学前班儿童在其余各分量表以及总分上的得分均显著高于来自混读班以及无学前教育经历的儿童。未有学前教育经历的儿童在各方面的得分都最差。相对而言，简单汉字最难，而数字/计数部分最简单。虽然学前班儿童在简单汉字分量表上的标准差最大，但相对而言，得分最高。学前班儿童中能够正确回答汉字的最大数量为 15 个，即满分，而来自幼儿园、混读班以及无学前教育经历的儿童最高分分别为 7、9 及 4 分。在数字/计数分量表，儿童能够正确回答的题数平均为 19 题中的 11 题。四组儿童最大的差异体现在形状分量表。幼儿园儿童平均得分为 15 分，学前班儿童和混读班儿童平均回答正确的题数分别为 11 题和 9 题，无学前教育经历儿童得分则更低，平均为 7 题。以上的描述统计分析显示，学前教育经历影响着儿童入学基本概念的发展。

为考察学前教育经历对儿童入学基本概念发展的影响，研究采用了单因变量因素分析，以儿童的学前教育经历(所接受学前教育机构的类型)为自变量，以基本概念总

分为因变量，儿童年龄和母亲受教育水平为控制变量。结果如图 8-4 所示，学前教育经历对儿童入学基本概念获得有显著的影响（$F(3,184)=36.30$，$p<.001$，$\eta_p^2=.37$）。进一步事后检验结果显示，每两组儿童间均存在显著差异。幼儿园儿童基本概念发展得分最高（调整后的平均分＝62.31，标准误＝1.55），无学前教育经历的儿童得分最低（调整后的平均分＝31.16，标准误＝2.57）。

表 8-7　曾就读不同类型学前教育机构儿童基本概念的发展状况

测试项目	幼儿园			学前班			混读班			无学前教育经历		
	平均数	标准差	全距	平均数	标准差	全距	平均数	标准差	全距	平均数	标准差	全距
颜色	7.77	3.12	1—11	3.67	2.96	0—10	2.61	2.42	0—8	2.14	2.14	0—7
简单汉字	2.57	1.92	0—7	3.84	3.45	0—15	2.15	2.40	0—9	1.05	1.32	0—4
数字/计数	18.55	1.75	9—19	18.33	1.41	11—19	16.46	5.12	0—19	11.29	7.23	0—19
量	10.88	1.14	7—12	10.36	1.78	5—12	9.76	2.22	0—12	7.43	2.06	3—11
比较	7.82	2.57	2—10	5.91	2.61	0—10	5.50	2.75	0—9	1.95	2.27	0—8
形状	15.87	2.33	10—20	11.22	4.25	0—18	9.93	4.77	0—18	6.62	3.71	1—13
入学基本概念	63.32	8.44	43—75	53.25	11.76	28—82	46.35	13.66	8—72	30.76	13.02	6—53

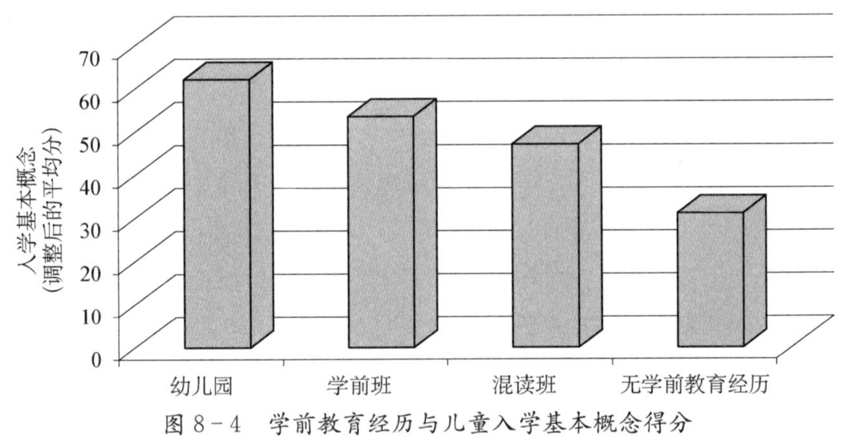

图 8-4　学前教育经历与儿童入学基本概念得分

二、学前教育经历对儿童执行功能的影响

研究者使用修改后的头—脚—膝盖—肩膀任务对儿童的执行功能进行了测查。

这个任务分为两个阶段。在第一阶段儿童在每个测试项目中只需对一条规则作反应，儿童答对 1 题则给 1 分。在第二个阶段，儿童在每个测试项目中需要同时对两条规则作反应，答对 1 题给 2 分，出现自我纠正时给 1 分（详见第五章）。研究者将儿童在两个部分的得分相加，作为这一任务的最后得分。

由描述统计可知，在一年级开始时，曾在幼儿园（平均分＝22.72）以及学前班就读（平均分＝20.02）的儿童执行功能得分均比来自混读班（平均分＝15.58）以及无学前教育经历（平均分＝13.12）的儿童得分更高。幼儿园儿童在测试中的最低分是 9 分，而其余三组儿童的最低分则更低。同时，相对而言，幼儿园儿童得分的标准差都相对较小。

为考察学前教育经历对儿童执行功能发展的影响，研究者作了方差分析检验。由于在第一期和第二期研究者对儿童使用了相同的执行功能任务测试，因此研究使用了重复测量的单因变量方差分析，以时间（2 个水平）为被试内变量，学前教育经历（4 个水平）为被试间变量，将母亲受教育水平作为控制变量，以儿童的执行功能得分作为因变量。由于四组儿童年龄有显著差异，因此，也将其纳入控制变量的范畴。此外，上述对家庭因素的分析显示，家庭中的未成年子女数是儿童执行功能的重要预测变量，因此，也将此作为控制变量。通过重复测量的协方差分析，结果显示，儿童学前教育经历×时间交互作用显著（$Wilk's\ \lambda = .95$，$F(3,183) = 3.54$，$p < .05$，$\eta_p^2 = .06$）。效应大小处于低度至中等水平（Sabol & Pianta，2012）。同时，学前教育经历的主效应也显著（$F(3,183) = 13.98$，$p < .001$，$\eta_p^2 = .19$），但时间主效应不显著。

进一步的检验显示，学前教育经历对第一期（$F(3,183) = 14.80$，$p < .01$，$\eta_p^2 = .20$）和第二期（$F(3,183) = 8.42$，$p < .01$，$\eta_p^2 = .12$）研究中儿童执行功能得分都有显著影响。图 8－5 显示，在一年级初始以及一年级末期的两次测查中，曾就读幼儿园的儿童执行功能得分都显著高于混读班儿童以及无学前教育经历的儿童。在一年级初始阶段，幼儿园儿童（调整后的平均分＝22.20，标准误＝.81）的得分也显著高于学前班儿童（调整后的平均分＝20.29，标准误＝.81）得分。在一年级初始阶段，混读班儿童（调整后的平均分＝15.66，标准误＝.82）和无学前教育经历儿童执行功能差异并不显著（调整后的平均分＝13.70，标准误＝1.34）。在一年级末期，幼儿园儿童得分（调整后的平均分＝22.98，SE＝.84）较混读班（调整后的平均分＝19.95，标准误＝.87）以及无学前教育经历的儿童（调整后的平均分＝14.72，标准误＝1.41）得分更高。学前班儿童（调整后的平均分＝21.80，标准误＝.84）得分显著高于无学前教育经历的儿童。同时，研究也发现，混读班儿童得分显著高于无学前教育经历的儿童。进一步

分析可知，学前教育经历与时间的交互作用显著的主要原因是混读班儿童在这一年内执行功能的得分增长幅度较大。

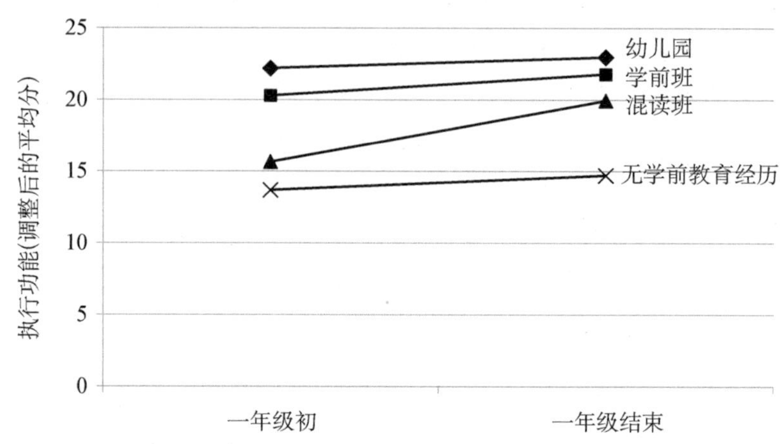

图 8-5　不同学前教育经历儿童一年级初和末期执行功能得分

三、学前教育经历对儿童学业准备的影响

在本部分中，研究者将考察不同学前教育经历对儿童入学初语言和数学学业准备状况以及入学一年后学业成绩的影响。由于研究者在儿童初入小学以及一年级结束时，使用相同的学业测试，因此采用重复测量的方差分析考察学前教育经历对儿童在初入小学一年内学业成绩表现的影响。

(一) 学前教育经历对儿童语言学业准备的影响

通过描述统计可知，在入学一年内，学前班儿童在语言成绩上的得分均最高，而无学前教育经历的儿童得分最低(见表 8-8)。同时，在两个时间点上，各学前教育经历类型的儿童组内语言学业成绩的差异较大。研究进一步考察学前教育经历对儿童在一年级内语言学业成绩的影响。

首先，研究考察学前教育经历对儿童初入小学一年级内语言学业成绩的影响。由于第六章中的研究结果显示，性别对儿童的语言学业准备及发展有显著的影响，因此，在本部分的分析中，研究将儿童性别(2 个水平)和学前教育经历(4 个水平)同时作为被试间变量，将时间(2 个水平)作为被试内变量，将母亲受教育水平以及儿童年龄作

表 8-8　不同学前教育经历儿童入学一年内语言和数学学业成绩的描述统计

学科	时间点	幼儿园 平均数 (标准差)	学前班 平均数 (标准差)	混读班 平均数 (标准差)	无学前教育经历 平均数 (标准差)
语言	一年级初	22.02(9.96)	37.98(19.90)	18.55(15.16)	16.28(12.01)
	一年级结束	62.80(18.74)	66.04(20.51)	48.79(21.37)	39.91(22.69)
数学	一年级初	22.86(6.98)	22.72(12.34)	22.78(12.88)	16.71(12.43)
	一年级结束	49.34(8.20)	45.05(11.55)	38.78(13.57)	30.75(13.32)

为协变量，采用重复测量的方差分析方法。结果显示，学前教育经历×时间交互作用显著（$Wilk's\ \lambda = .93$，$F(3,180) = 4.73$，$p < .01$，$\eta_p^2 = .07$）。性别和时间的交互作用接近显著水平（$Wilk's\ \lambda = .98$，$F(1,180) = 3.85$，$p = .05$，$\eta_p^2 = .02$）。此外，儿童的学前教育经历（$F(3,180) = 17.65$，$p < .001$，$\eta_p^2 = .23$）以及性别（$F(1,180) = 7.17$，$p < .01$，$\eta_p^2 = .04$）主效应显著。

由于学前教育经历对儿童早期学业表现的影响是本部分关注的重点内容，因此，研究者作了进一步的分析。研究分别将学前教育经历和性别作为自变量，在控制母亲受教育水平和儿童年龄的基础上，分别以两次的语言学业成绩得分为因变量，作两次协方差分析。结果显示，学前教育经历对儿童两次的学业成绩表现均有显著影响（一年级初：$F(3,180) = 19.32$，$p < .001$，$\eta_p^2 = .24$；一年级结束：$F(3,180) = 9.58$，$p < .001$，$\eta_p^2 = .14$）。在一年级初，学前班儿童的得分（调整后的平均分＝38.15，标准误＝2.03）显著高于另外三组儿童，并且另外三组儿童两两间得分并无显著差异（幼儿园：调整后的平均分＝20.94，标准误＝2.04；混读班：调整后的平均分＝19.26，标准误＝2.14；无学前教育经历：调整后的平均分＝17.20，标准误＝3.39）。在一年级结束时，幼儿园（调整后的平均分＝61.79，标准误＝2.71）以及学前班儿童得分（调整后的平均分＝66.09，标准误＝2.70）显著高于混读班儿童（调整后的平均分＝50.68，标准误＝2.84）以及无学前教育经历的儿童（调整后的平均分＝41.19，标准误＝4.50）。前两个组别儿童间得分无显著差异，同样，后两个组别儿童间也无显著差异。图 8-6 显示了不同学前教育经历儿童从入学初到一年级结束期间语言学业准备及发展状况。由图 8-6 可知，幼儿园儿童在一年内得分的增长较其余三组儿童都快，并且在一年级结束时基本已经达到学前班儿童的水平。

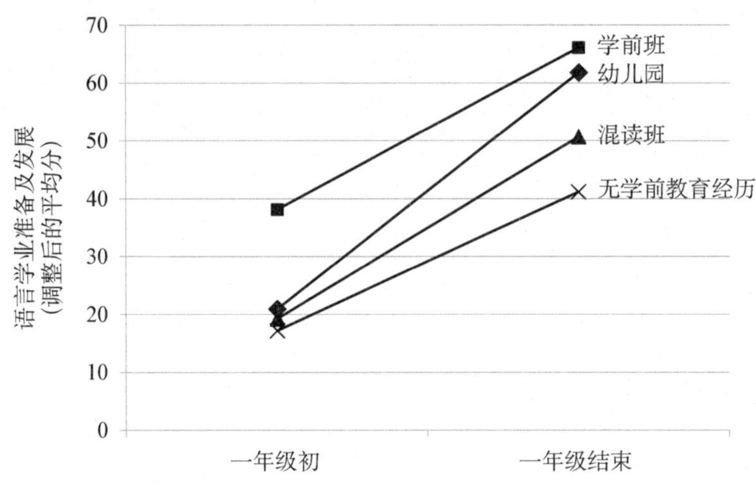

图 8-6 不同学前教育经历儿童一年级初及一年级末期语言学业成绩

(二) 学前教育经历对儿童数学学业准备的影响

表 8-8 中的描述统计显示，在一年级入学初和结束时，无学前教育经历的儿童在数学学业测试上的得分都相对最低，这与语言学业测试的结果相似。在入学初，混读班儿童与幼儿园以及学前班儿童的得分较接近，但至一年级结束时，则与两组儿童的得分差距增大。总体而言，四组儿童两次得分的组内差异都较大。研究进一步分析了学前教育经历对儿童入学一年级数学学业表现的影响。

与对语言学业准备表现的分析相似，研究也采用了重复测量的协方差分析，以儿童的数学学业成绩为因变量，以学前教育经历为被试间变量，时间为被试内变量，同时将母亲的受教育水平及儿童年龄作为控制变量，此外，根据上一章对于家庭因素的分析，由于家庭未成年子女数对儿童学前教育经历×时间交互作用显著（$Wilk's\ \lambda = .84$, $F(3,183) = 11.96$, $p < .01$, $\eta_p^2 = .16$)，表明四种不同学前教育经历的儿童随着时间的变化，其数学学业表现呈现出不同的增长幅度（见图 8-7）。学前教育经历的主效应显著（$F(3,183) = 6.86$, $p < .001$, $\eta_p^2 = .10$)，但时间主效应不显著（$F(1,183) = .46$, $p = .50$)，这表明，在整体上，入学一年内，儿童数学学业成绩的增长并不显著。

为进一步探讨学前教育经历对儿童入学初及一年级结束时数学学业成绩的影响，研究使用两次单因变量协方差分析，控制母亲受教育水平、儿童年龄以及家庭未成年子女数，结果显示，在两次测试中，学前教育经历对儿童数学学业成绩的影响均显著（一年级初：$F(3,183) = 4.90$, $p < .01$, $\eta_p^2 = .08$；一年级结束：$F(3,183) = 10.76$, p

$<.001, \eta_p^2 = .15$）。在一年级初，曾在学前班就读的儿童得分（调整后的平均分＝27.99，标准误＝1.48）较曾就读于幼儿园（调整后的平均分＝21.50，标准误＝1.49）、混读班（调整后的平均分＝23.21，标准误＝1.52）以及无学前教育经历的儿童（调整后的平均分＝18.81，标准误＝2.48）要高。幼儿园儿童数学学业准备得分与混读班以及无学前教育经历的儿童无显著差异（$ps>.05$）。在一年级结束时，曾就读于幼儿园的儿童得分（调整后的平均分＝48.29，标准误＝1.56）与曾就读于学前班的儿童（调整后的平均分＝45.22，标准误＝1.56）已无差异，并且显著高于曾就读于混读班（调整后的平均分＝39.24，标准误＝1.60）以及无学前教育经历的儿童（调整后的平均分＝32.16，标准误＝2.61）。混读班儿童的得分则较无学前教育经历的儿童得分显著更高（平均数差值＝7.08，$p<.05$）。

图 8－7 所展示的是儿童入学一年内数学学业准备及发展状况。随着时间的推移，虽然四组儿童数学学业表现的增长并不显著，但得分都有一定程度的提升，其中，幼儿园儿童得分的增长最快。值得注意的是，在一年级入学初，幼儿园儿童数学学业表现与混读班以及无学前教育经历的儿童没有显著差异，同时，得分显著低于学前班儿童，而至一年级结束时，其得分已经显著优于混读班以及无学前教育经历的儿童，并且与学前班儿童差异不显著。这在一定程度上显示了幼儿园的就读经历对儿童数学学业准备及发展带来的优势。相对而言，无学前教育经历的儿童在一年内得分都相对最差，所获得的得分的增长也相对最少。

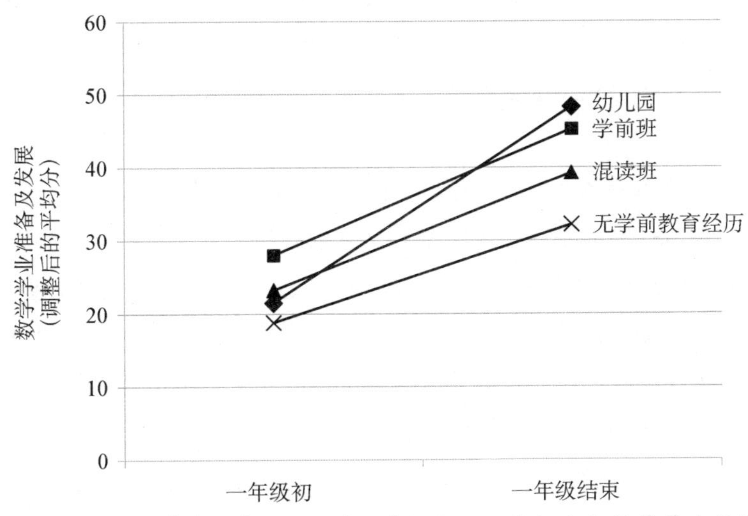

图 8－7　不同学前教育经历儿童一年级初及一年级末期数学学业成绩

第四节 研究讨论与总结

以上的研究探讨了三类农村学前教育机构的学习环境以及教育状况，研究结果展现了三类机构在这两个方面的差异与共性。此外，研究也就四种不同学前教育经历对儿童三个方面入学准备的影响作了分析，发现了四种经历所带来的不同影响。以下，研究者将就上述的研究结果作分析和讨论。

一、农村学前教育机构学习环境质量的差异

总体而言，与城市相比，虽然农村学前教育机构的质量整体较差(Rao, Sun, Zhou et al., 2012)，但农村幼儿园质量较学前班以及混读班更好。相对而言，幼儿园为儿童提供的学习和活动资源及材料更丰富，师资水平更高，并且所营造的环境也更适合儿童的身心发展特点。在整体上，虽然三类机构都以集体教学为主，但幼儿园更倡导基于游戏的学习。学前班附设在小学中，每个班级儿童数量相对最多。学前班教师通常为没有或者较少受过学前教育专业培训的代课教师，在开展教学的过程中“小学化”倾向较严重，教师注重知识的机械记忆，并且在授课的过程中很少提供活动或者教学资源。混读班则几乎不考虑学前儿童的需求，没有为儿童提供专门的学习材料和活动。这些班级的教师通常为小学教师或者代课教师，授课时无论儿童的年龄，均一律采用一年级的课程。在混读班中的儿童必须完全遵守一年级的课程安排，并且在课堂中常被教师所忽略。

以下三个因素可能造成三类学前教育机构学习环境的差异。首先，三类学前教育机构的经费来源和支持体系存在较大差异。经费资源被认为是影响学前教育机构质量的重要方面(Barnett & Hustedt, 2011)。除了经费的总额度存在显著影响，经费的使用也是影响机构质量的重要因素(Myers, 2006)。农村贫困地区亟待经费支持，以帮助当地学前教育机构达到基本的质量标准，比如，在机构中添置基本的儿童生活活动和学习活动的设施，聘请接受过基本的学前教育专业培训的教师等。然而，由于学前教育并不属于义务教育体系，因此，学前教育所获得的政府经费投入较少，即便对于急需支持的农村学前教育也如此(Jiang, 2008)。在农村地区，除了公办的镇或者乡中

心幼儿园，其他类型的学前教育机构从当地政府所获得的经费支持极其有限，甚至没有支持。

在本研究中，唯一的一所幼儿园是公办园，能够获得来自县政府和当地镇政府的教育经费。比如，2008年由于幼儿园原校舍成为危房，幼儿园整体进行了校舍改迁和重建，这些经费都来自于两级政府。同时，幼儿园所有的教师都有编制，这对于教师身份的认定是非常重要的要素(Hu & Roberts, 2013)。由于有编制，这些教师的薪酬均由县教育部门支付，这就极大降低了幼儿园的经济负担。相对而言，学前班和混读班并不能获得政府的任何经费支持，都处于自负盈亏的状况。这些机构的经费仅来自于儿童的学费。在整体上，两类机构每学期向每位儿童所收的学费为150元。这部分费用中，有一部分用于支付任课教师的工资(每月300—500元)，剩余的费用理应用于儿童，比如环境的布置、儿童学习材料的购买等。然而，这些经费却被用于贴补小学教育。因此，造成了学前班学习和活动资源匮乏的局面。比如，学前班通常与小学儿童共用操场和厕所，而班级内所用的桌椅通常为小学所淘汰的。相对于学前班，招收学前儿童的一年级混读班将所有从学前儿童中所收的学费用于小学儿童。由于这样的班级不需要和一年级分开，学校也不需要单独再招收教师。为了能够有更多盈利，一些学校在一年级中尽量多招收学前儿童，而同时，在教学过程中，教师对这部分儿童较为忽视，不利于学前儿童的发展。在这样的情况下，学前班和混读班成了为小学谋福利的方式(Zhang & Liu, 2017)。因此，经费支持的缺乏影响了学前班以及混读班的教育质量。而两类机构对于有限经费的不恰当使用也进一步影响了学前教育质量，使之与幼儿园教育质量的差距进一步变大。

第二，三类机构的行政管理体系差距也较大。“学前教育机构的有效管理”能够确保服务的质量，从而提升机构的整体质量(UNESCO, 2007b)。我国学前教育的管理高度依赖于当地政府(Jiang, 2008)。在本研究中，幼儿园由县政府教育部门直接管理和指导，而学前班以及混读班则由所在小学管理。在县政府教育部门，有一位幼教专干承担和负责全县的幼儿园管理，并且对幼儿园的服务质量进行监控和督导，包括园舍的建立到教师的培训等。这位专干多次到本项目幼儿园作督查，而幼儿园中的教师也经常有机会到县中心幼儿园接受培训。相对而言，学前班和混读班教师则很少有机会到这些优质的幼儿园中接受培训，并且由于这两类机构由小学负责管理，这些教师参与培训需要获得当地的小学中心校行政领导的批准。由于小学关注的是小学基础教育，学前教育就像“灰姑娘”，很少受到当地中心校的关注(Rao et al., 2003)。因此，这两类机构中的教师很少受到县政府的指导与支持，通常处于自我管理和自我维持的状态。这些班级的教师很少获得学前教育方面的专业培训。而更为糟糕的是，当学前教育的毕业生由县里分配到相应的学前班后，由于师资力量的紧缺，这些毕业生通常会被调配到幼儿园或者到小学部。这些因素进一步加剧了三类学前教育机构学习环境质量的差异。

第三，三类机构的教育理念也存在差异。幼儿园重视儿童的全面发展，并将这一理念贯穿在活动设计和日常教学中。在开展活动时，教师通常采用“教育游戏”(Eduplay)帮助儿童学习基本的概念、掌握学习技能、学习社会交往技能以及艺术领域的基础知识等(Rao & Li, 2008)。学前班强调儿童的学业技能以及课堂纪律和行为，教师通常将学前儿童视作小学儿童。此外，由于学前班的运作和维持完全依赖于家长，因此，教师在设计和实施课程时也更多考虑家长的期望。家长往往对儿童学业学习的要求较高，因而，在课程安排上，学前班也主要强调语言和数学学业知识的教学。同时，由于学前班人数较多，教师也注重儿童对于班级规则和纪律的遵守。这与美国为儿童所开设的入学准备教育相似。通常，儿童被要求在入小学前在小学中接受一年的入学准备教育，在这些班级中，儿童常常学习基本的语言和数学知识，教师的授课也以集体教学为主(La Paro et al., 2009)。然而，需要注意的是，在我国农村，学前班儿童年龄范围较广，不仅包括6—7岁即将接受小学教育的儿童，同时也包含3—5岁的更年幼儿童。混读班是一种非正式的学前教育形式。相对而言，这些班级中的家长更加关注儿童的安全问题，并且希望通过这种形式“让儿童感受下小学学习环境”(Rao, Sun, Zhou et al., 2012)，同时能够学到基本的知识。因此，学前儿童被安排在一年级教室，初步感受小学学习的情境，并与一年级儿童共同学习。由于家长对儿童学习的要求并不高，这些儿童较易被教师忽视。因此，机构的教育理念对教师的教育教学产生了不同的影响，也进一步造成了三类机构在儿童学习环境质量上的差异。

二、农村学前教育机构教育状况的差异

执行功能是儿童入学准备的重要方面，大量的研究显示，儿童的执行功能是可训练和培养的(如，Barnett et al., 2008; Bierman et al., 2008; Diamond et al., 2007)，而教师的教育策略对于儿童执行功能的发展有直接的影响(Rimm-Kaufman & Wanless, 2012)。由于教师并未刻意发展儿童的执行功能，而这一重要准备技能的培

养又是渗透在日常的教育教学活动中的，因此，本章以儿童执行功能的发展为切入点，描述和比较了不同机构教师在这一方面的教育实践。结果显示，虽然教师并未特意把执行功能的培养融入到课程中，但是不同类型机构教师在执行功能三个方面的教育实践有所不同。相对而言，幼儿园教师为儿童执行功能的发展提供了更多支持，学前班教师对儿童执行功能发展的关注较少，而混读班教师则几乎不关注儿童的执行功能发展。

首先，在学习内容的记忆和理解方面，幼儿园教师倾向于使用有意义学习的方法帮助儿童记住所学内容，而学前班以及混读班教师更多使用机械记忆式的反复诵读法。研究表明，通过表层记忆的方式所获得的信息容易被遗忘，为了帮助儿童达成较好的学习效果，成人应该给儿童足够的解释，并帮助他们理解以及思考自己所做的事(Vosniadou, 2001)。其中，一项有效的策略是为儿童提供"具体的外在的辅助"帮助儿童理解信息(Diamond et al., 2007)。在本研究中，幼儿园教师采用了提问、表演以及其他的外在辅助物帮助儿童记忆和理解所学习的内容。学前班和混读班教师则采用了大量的练习与机械式背诵的方法。

在培养儿童行为控制方面，幼儿园教师注重在课堂开始前告诉儿童学习的目标和对他们的期望，同时也为儿童提供了足够的示范和展示。此外，教师也采用了不同方法培养儿童的行为控制能力，比如，口头指令、行为指导以及社会性比较等，同时，教师也鼓励儿童使用"自我言语"控制自己的冲动行为，引导恰当的行为。这些策略的有效性已在几项西方的研究中得到印证。例如，教师引导式的教育方法，包括对即将开展的活动的解释和示范能够预测儿童执行功能的表现(Cameron & Morrison, 2011)。教师对班级的组织能力，包括清晰地呈现一日生活流程、陈述教学活动目标以及明确对儿童的期望有助于儿童将班级规则内化，并积极投入到活动中(Bohn, Roehrig, & Pressley, 2004; Cameron, Connor et al., 2008)。此外，教儿童一些能够有效控制冲动行为的策略也至关重要。在一项旨在提升儿童执行功能的著名课程"心智工具"(Tools of Mind)中，个人言语(private speech)被认为是有效的方法(Bodrova, 2007)。在该课程中，教师鼓励儿童在不同情境下使用可听辨的自我引导式言语监控和调节自己的行为，比如，在学习新的活动以及规则转换活动中使用该策略(Bodrova, 2007; Diamond et al., 2007)。在本研究中，幼儿园教师在课堂开始以及当儿童出现注意力分散的情况下使用自我引导式言语以及身体动作。总体而言，幼儿园教师能够运用有效的策略帮助儿童发展自我控制的能力。相对而言，学前班以及混读班教师则较少使用这些策略。在课堂开始前，学前班教师并没有清晰地表达出对儿童的期望以及学习目标，且在布置任务的过程中给儿童的解释也很有限。这些教师倾向于使用口头提醒的方式让儿童遵守班级纪律，同时，对于违反纪律的儿童则当面批评。一年级混读班教师通常在一堂课中涉及多项任务，但却并未在任务过渡环节事先告知儿童。在每堂课中，教师主要关注一年级儿童，很少给学前儿童以教育指导。为了维持班级纪律，教师会通过直接的口头指令让儿童停止干扰班级课堂秩序的行为。以上的结果显示，幼儿园教师倾向于给更多的"预设性"指导以防止儿童的不良行为，而另外两类机构的教师则更多给予"反应性"及"纠正性"的指导(Lan et al.，2009)。一项对一年级班级教育活动的研究表明，教师的预设性指导能够预测中国和美国儿童在班级中的活动参与情况(Lan et al.，2009)。因此，本研究中的另外两组儿童更可能在班级中出现游离的行为。

另外，教师不同的教育教学策略对于儿童是否能够集中注意也有重要的影响。为了提升儿童对班级活动的参与度，幼儿园教师通常在班级中巡回走动，以确保所有儿童都保持注意力集中。学前班教师则不在教室里走动，或者将年龄稍大且即将入读一年级的儿童安排在前排就坐。在混读班中，学前儿童座位通常与正式的一年级儿童分开，他们所获得的来自教师的关注较少。研究表明，教室座位安排的合理性能够增加儿童参与班级活动的可能性(Wannarka & Ruhl，2008)。处于前排和中间区域的儿童更容易获取来自教师的和黑板上的信息，产生更积极的师生互动，从而促进儿童对班级活动的参与度(李涛，邬志辉，2017)。在本研究中，各类型机构班级儿童人数较多，如果坐在后排或者侧面位置的儿童得不到教师的足够关注和支持，就很容易出现分心的行为。特别在学前班和混读班中，儿童的座椅为长凳，通常由几位儿童共用，这就增加了同伴间在不恰当的时机交流的机会。此外，教师在课堂中对于教育学习材料等的使用也是影响儿童注意力的重要方面。采用"有趣而吸引儿童的策略"是促进儿童执行功能发展的重要策略(Rimm-Kaufman & Wanless，2012)。在本研究中，幼儿园教师通过教学材料的引入、提开放式的问题以及组织有趣的活动吸引儿童注意。教学材料以及活动的开展引起了儿童对课堂内容的关注和兴趣，而开放式的问题有助于儿童对所学内容的思考。因此，在幼儿园中，儿童更能保持持续的注意力。学前班的教师所使用的教学材料则很有限，并且在教学过程中很少组织有趣的活动。混读班的教师面向一年级儿童，几乎很少考虑要吸引学前儿童的注意。

总之，幼儿园教师采取了相对有效的策略促进儿童执行功能的发展，而学前班和混读班教师的支持则相对较弱。其中可能的原因是教师专业知识和技能方面的差异。在后面两类机构中，几乎所有的教师都未接受过学前教育方面的专业培训。教师对于学前儿童发展方面的理解不够，很难设计出符合儿童年龄特点的活动。因此，教师就完全依赖于教科书，并且只注重学科知识的讲授。

研究表明，让儿童学习和练习执行功能技能的最佳方式是积极参与到不同的活动中，特别是游戏中（如，Blair & Diamond，2008；Bodrova，2007）。比如，在装扮游戏中，儿童能够自主建立一些规则，与同伴协商，并且遵守规则，从而维持游戏的进行。然而，在本研究的所有学前教育机构中，很少为儿童提供自主游戏的机会。即使在幼儿园中，教师所安排的活动很少包含儿童的自主游戏和活动，这与胡碧颖及罗伯茨（Roberts）（2013）的研究结论一致。在这些机构中，教师往往采用高控的管理方式。虽然儿童在班级中能够遵守纪律，但通常是在教师干预或者控制下的被动遵守。总体而言，在本研究中，农村儿童在教室中执行功能的表现高度依赖于教师。有研究者建议，为了帮助儿童获得和掌握自我控制技能，教师应当逐步撤出相应的支持，并且为儿童提供更多的自我控制的机会（Florez，2011）。因此，农村学前教育机构的教师应该在教学过程中更多采用以儿童为中心的活动，并且为儿童提供更多的选择以帮助他们发展执行功能。

三、农村学前教育机构教育状况的共同点

以上从执行功能培养的角度探讨农村学前教育机构的教育状况，可以发现，不同机构所采用的方式存在较大差异。与此同时，研究也发现了农村学前教育机构中教与学的共同点。在所有三类机构中，教师都非常强调班级纪律，并要求儿童坐端正，表现出良好的行为习惯，比如，不能在教室中吵闹或者与同伴交谈。教师也要求儿童集中注意，仔细倾听。虽然混读班的学前儿童经常被教师所忽视，但当这些儿童看到一年级“哥哥姐姐”受到教师管教时也能够体会到班级纪律的严格。在所有观察到的教学活动中，教师对于儿童的行为控制都有较高的要求。在中国文化情境下，学校往往比较专制，从幼儿园开始就强调儿童对于冲动行为的控制（Ho，1994）。Wong 和 Pang（2002）指出，在一些与学前教育相关的政府文件中强调要培养儿童良好的学习习惯以及行为和情绪的控制力。这些内容的提出都受到了儒家文化思想的影响。比如，具有较好的行为控制力以及能够自律的个体往往被认为具有较好的社会成熟度（Chen et al.，1998）。乖顺及具有自控力的儿童往往被认为是“好孩子”（Chen et al.，1998）。在教室中，为了避免被同伴拒绝或者否定，儿童通常需要努力控制自己的行为。这可能在一定程度上提升和促进了儿童的行为控制和认知调节能力。

在教学方法上，三类学前教育机构都更多依赖于集体教学。受到集体主义文化的影响，各类机构在开展教育教学活动时以小组或者集体形式为主（Lan et al.，2009）。通常情况下，教师给儿童布置相同的活动任务或者期望不同儿童同时关注到相同的内容（Pang & Richey，2007）。同时，各类机构中游戏活动的开展频率较低，特别在学前班以及混读班中更少。在具体开展教学和活动的过程中，通常以教师为中心，而不是以儿童为中心。在传统文化中，儿童被视为是被动且高度依赖成人、需要成人提供支持与帮助的个体。在学习过程中，儿童也常被认为是被动的学习者，并且很少在教室中给儿童提供自我选择和自主决定的机会（Ho，1994）。

此外，三类学前教育机构高度重视儿童的前学业技能。虽然幼儿园为儿童提供了更多的游戏活动，但教师仍会教授儿童一些与学业技能相关的知识，比如简单汉字的书写等。在三类机构中，教师都会采用一些反复诵读的方法让儿童掌握学习的内容，与此同时，却忽视了儿童对于内容的理解。特别对于自负盈亏的学前班和混读班而言，家长的经济支持是机构运行和维持的保障，因此，学校在一定程度上需要迎合家长的需求。而在农村地区，家长对教育机构质量的衡量标准就是儿童在接受教育后是否能够背诵儿歌或者写一些汉字、做简单的计算。同时，家长更喜欢结构化、说教式的课堂形式。因而，不同类型机构教师的重要任务之一就是教儿童一些学业知识，并确保儿童能够背诵课堂中所学的知识。而在此过程中，儿童学习兴趣的激发以及对知识的理解程度则被忽略了（Ho，1994）。

四、农村学前教育经历对儿童入学准备的影响

以上的结果显示，在入学初以及一年级结束时，儿童的学前教育经历对入学基本概念的掌握、执行功能表现以及学业准备状况都具有显著的影响。总体而言，幼儿园以及学前班的儿童在各方面的准备状况优于来自混读班以及没有学前教育经历的儿童。有学前教育经历的三组儿童之间入学准备的差异可能由所在机构的课程以及教师的教育实践所影响。在以下的部分中，研究将分别讨论学前教育经历对儿童三个方面入学准备的影响。

(一) 入学基本概念

本研究显示，接受过任何类型学前教育的儿童比没有接受过学前教育的儿童对基本概念的掌握情况显著较好。本研究结果与柬埔寨（Rao, Sun, Pearson et al., 2012）及孟加拉国（Aboud, 2006）等几项亚洲的研究结果相似。这些研究显示学前教育对儿童入学准备有积极的影响。

此外，本研究显示三种不同类型机构儿童的入学准备状况差异显著。曾就读于幼儿园的儿童入学基本概念的得分最高，学前班儿童得分显著高于混读班儿童。这一差异可能源自于于不同机构为儿童安排和教授不同的学习内容。幼儿园为儿童提供了不同的活动，让儿童有机会探索和学习基本的概念。同时，教师也会借助一些辅助材料帮助儿童理解所学内容。因此，这些儿童有可能对不同概念的掌握程度较好。学前班关注一年级儿童需要学习的知识，特别是简单汉字、数字和加减法计算等。因此，比起曾在幼儿园就读的儿童，曾就读于学前班的儿童所获得的概念更为有限。在一年级混读班，学前儿童只是"坐在"教室里，所学习的内容超出其能力范围。教师并没有单独给学前儿童教授学习所必需的基本概念，并且这些儿童常常被教师忽视。因此，与其他两类儿童相比，这些在一年级"混读"的儿童可能在入学准备方面的表现更差。

虽然本研究并未使用标准化的工具评估三类学前教育机构的质量，但观察研究的结果显示了不同机构教育质量的差异，以及机构质量与儿童入学准备间的关系。上述结果进一步验证了美国、英国等西方国家，以及孟加拉国、柬埔寨和印度等亚洲国家相关研究的结果，即高质量的学前教育更可能提升儿童的入学准备水平，且对于经济处境不利的儿童而言，高质量的学前教育对他们的促进作用更显著（如，Magnuson et al., 2007; Moore et al., 2008; Rao, 2010; Rao, Sun, Pearson et al., 2012; Sylva et al., 2004）。

(二) 执行功能

本研究使用头—脚—膝盖—肩膀任务对初入学的儿童进行了执行功能的测查，且在一年级结束时再对儿童作重复测查。总体而言，学前教育经历对于儿童执行功能的影响显著。这与阿根廷的一项研究结果一致，该研究发现，学前教育的经历对三年级儿童行为控制能力，包括注意力、自律行为、班级活动的参与以及学习的努力状况有显著影响（Berlinski, Galiani, & Gertler, 2009）。

进一步的研究发现，在一年级初以及一年级结束时，没有学前教育经历的儿童与来自幼儿园以及学前班的儿童相比，执行功能的得分显著较低，且在一年级结束时，得分显著低于混读班儿童。在一年级初入学时，学前班儿童执行功能表现差于幼儿园儿童，但优于混读班儿童。没有学前教育经历的儿童在执行功能方面存在弱势，因为这些儿童没有就学的经历，可能在入学时与其他组儿童相比，在一些学习技能和习惯方面表现较差，比如，记住教师的指令和重要的学习内容、注意倾听教师、控制自己的冲动行为等，而这些是儿童执行功能发展的重要方面。这些儿童需要更多时间适应小学的学习环境和生活。

值得注意的是，在入学初，混读班儿童在执行功能方面的准备状况与没有学前教育经历的儿童并无差异。在这些儿童“混读”期间，教师很少给以支持和关注，很多儿童只是“坐在”教室中，并未参与班级活动。这种经历可能对儿童执行功能的发展存在负面的影响。因此，在入小学初，这些儿童有可能与没有学前教育经历的儿童在执行功能方面差异不显著。然而，当这些混读班的儿童成为真正的一年级学生时，他们便成为了教师关注的主要群体，能够获得的来自教师的支持也较多。同时，由于这些儿童在一年级班级中已经有就学经历，对于班级的纪律和常规较为熟悉，也耳濡目染了教师对于一年级“哥哥姐姐”的管教，因此，相比于没有学前教育经历的儿童，他们对于一年级学习生活的适应更快。因而，在一年级结束时，执行功能的表现有可能优于无学前教育经历的儿童。

与混读班儿童相比，幼儿园以及学前班儿童能够获得更多来自教师的指导和关注，有更多机会练习执行功能。然而，尽管学前班强调班级纪律，并且采用了与小学相似的日程安排以及学习内容，但这些儿童的执行功能表现较幼儿园儿童差。研究显示，除了教师的教育教学指导外，游戏特别是表演游戏，能够促进儿童执行功能的发展(Diamond et al.，2007；Elias & Berk，2002；Tough，2009)。在规则游戏和自由游戏的过程中，儿童能够从中学会遵守教师或者自己建立的规则，并且通过对规则的运用监控他人和自我(Bodrova & Leong，2008)。通过这种方式，儿童在自我管理和监控方面，逐步学会由高度依赖教师的“他律”过渡到“自律”，促进其执行功能的发展(Bodrova & Leong，2008)。在幼儿园一日活动中，每天早晨以及下午，儿童可以有机会与同伴进行自由游戏，在下午，教师还会安排一些规则游戏。为了能够参与和维持这些活动的进行，儿童往往需要记住规则，集中注意，并且使用规则控制自己的不当行为。因此，儿童的执行功能得到了练习以及强化。而在学前班，教师借助大量的室内学习和机械记忆活动，很少给儿童游戏的机会。而同时，教师也通过不断强化班级纪律和规则让儿童被动地遵守，缺乏让儿童主动体验和自我管理的机会，因而，他们的执行功能发展状况可能不如幼儿园儿童。

（三）学业准备

研究基于儿童一年级课程学习内容自编了语言和数学能力测试考察儿童的学业准备状况。研究显示，学前教育经历对儿童学业准备的影响显著，这与国外的相关研究结果一致。这些研究也表明，儿童早期接受的保育和教育对其学业发展不仅有短期，也有长期的影响（如，Nelson et al.，2003；Vandell et al.，2010）。

对四种不同学前教育经历儿童的进一步比较显示，总体而言，学前班儿童在语言和数学学业上的表现相对最佳，而幼儿园儿童学业能力发展最为显著。具体而言，在一年级初入学时，幼儿园儿童在语言和数学学业方面的准备状况显著差于学前班儿童。这可能与两类机构课程学习的内容有关。幼儿园关注儿童的全面发展，虽然，在此期间，幼儿园教师也教授儿童简单的汉字，但并不特别注重儿童学业知识的学习（Rao，Sun，Zhou et al.，2012）。在与小学教师的访谈中，一些教师也表示更喜欢学前班儿童，因为儿童在学前班能够学习更多与一年级授课内容相关的知识，而幼儿园中，儿童花了较多的时间参与艺术类的活动，如唱歌、跳舞等，对学业基本知识的学习时间不多。然而，教师也承认，幼儿园儿童更有潜力获得较好的学业成绩。教师所指的"潜力"主要指儿童的学习兴趣和动机等（Danielsa & Shumow，2003；Rao，Sun，Zhou et al.，2012），幼儿园的学习生活为儿童这些方面的发展和培养奠定了基础。而事实也确实如此，到一年级结束，幼儿园儿童语言和数学学业能力已经赶上学前班儿童，学前班儿童原先的学业优势已不显著。特别是在数学学业表现上，尽管在一年级结束时，幼儿园与学前班儿童的得分差异不显著，但幼儿园儿童已经表现出赶超的趋势。国外的研究显示，与以儿童为中心的机构相比，在以教师为主采用教导式教学法的机构中，儿童字母和早期阅读学业方面的表现更为突出，但数学学业表现的优势并不突出（Stipek，Feiler，Daniels，& Sharon，1995）。学前班教师更多采用重复背读和练习的方法让儿童记忆学业知识，而幼儿园教师更多借助不同的活动让儿童学习更广泛的内容，这就可能造成幼儿园儿童在初入学时学业知识方面的优势不足。此外，特别在小学低年级，儿童需要学习基本的字词以及简单的计算等，而这些基础内容的学习较多依赖于练习和机械记忆，因此，学前班儿童可能在低年级学业能力的发展上有一定优势。然而，随着儿童学习的深入，需要儿童更多的学习兴趣和动机，同时要具备更高水平的思维技巧和方式，而知识的学习也更依赖于理解，特别在数学学习方面(Zhang & Rao, 2017)。因此，从长远的发展来看，幼儿园儿童学业表现方面的潜力可能会日益显现。

尽管与学前班儿童相比，混读班聚焦一年级儿童的学业学习内容，在教学方式上，教师也采用了直接教导式的教学以及大量练习的方式，让儿童机械性学习和记忆学业知识。然而，由于混读班中学前儿童能够获得的教师的支持和关注很有限，大部分儿童在教室中并未参与学习，因此，导致了这些儿童与曾在学前班就读的儿童学业准备上的显著差异。此外，需要特别注意的是，与没有学前教育经历的儿童相比，混读班儿童在学业表现上并没有优势。研究表明，接受学前教育能够促进处境不利儿童学前期以及小学的学业表现(如，Aboud, 2006; Aboud & Hossain, 2011)，但学前教育机构的质量是导致儿童学业表现差异的关键因素(Rao, Sun, Zhou et al., 2012)。多项研究显示，低质量的学前教育机构并不能为贫困儿童的学业表现带来积极的影响，甚至对儿童学业的发展并不能起到促进作用(如，Magnuson et al., 2007; Sylva, Melhuish, Sammons, Siraj-Blatchford, & Taggart, 2011)。与这些研究一致，本研究也发现仅仅在一年级教室中"混读"的经验为儿童所带来的学业发展方面的获益极其微弱，甚至没有。"混读"是一种非正式的学前教育形式，并且在国家的相关文件中被明令禁止，但在我国贫困地区，这种现象依然存在。这些班级中的学前儿童往往不能获得来自教师的教育支持，且很少参与到班级活动中。甚至有些教师反馈这些曾经就读混读班的儿童进入小学后学习兴趣和学习动机都缺乏。因此，混读班的就学经历对于儿童学业发展所带来的影响值得质疑。

五、总结

在本章中，研究者比较和分析了三类不同学前教育机构的学习环境以及教育状况。在学习环境方面，幼儿园为儿童提供了更多的教育资源，师资队伍水平更高，并为儿童提供了发展适宜性的课程和活动，因而，学习环境质量更高。学前班为儿童提供的资源较少，教师通常是没有接受过学前教育专业训练的代课教师，所开展的活动和教学方法与小学相似。混读班教师几乎不关注学前儿童，并要求儿童遵循一年级的课程和学习内容。

在教育实践方面，三类机构存在一定的共性，他们都强调班级纪律、儿童的学习习惯、良好的行为以及自我控制能力。在教学活动过程中，普遍使用教师控制下的集体活动。然而，三类机构也存在显著的差异。幼儿园通常在教师引导下采用更有效的策略促进和提升儿童执行功能各个方面的发展。相对而言，学前班和一年级教师通常采用的是应对性以及纠正式的策略，因此，对于提升儿童执行功能各方面发展的效果并不显著(Lan et al.，2009)。

在最后一个部分，研究探讨了学前教育经历对儿童入学基本概念、执行功能以及学业准备三个方面的影响。结果显示，学前教育经历对儿童入学准备三个方面均有显著的影响。即使到一年级结束，学前教育经历的影响仍存在。来自幼儿园以及学前班的儿童比曾在混读班就读以及没有学前教育经历的儿童表现更好。曾就读幼儿园的儿童在入学基本概念以及执行功能方面的表现更好，学前班儿童在学业准备方面的优势更明显。相对而言，混读班的就学经历使儿童入学准备发展方面的获益很有限。

第九章
我国农村贫困地区家庭与学前教育机构状况对儿童入学准备及小学学业发展的影响

以上研究就农村家庭和学前教育机构教育状况及对儿童入学准备与学业发展的影响分别作了探讨。本章中，研究者将借助结构方程建模考察家庭以及学前教育机构因素对儿童入学准备与学业发展的影响，共分三节内容。为跟踪儿童学业能力的发展状况，研究者在儿童初入学、一年级结束以及二年级结束时对儿童的语言和数学学业成绩作了测查。此外，研究也收集了儿童六年级时语言和数学的学业成绩。在第一节中，研究将探讨儿童入学准备与学业发展的关系，在第二节中，将考察家庭和学前教育机构因素对儿童语言和数学学业准备及发展的影响。第三节则基于前两节的研究结果作讨论以及总结。

第一节　农村儿童入学准备及学业发展的关系

在第六章中，研究探讨了农村儿童入学准备及学业发展的状况。已有研究显示，入学准备是儿童未来学业发展的重要预测变量（Duncan et al.，2007；Pagani et al.，2010；Romano et al.，2010）。在本节中，研究将进一步考察三个方面入学准备发展与儿童学业表现的关系。研究首先分析入学基本概念和学业准备与发展的关系，随后考察执行功能准备及发展和学业准备与发展的相关性，之后关注学业入学准备与高年级学业能力的关系，最后，再探讨入学准备各方面与学业发展的相互关系。

一、入学基本概念和学业准备与发展的相关分析

研究采用相关分析探讨儿童入学准备与学业发展间的关系，结果如表 9 - 1 所示。

表 9-1　儿童入学基本概念、执行功能及学业准备与一至六年级学业发展的相关分析

	1	2	3	4	5	6	7	8	9	10	11	12	13	14
入学基本概念	1.00													
执行功能准备	.67***	1.00												
语言准备	.32***	.30***	1.00											
数学准备	.37***	.37***	.59***	1.00										
执行功能 1	.57***	.61***	.21***	.27***	1.00									
记忆力	.51***	.48***	.20***	.37***	.47***	1.00								
抑制控制	.58***	.52***	.21***	.27***	.55***	.47***	1.00							
注意力	.61***	.61***	.33***	.32***	.53***	.62***	.58***	1.00						
语文成绩 1	.48***	.45***	.43***	.37***	.41***	.44***	.50***	.52***	1.00					
语文成绩 2	.57***	.45***	.41***	.33***	.45***	.47***	.54***	.54***	.68***	1.00				
数学成绩 1	.62***	.48***	.51***	.55***	.45***	.44***	.48***	.51***	.61***	.54***	1.00			
数学成绩 2	.67***	.54***	.47***	.38***	.49***	.54***	.56***	.66***	.71***	.83***	.64***	1.00		
语文成绩 6	.48***	.40***	.38***	.45***	.45***	.51***	.56***	.47***	.70***	.67***	.61***	.68***	1.00	
数学成绩 6	.63***	.55***	.30***	.47***	.47***	.56***	.50***	.53***	.62***	.60***	.59***	.69***	.75***	1.00

注：*** $p<.001$；执行功能 1＝儿童一年级结束时执行功能表现；语文(数学)成绩 1＝一年级结束时语文(数学)成绩；语文(数学)成绩 2＝二年级结束时语文(数学)成绩；语文(数学)成绩 6＝六年级结束时语文(数学)成绩。

由该表可知，儿童入学基本概念与学业准备以及一至六年级语言和数学成绩得分均呈极显著相关（$r=.32—.67$，$ps<.001$）。且与入学初入学基本概念与语言或者数学学业能力的相关系数相比，在一年级结束以及二年级结束时，两个相关系数显著更高（$Z=1.97—4.09$，$ps<.05$），此外，儿童入学基本概念得分与六年级结束时的数学学业成绩的相关系数显著高于与一年级入学初数学学业的相关系数（$Z=3.12$，$p<.01$）。在每个时间点上，入学基本概念得分与语言学业成绩及与数学学业成绩的相关系数无显著差异（$Z=-1.73—0.60$，$ps>.05$）。这表明，儿童入学基本概念的掌握程度与其学业准备及发展关系密切，基本概念的掌握情况越好，儿童在语言和数学方面的准备能力更强，进入小学后的学业表现也更好。同时，入学基本概念的掌握情况对儿童小学语言和数学学业学习表现有深远的影响，直至六年级，相关性仍显著，并且入学基本概念得分与数学学业能力的相关程度显著强于一年级入学初的情况。此外，值得一提的是，入学准备基本概念与语言及数学学业能力的相关程度较稳定，从一年级入学初到六年级结束，两者的相关系数始终保持无差异。

二、执行功能和学业准备与发展的相关分析

表 9－1 同时呈现了执行功能和学业准备与发展的关系。结果显示，儿童一年级入学初的执行功能准备状况与语言和数学学业准备以及一至六年级结束时的语言和数学学业表现均呈极显著相关（$r=.30—.55$，$ps<.001$）。进一步与入学初的情况相比，在一年级结束、二年级结束以及六年级结束三个时间点上，执行功能准备与各时期语言学业成绩的相关系数差异均不显著（$Z=1.11—1.81$，$ps>.05$），但在二年级结束以及六年级结束时，相比于入学初，执行功能准备与数学学业成绩的相关系数显著更高（$Z=2.09—2.77$，$ps<.05$）。同时，在各个时间点上，执行功能准备状况与语言学业成绩以及与数学学业成绩的相关系数差异并不显著（$Z=-1.54—0.38$，$ps>.05$）。由此可知，儿童执行功能与儿童的语言和数学学业发展关系紧密，在入学初儿童的执行功能得分越高，越可能在后期的小学语言和数学学业发展上表现更好。虽然，在入学一年内，执行功能准备与两次语言学业表现以及两次数学学业表现的相关程度并无显著性差异，但随着时间的推移，执行功能与语言学业以及数学学业表现的相关度显现出了差异，相对而言，执行功能与语言学业发展的相关较为稳定，但与数学学业发展的关系则越来越紧密，体现了执行功能准备对于数学学业发展更为深远的影响。

三、入学准备基本概念及执行功能对学业准备及发展的预测作用

以上的分析显示，入学准备基本概念、执行功能准备状况分别与儿童在语言和数学的学业准备以及入小学后两种学业能力的发展有着密切的相关。此外，表 9-1 也表明了入学基本概念和执行功能准备显著相关（$r=.67$，$p<.001$）。在本部分中，研究将进一步采用回归分析考察入学基本概念及执行功能对学业准备以及学业发展的预测作用。研究分别以儿童在四个时间点上的语言和数学学业准备或者学业发展得分为因变量，以入学基本概念得分和执行功能准备为自变量或预测变量，同时，也将前面时间点的相应学业表现和执行功能作为控制变量，以儿童的年龄和性别为控制变量，共作 8 个回归分析。

（一）入学准备基本概念及执行功能对语言学业准备及发展的预测作用

首先，研究以儿童一年级入学初的语言准备能力为因变量，依次将儿童的年龄和性别作为第一层控制变量，入学准备基本概念得分放入第二层，作为第一个预测变量，执行功能准备放入第三层，作为第二个预测变量，形成三个回归模型。总体而言，除第一个模型外，第二和第三个回归模型均具有统计学意义（$ps<.001$）。进一步结果如表 9-2 所示，儿童年龄和性别两个控制变量的预测作用并不显著（$ps>.05$）。在此基础上，当研究加入了入学基本概念这一预测变量后，回归模型显著（$F(2,187)=7.79$，$p<.001$），入学基本概念能显著预测儿童初入学时语言准备状况（$\beta=.31$，$p<.001$），且与第一个模型相比，这一变量的引入使模型中调整后的决定系数增加了.10（$F\triangle(1,186)=19.79$，$p<.001$），即入学基本概念对儿童初入一年级时的语言准备能力的解释率达到 10%。在此基础上，研究在第三个模型中再加入执行功能准备。结果显示，入学基本概念预测作用仍显著（$\beta=.19$，$p<.01$），但执行功能准备仅达到边缘显著水平（$\beta=.17$，$p=.07$），且这一变量的加入并未引起模型决定系数的显著变化（$F\triangle(1,185)=3.33$，$p>.05$）。因此，在这一分析中，研究接受第二个回归模型，这表明，入学基本概念是儿童入学初语言学业准备的重要预测变量，而执行功能并不是，且这一变量与两个控制变量对儿童语言学业准备的解释率为 10%。

表 9－2　入学基本概念和执行功能对入学初语言和数学学业成绩预测作用的分析结果

变量	模型 1			模型 2			模型 3		
	B	***SEB***	**β**	***B***	***SEB***	**β**	***B***	***SEB***	**β**
入学初语言									
控制变量									
性别	3.58	2.38	.10	3.34	2.38	.10	3.91	2.38	.11
年龄	−0.27	0.23	−.08	−0.17	0.23	−.05	−0.16	0.23	−.05
预测变量									
入学准备基本概念				0.35	0.08	.31***	0.22	0.11	.19*
执行功能准备							0.43	0.24	.17†
F 值		1.62			7.79***			6.75***	
决定系数		.02			.11			.13	
调整后的决定系数		.01			.10			.11	
入学初数学									
控制变量									
性别	1.21	1.67	.05	1.03	1.56	.05	1.55	1.55	.07
年龄	−0.26	0.16	−.12	−0.19	0.15	−.08	−0.18	.15	−.08
预测变量									
入学准备基本概念				0.27	0.05	.36***	0.15	0.07	.20*
执行功能准备							0.39	0.15	.24*
F 值		1.58			10.59***			9.85***	
决定系数		.02			.15			.18	
调整后的决定系数		.01			.13			.16	

注：* $p<.05$，** $p<.01$，*** $p<.001$，† $p<.10$。

第二，研究以儿童一年级末期的语言能力为因变量，考察在控制了儿童年龄和性别以及入学初语言准备能力的基础上，入学基本概念和执行功能准备的预测作用，并与上述分析一致，作三步回归分析。如表 9-3 所示，三个回归模型均具有统计学意义（$ps<.001$）。入学初的语言能力（$\beta=.40$，$p<.001$）和儿童的性别（$\beta=.20$，$p<.01$）能够显著预测一年级结束时的语言学业表现。这两个变量与儿童年龄对其一年级结束时语言能力的解释率达到了 23%。在此基础上，研究加入了入学准备基本概念得分作为预测变量，结果表明，这一变量的预测效果显著（$\beta=.38$，$p<.001$），并且在第一个模型基础上，使模型的决定系数显著增加了.13（$F\triangle(1,185)=38.41$，$p<.001$），即这一变量对于一年级结束时语言学业表现的解释率达到了 13%。最后，第三个模型中，研究加入了入学初的执行功能准备，结果表明，这一变量的加入使模型的决定系数显著增加.03（$F\triangle(1,184)=8.99$，$p<.01$），即对一年级结束时语言表现的解释率又增加了 3%。因此，研究接受第三个模型。故而，儿童的性别、入学初的语言准备、入学基本概念以及执行功能准备对于儿童一年级结束时的语言学业表现具有显著的预测作用，这些变量与儿童年龄能够共同解释一年级结束时语言学业表现的 38%。特别是，在一年级结束时，女童的语言学业表现显著优于男童。

表 9-3　入学基本概念和执行功能对一年级末期语言和数学学业成绩预测作用的分析结果

变量	模型 1			模型 2			模型 3		
	B	***SEB***	**β**	***B***	***SEB***	**β**	***B***	***SEB***	**β**
一年级末期语言									
控制变量									
性别	9.06	2.87	.20**	9.24	2.62	.20**	10.36	2.59	.23***
年龄	−0.48	0.28	−.11	−0.36	0.26	−.08	−0.35	0.25	−.08
入学初语言	0.52	0.08	.40***	0.37	0.08	.28***	0.33	0.08	.26***
预测变量									
入学准备基本概念				0.56	0.09	.38***	0.34	0.12	.23**
执行功能准备							0.77	0.26	.24**
F 值		19.34***			27.03***			24.35***	
决定系数		.24			.37			.40	

续 表

变量	模型 1			模型 2			模型 3		
	B	*SEB*	β	*B*	*SEB*	β	*B*	*SEB*	β
调整后的决定系数		.23			.36			.38	
一年级末期数学									
控制变量									
性别	1.02	1.62	.04	1.15	1.35	.05	1.37	1.36	.05
年龄	−0.27	0.16	−.11	−0.18	0.13	−.07	−0.18	0.13	−.07
入学初数学	0.37	0.05	.49***	0.25	0.04	.34***	0.25	0.04	.33***
预测变量									
入学准备基本概念				0.42	0.05	.50***	0.38	0.06	.45***
执行功能准备							0.15	0.13	.08
F 值		22.84***			45.49***			36.71***	
决定系数		.27			.50			.50	
调整后的决定系数		.26			.49			.49	

注：* $p<.05$，** $p<.01$，*** $p<.001$。

第三，研究考察二年级语言学业表现的预测因素，在控制儿童年龄和性别以及一年级两次语言学业表现的基础上，以入学初的入学基本概念表现、执行功能准备和二年级时的执行功能为自变量，作三层回归分析。结果如表 9－4 所示，三个回归模型均显著（ps$<.001$）。具体而言，在第一个回归模型中，当仅放入儿童年龄和性别以及一年级初和结束时的语言学业表现时，两次语言能力对于二年级结束时的语言表现均具有显著预测作用（$\beta_{一年级初}=.15$，$p<.001$；$\beta_{一年级结束}=.62$，$p<.001$）。以上四个变量对于儿童二年级语言表现能力的总解释率达 47%。在第二步中，研究加入了入学基本概念得分作为预测变量，结果显示，与第一个模型相比，这一变量的加入使回归模型的决定系数显著增加.07（$F\triangle(1,182)=27.47$，$p<.001$），即当控制了儿童一年级的两次语言表现以及性别和年龄后，入学基本概念得分能够再额外解释儿童二年级语言学业表现得分的 7%。在第三个模型中，研究又引入了儿童入学初的执行功能准备以及二年级的执行功能表现，结果表明，入学初的执行功能对二年级语言能力的预测作用不显著（$\beta=-.05$，$p>.05$），但二年级时的抑制控制能力预测作用显著（$\beta=.15$，p

<.05)。与第二个模型相比，在第三个回归模型中引入的四个执行功能变量能够再额外解释二年级语言学业表现的.03($F\triangle(1,178)=2.82$, $p<.05$)，即能够再解释这一成绩得分的3%。鉴于此，研究接受第三个模型。所有控制变量和预测变量对二年级语言能力的解释率达55.48%，并且在这个模型中，儿童一年级入学初及结束时的语言学业表现、入学基本概念以及二年级时的抑制控制能力是其二年级时语言学业成绩的重要预测变量。至二年级结束，学前期的语言学业准备以及入学基本概念仍能显著预测这一阶段的语言成绩。

表9-4 入学基本概念和执行功能对二年级末期语言和数学学业成绩预测作用的分析结果

变量	模型1			模型2			模型3		
	B	*SEB*	β	*B*	*SEB*	β	*B*	*SEB*	β
二年级末期语言									
控制变量									
性别	0.92	2.88	.02	2.45	2.70	.05	3.82	2.75	.07
年龄	0.14	0.28	.03	0.15	0.26	.03	0.03	0.26	.01
入学初语言	0.23	0.09	.15*	0.17	0.09	0.11*	0.18	0.08	.12*
一年级末期语言	0.73	0.07	.62***	0.57	0.08	0.48***	0.46	0.08	.39***
预测变量									
入学准备基本概念				0.52	0.10	.30***	0.35	0.13	.20**
执行功能准备							−0.17	0.28	−.05
工作记忆							2.22	1.92	.08
抑制控制							4.80	2.10	.15*
注意转换							2.33	2.41	.07
F 值		42.46***			44.38***			26.89***	
决定系数		.48			.55			.58	
调整后的决定系数		.47			.54			.56	
二年级末期数学									
控制变量									
性别	−0.88	2.53	−.02	−0.29	2.27	−0.01	1.22	2.12	.03

续 表

变量	模型 1			模型 2			模型 3		
	B	**SEB**	**β**	**B**	**SEB**	**β**	**B**	**SEB**	**β**
年龄	−0.01	0.25	−.01	−0.02	0.22	−0.01	−0.17	0.21	−.04
入学初数学	0.07	0.13	.04	0.03	0.12	.02	−0.02	0.11	−.01
一年级末期数学	1.09	0.12	.63***	0.63	0.13	.36***	0.47	0.12	.27***
预测变量									
入学准备基本概念				0.64	0.10	.44***	0.34	0.11	.23**
执行功能准备							−.001	0.22	−.01
工作记忆							2.20	1.57	.09
抑制控制							2.85	1.66	.11
注意转换							7.22	1.91	.27***
F 值		32.77***			41.88***			31.73***	
决定系数		.42			.54			.62	
调整后的决定系数		.41			.52			.60	

注：* $p<.05$，** $p<.01$，*** $p<.001$。

最后，研究探讨儿童的性别和年龄以及入学准备和早期语言学业发展对六年级语言学业成绩的预测作用。与以上分析一致，本部分中，研究也将采用三层回归分析的方式，并在控制变量中再增加二年级的语言学业成绩。结果如表 9－5 所示，三个回归模型均具有统计学意义（ps<.001）。在第一步的回归模型中，所有五个变量中，儿童一年级（$\beta=.44$，$p<.001$）以及二年级（$\beta=.38$，$p<.001$）结束时的语言学业表现能够显著预测六年级时的语言学业成绩。这五个控制变量对儿童六年级时语言学业能力的解释率达到 57％。在第二步的分析中，研究加入了入学基本概念作为预测变量。结果表明，即使到了六年级，入学初的基本概念掌握状况仍具有显著的预测作用（$\beta=.14$，$p<.05$），与上一个模型相比，这一变量的加入使模型的决定系数显著增加了.01，即能在原有基础上再额外解释六年级语言成绩的 1％。在第三步模型中，研究再加入了入学初以及二年级时的执行功能表现，结果显示，这些变量的加入使第二步回归模型的决定系数显著增加了.04，即这一层新变量的加入能够再解释六年级语言成绩的 4％。因此，研究也接受模型三。在这一模型中，入学初的执行功能准备（$\beta=.18$，p

<.05)以及二年级时的工作记忆(β=.16，p<.05)是显著的预测变量。然而，当执行功能的变量加入后，儿童入学准备基本概念得分对于六年级语言能力的预测性由第二个模型中的显著变为不显著。在这一模型中，儿童一年级以及二年级结束时的语言学业表现，以及二年级时的工作记忆和抑制控制能力是显著的预测变量，并且与其他变量能够共同解释六年级语言学业成绩的 60.52%。但值得一提的是，在六年级时，入学初的基本概念掌握情况以及执行功能准备对于语言学业成绩的预测作用已不再显著。

表 9-5　入学基本概念和执行功能对六年级末期语言和数学学业成绩预测作用的分析结果

变量	模型 1			模型 2			模型 3		
	B	***SEB***	**β**	***B***	***SEB***	**β**	***B***	***SEB***	**β**
六年级末期语言									
控制变量									
性别	2.73	2.19	.08	3.47	2.20	.10	4.27	2.17	.12
年龄	0.13	0.31	.02	0.12	0.31	.23	0.25	0.30	.05
入学初语言	0.01	0.07	.01	0.00	0.07	.00	0.03	0.07	.03
一年级结束语言	0.36	0.07	.44***	0.34	0.07	.41***	0.30	0.07	.36***
二年级结束语言	0.27	0.06	.38***	0.23	0.06	.32***	0.17	0.06	.23**
预测变量									
入学准备基本概念				0.15	0.08	.14*	0.06	0.09	.05
执行功能准备							−0.01	0.22	0.00
工作记忆							3.06	1.44	.15*
抑制控制							4.71	1.65	.22**
注意转换							−1.72	1.80	−.08
F 值		36.06***			31.41***			21.54***	
决定系数		.58			.60			.64	
调整后的决定系数		.57			.58			.61	
六年级末期数学									
控制变量									
性别	1.98	3.32	.04	2.65	3.22	.05	3.11	3.12	.06

续 表

变量	模型 1			模型 2			模型 3		
	B	*SEB*	β	*B*	*SEB*	β	*B*	*SEB*	β
年龄	0.22	0.49	.03	0.14	0.48	.02	0.27	0.47	.04
入学初数学	0.19	0.19	.08	0.19	0.19	.08	0.13	0.18	.05
一年级结束数学	0.43	0.18	.21*	0.23	0.19	.11	0.20	0.18	.10
二年级结束数学	0.64	0.10	.52***	0.50	0.11	.41***	0.42	0.12	.35***
预测变量									
入学准备基本概念				0.42	0.14	.26**	0.24	0.16	.15
执行功能准备							0.69	0.34	.18*
工作记忆							4.80	2.30	.16*
抑制控制							0.77	2.52	.02
注意转换							−2.27	2.84	−.07
F 值		28.07**			26.52***			17.54***	
决定系数		.52			.55			.59	
调整后的决定系数		.50			.53			.55	

注：* $p<.05$，** $p<.01$，*** $p<.001$。

（二）入学准备基本概念及执行功能对数学学业准备及发展的预测作用

对于数学学业准备及发展预测因素的分析与对语言学业准备的分析一致。

首先，研究使用分层回归模型在控制儿童年龄和性别的基础上，考察入学基本概念和执行功能准备对入学初儿童数学准备能力的预测作用。结果如表 9－2 所示，与对入学初语言准备的分析相似，性别和年龄对儿童入学初数学能力的预测作用并不显著（$ps>.05$），因此，在不加入任何预测变量前，第一个以控制变量为自变量的模型并不显著（$F(2,187)=1.58$，$p>.05$）。在此基础上，研究在第二个模型中加入了入学基本概念，结果表明这一回归模型具有统计学意义（$F(2,187)=10.59$，$p<.001$）。具体而言，除第一个模型外，第二和第三个回归模型均具有统计学意义（$ps<.001$）。进一步结果如表 9－2 所示，儿童年龄和性别两个控制变量的预测作用并不显著（$ps>$

.05)。在此基础上，当研究加入了入学基本概念这一预测变量后，回归模型显著($F(2,187)=10.59$，$p<.001$)，入学基本概念对儿童初入学时的数学学业准备状况具有显著的预测作用($\beta=.36$，$p<.001$)，且与第一个模型相比，这一变量的引入使模型中调整后的决定系数增加了.13($F\triangle(1,186)=28.15$，$p<.001$)，即入学基本概念能够解释儿童初入学时数学学业准备得分的13%。在第三个模型中，研究再加入一个预测变量——执行功能。结果表明，这一变量的预测作用显著($\beta=.24$，$p<.05$)，与此同时，入学基本概念的预测作用仍显著($\beta=.20$，$p<.05$)。执行功能的加入使第三个新模型的调整后决定系数显著增加.03($F\triangle(1,185)=6.67$，$p<.05$)，即执行功能在入学基本概念以及儿童性别和年龄的基础上能够再解释入学初数学学业准备成绩的3%。因此，本研究接受第三个模型，发现入学基本概念和执行功能是儿童入学初数学学业准备的重要预测变量，这两个变量与控制变量对儿童数学学业准备的解释率约为16%。

第二，研究在控制儿童年龄和性别以及入学初数学学业准备能力的基础上，考察入学基本概念和执行功能准备对一年级结束时儿童数学学业成绩的影响。如表9-3所示，三个回归模型均具有统计学意义($ps<.001$)。在第一个模型中，儿童入学初的数学学业准备能够显著预测一年级结束时的数学学业表现($\beta=.54$，$p<.001$)。这个变量与儿童的性别和年龄对其一年级结束时数学学业成绩的解释率为30%。在第二个模型中，研究在原有基础上，加入入学基本概念得分作为自变量，结果显示了这一变量的显著预测作用($\beta=.48$，$p<.001$)。同时，这一变量的加入使模型的决定系数显著增加了.19($F\triangle(1,185)=73.20$，$p<.001$)。这表明，入学准备基本概念对于一年级结束时儿童数学学业表现有19%的解释率。最后，第三个模型中，研究引入了第二个自变量——执行功能准备。然而，如表9-3所示，这一变量的加入并未使模型的决定系数得到显著增加($F\triangle(1,184)=0.56$，$p>.05$)，这表明，儿童入学初的执行功能准备并不能显著预测其一年级结束时的数学学业表现。因此，研究拒绝模型三，并指出儿童入学初的数学学业准备以及基本概念获得情况是其一年级结束时数学学业能力发展的显著预测变量，这两个变量与两个控制变量对于一年级结束时数学学业能力的解释率达50%。

第三，研究以二年级结束时的数学学业成绩为因变量，在控制儿童年龄和性别以及一年级两次数学学业表现的基础上，分析入学初儿童入学基本概念表现、执行功能准备和二年级时的执行功能对二年级数学学业能力的预测作用。表9-4显示，三个回归模型均显著($ps<.001$)。在第一个模型中,当一年级两次的数学学业成绩与儿童年龄和性别作为预测变量时,仅是儿童一年级结束时的数学学业成绩对二年级结束时的学业成绩有显著的预测作用($\beta=.63$, $p<.001$),这个变量与另外三个变量能够共同解释儿童二年级时数学学业成绩的 41%。第二个模型在以上四个控制变量的基础上,在第二层加入入学基本概念得分。结果表明,这一变量的预测效果极其显著($\beta=.44$, $p<.001$),使回归模型调整后的决定系数在原有基础上显著增加了.12($F\triangle(1,182)=46.07$, $p<.001$),即入学基本概念得分在已有变量的基础上,对二年级数学学业成绩的解释率又增加了 12%。在第三个模型中,研究加入了入学初的执行功能准备以及二年级时执行功能各方面得分,结果显示,这一层变量的加入使原有回归模型的决定系数显著增加.08($F\triangle(4,178)=9.38$, $p<.001$),即执行功能变量层对于儿童二年级时数学学业成绩的解释率又增加了 8%。具体而言,二年级时的注意转换能力是同期数学学业成绩的显著预测变量($\beta=.27$, $p<.001$)。在本部分中,研究接受第三个模型。所有控制变量和预测变量对二年级数学学业成绩的解释率达 59.66%。在这一最终的模型中,儿童一年级结束时的数学学业成绩、入学初的基本概念发展状况以及二年级的注意转换能力对二年级结束时的数学学业成绩具有显著的预测作用。由此可知,至二年级结束,学前期所获得的入学基本概念状况对于儿童数学学业能力仍有重要影响。

最后,在控制儿童性别和年龄的基础上,研究分析了儿童入学准备和小学低年级数学学业发展对于儿童六年级数学学业成绩的预测作用。结果如表 9-5 所示,三个回归模型均具有统计学意义($ps<.001$)。在第一步的回归模型中,研究在自变量中放入了儿童性别、年龄、一年级和二年级三次数学学业测试成绩,结果表明,儿童一年级($\beta=.21$, $p<.05$)以及二年级($\beta=.52$, $p<.001$)结束时的数学学业表现能够显著预测六年级时的数学学业成绩。这五个控制变量能够解释儿童六年级时数学学业能力的 50%。在第二步的分析中,研究加入了入学基本概念作为预测变量。结果显示,即使到六年级,入学初的基本概念掌握状况对数学学业成绩的预测作用仍极其显著($\beta=.26$, $p<.01$),但当这一变量加入后,一年级结束时数学学业成绩对六年级时数学能力的预测作用就不显著了($\beta=.11$, $p>.05$)。与上一个模型相比,这一变量的加入使模型的决定系数显著增加了.03,即能在原有基础上对六年级数学学业成绩的解释率增加额外的 3%。在最后一个模型中,研究放入了第三层变量——执行功能,包含入学初的执行功能准备和二年级结束时的执行功能表现。结果表明,这一层变量加入后，原先入学基本概念得分对六年级数学学业能力的预测作用不再显著(β=.15，p>.05)，在新加入的执行功能变量中，入学初的执行功能准备(β=.18，p<.05)以及二年级时的工作记忆能力(β=.16，p<.05)是显著的预测变量。但新增这一层变量后，回归模型的决定系数没有得到显著的增加，仅达到边缘显著($F\triangle(4,124)=2.37$，p=.06)。尽管如此，由于第三个模型具有统计学意义，研究仍接受第三个模型。因此，在最终的模型中，儿童二年级时的数学学业能力、入学初的执行功能准备以及二年级时的工作记忆能力是六年级数学学业成绩的有效预测变量，这些变量与其他的变量能够共同解释六年级数学学业成绩的55%。由此可知，至六年级结束时，入学初的执行功能对数学学业成绩仍具有深远的影响作用。

第二节　农村家庭与学前教育机构状况对儿童入学准备及学业发展的影响

在第七章和第八章中，研究分别考察了农村学前儿童家庭和教育机构状况对于儿童各方面入学准备以及学业发展的影响，发现了对于儿童入学准备有显著预测作用的因素，包括家庭中的未成年子女数、父母受教育年限、家庭经济状况、家庭亲子故事阅读情况以及儿童的学前教育经历。在本章第一节中，研究发现了儿童入学准备和学业发展间的紧密关系。那么，儿童早期的家庭和学前教育机构状况、其入学准备状况以及学业发展间是否存在相互作用？如存在，是如何相互影响的？在本节中，研究将借助路径分析对这一问题作探讨。

在本部分的分析中，研究采用 Mplus7.0 作结构方程模型分析，考察农村儿童家庭和学前教育机构类型对儿童入学准备及学业发展的影响。研究者将语言和数学学业的发展分两个模型作分析。在每个模型中，研究者放入了以下四种变量，包括环境变量、儿童入学初的入学准备状况、二年级结束时的执行功能和学业表现以及六年级时的学业表现，旨在探讨前三部分的变量如何影响儿童六年级的学业成绩，以及前三个部分变量之间的发展关系，从而探寻早期的家庭和学前教育状况、儿童的入学准备对六年级结束时学业发展的影响以及作用机制。在这四种变量中，环境变量包括儿童的特征(性别和年龄)、影响儿童各方面入学准备的家庭因素(父母学历、家庭子女数量以及照料者给儿童讲故事情况)以及儿童的学前教育经历；入学准备则指儿童一年级入学时的入学基本概念、执行功能以及语言或者数学学业准备；二年级时的执行功能是指儿童在二年级时所接受的七个执行功能任务得分；六年级的学业成绩指的是六年级结束时的语言或者数学学业成绩，这部分成绩由当地教育部门提供，由于所有参与本研究的儿童来自同一县，因此，接受的是统一的学业考试。

一、农村家庭与学前教育状况对儿童入学准备及语言学业发展的影响

在第六章和第七章以及本章第一节中，研究得到了如下的结论：1. 在儿童特征变量中，性别对儿童一年级结束时的语言学业成绩产生显著影响，但年龄对各时间点语言学业的发展影响不显著；2. 在家庭因素中，父母学历、家庭子女数量以及照料者给儿童讲故事情况对入学基本概念、执行功能或者语言学业准备有重要的预测作用；3. 儿童的学前教育经历对儿童的语言学业准备有显著的影响；4. 儿童入学准备（包括入学基本概念、执行功能准备、语言学业准备）在整体上对儿童后期（特别是一、二年级）的语言学业发展有显著的预测作用。本部分中，研究再次综合性考量以上四个问题，以及各个变量间的关系，并建构如下的模型（见图 9－1）。结果表明，这一模型的拟合度指标分别为：$\chi^2/df=1.70<3$，$CFI=.95>.09$，$TLI=.93>.90$，$RMSEA=.06<.08$。根据胡（Hu）和本特勒（Bentler）（1998）对模型指标拟合度的规定，本模型拟合度良好。

由图 9－1 可知，能够进入模型的儿童自身特征、家庭因素以及学前教育机构因素各一个，分别为儿童性别、家庭未成年子女数，以及学前教育经历。其中，性别对于儿童二年级（标准化路径系数为.17）和六年级结束（标准化路径系数为.23）时的语言学业成绩具有直接的影响。相比男童，女童在两个时间点上的语言学业成绩得分显著更高。

相对而言，家庭未成年子女数以及学前教育经历对儿童二年级以及六年级结束时的语言学业成绩发展均无直接影响，而是通过入学准备各方面对后期的语言学业成绩产生间接影响。如家庭未成年子女数对儿童六年级时语言学业成绩的影响路径如下：家庭未成年子女数→入学初执行功能准备→二年级时的执行功能→六年级时的语言学业成绩，在这一路径中，儿童入学初的入学执行功能准备和二年级时的执行功能起着重要的中介作用。此外，在另一条路径中，家庭未成年子女数对儿童执行功能有负面的影响（标准化路径系数为－.16），执行功能则对入学基本概念产生积极作用（标准化路径系数.46），进而再影响二年级时的执行功能发展（标准化路径系数.53），并对二年级以及六年级结束时的语言学业成绩产生积极的影响。在这些路径中，家庭未成年

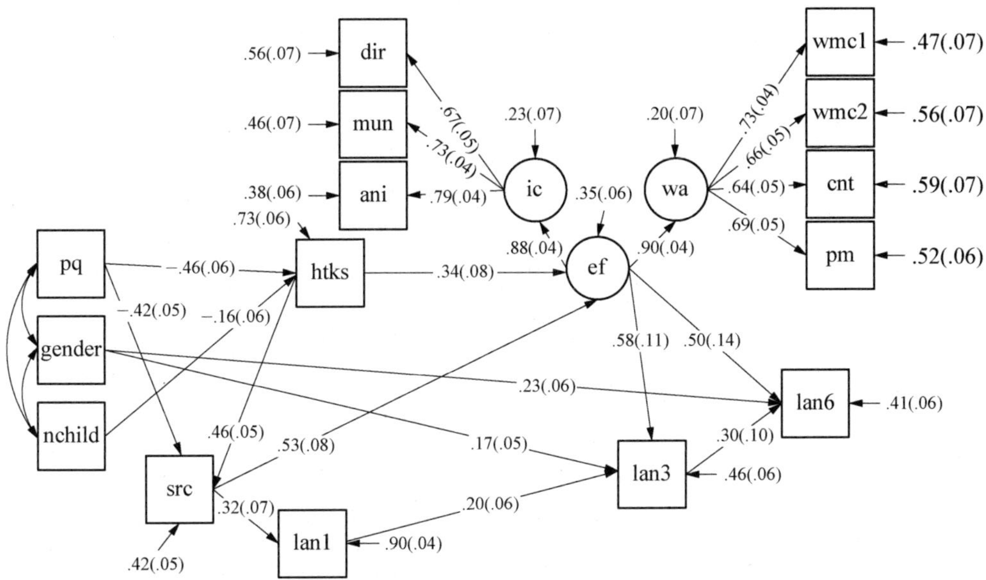

图 9-1　农村家庭与学前教育状况对儿童入学准备及语言学业发展的影响路径

注：1. pq=学前教育经历（使用 1—4 表示，1 表示无学前教育经历，4 表示幼儿园）；gender=性别；nchild=家庭中未成年子女数；src=入学基本概念；htks=入学初执行功能；lan1=入学初语言学业准备；wa=记忆与注意转换；wmc1=数字广度得分；wmc2=听记汉字广度得分；cnt=图片命名任务得分；pm=加减任务得分；ef=二年级执行功能；ic=抑制控制；dir=方向干扰任务得分；num=数字干扰任务得分；ani=动物命名干扰任务得分；lan3=二年级结束时语言学业成绩；lan6=六年级结束时语言学业成绩。2. 本模型中的所有路径系数为标准化后的数值，每个路径系数右边括号中的是标准化路径系数的标准误，所有路径系数均达到显著水平，以下同。

子女数对于儿童入学初的执行功能具有显著的负向影响（标准化的路径系数为一.16），即家庭未成年子女多的，儿童入学初的执行功能准备显著较差。这也进一步影响了儿童二年级时执行功能的发展状况，进而影响了其六年级时语言学业成绩的发展状况。

学前教育经历对于儿童入学初的执行功能（标准化路径系数为.46）以及入学基本概念（标准化路径系数为.42）具有显著的预测作用。与以上对学前教育机构质量的分析一致，曾就读于幼儿园的儿童在这两项入学准备方面的得分相对更高。在此基础上，儿童的学前教育经历通过两项入学准备表现，进一步影响入学初的语言学业准备（标准化路径系数为.32）及二年级时的执行功能发展状况（标准化路径系数为.53），再分别由二年级结束时的执行功能（标准化路径系数为.50）及语言学业成绩（标准化路径系数为.30）对六年级时的语言学业成绩产生积极的影响。因此，在这些路径中，儿童的学前教育经历以及家庭未成年子女数量通过其入学初的执行功能准备和入学基本概念对后期的语言学业成绩产生间接的影响。进一步而言，执行功能准备和入学基本概念是早期家庭状况和学前教育经历影响儿童小学结束时语言学业成绩发展的重要中介变量。

二、农村家庭与学前教育状况对儿童入学准备及数学学业发展的影响

在第七章和第八章以及本章第一节中，研究得到了如下的结论：1. 在家庭因素中，母亲学历、家庭经济状况、照料者给儿童讲故事情况、家庭中未成年子女数对儿童入学基本概念、执行功能及数学学业准备有重要的预测作用；2. 儿童的学前教育经历对儿童的数学学业准备影响显著；3. 儿童入学准备（包括入学基本概念、执行功能准备、语言学业准备）在整体上对儿童后期（特别是一、二年级）的数学学业发展的预测作用显著。本部分中，研究将整合以上三个结论，将所有涉及到的各变量放入模型中，从更综合的角度考量各变量间的相互关系，并建构如下的模型（见图 9 - 2）。结果表明，这一模型的拟合度指标分别为：$\chi^2/df=1.58<3$，$CFI=.97>.09$，$TLI=.95>.90$，$RMSEA=.06<.08$。根据胡（Hu）和本特勒（Bentler）（1998）对模型指标拟合度的规定，本模型拟合度良好。

由图 9 - 2 可知，在模型中，与家庭和学前教育经历相关的变量各一个，分别为家庭未成年子女数以及学前教育经历，而儿童特征变量（性别）的预测效果并不显著，因此，并未进入模型。与语言学业成绩发展的模型相似，两个进入模型的变量（家庭未成年子女数以及学前教育经历）对儿童二年级和六年级结束时的数学学业成绩均无直接作用，而是通过儿童入学准备产生间接的影响。具体而言，家庭未成年子女数对儿童六年级数学学业成绩的影响路径为：家庭未成年子女数→入学初执行功能准备→二年级时的执行功能→六年级数学学业成绩。此外，还有路径是由家庭未成年子女数反向作用于入学初的执行功能准备，进而影响入学基本概念及（或）入学数学学业准备，并进一步对二年级时的执行功能产生作用，再分别对二年级（标准化路径系数.71）和六年级结束时的数学学业成绩（标准化路径系数.55）产生积极的影响。

学前教育经历分别对儿童入学初的执行功能（标准化的路径系数.46）、入学基本概念（标准化的路径系数.42）、入学初数学学业准备（标准化的路径系数.21）产生积极的作用，并进一步通过二年级时的执行功能作用于二年级以及六年级结束时的数学学业成绩。与以上对学前教育经历的分析一致，曾就读于幼儿园和学前班的儿童在这三

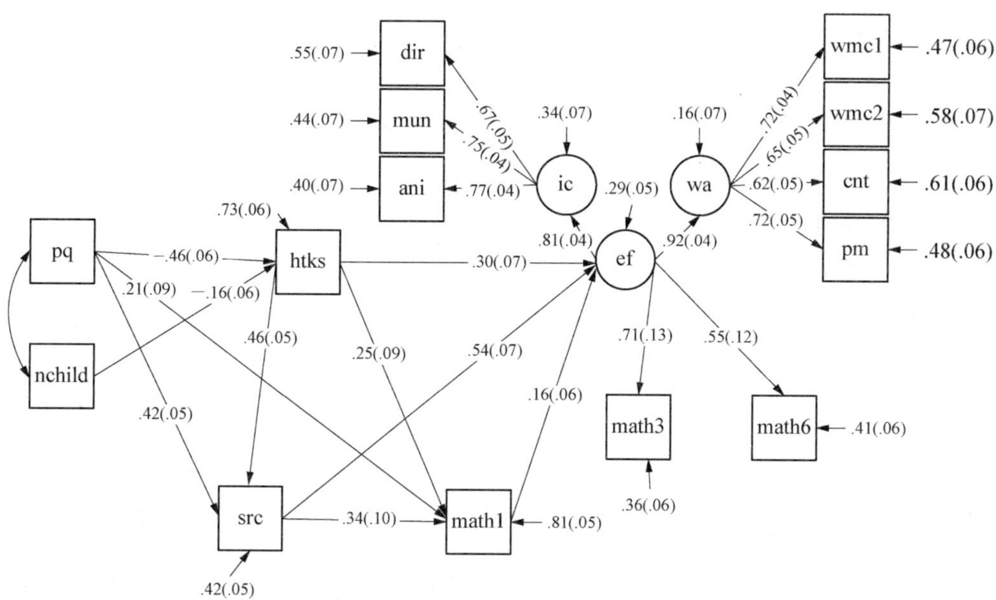

图 9-2　农村家庭与学前教育状况对儿童入学准备及数学学业发展的影响路径

项入学准备方面的得分相对更高。值得一提的是,学前教育经历对数学学业准备产生直接影响(标准化路径系数为.21),而在语言学业发展的模型中这条路径并不显著。此外,与语言学业发展的模型相比,执行功能准备对儿童数学学业准备有积极的影响(标准化路径系数为.25),而对语言学业准备的影响则不显著。同时,儿童的数学学业准备对二年级时的执行功能影响显著(标准化路径系数为.16),而语言学业准备的作用则不显著。

总之,在这些路径中,儿童的学前教育经历以及家庭未成年子女数量通过入学初的执行功能准备、入学基本概念和数学学业准备对后期的数学学业成绩产生间接的影响。因此,与语言学业发展的模型相似,执行功能准备和入学基本概念也是早期家庭状况和学前教育经历影响儿童小学结束时数学学业成绩发展的重要中介变量。

第三节　研究讨论与总结

本章探讨了儿童家庭、学前教育经历、入学基本概念、执行功能、学业准备与小学高年级学业发展间的关系。研究首先分析了儿童三个方面的入学准备与学业发展的关系，之后，加入了家庭和学前教育的变量，进一步通过结构方程建模探讨早期家庭、学前教育经历以及儿童入学准备对其学业发展的影响。以下，将就上述结果作讨论。

一、执行功能与儿童的学业发展

本研究发现，儿童入学初的执行功能准备与一年级、二年级以及六年级的数学和语言学业能力都呈显著相关，且二年级时的执行功能各成分的表现也与二年级及六年级的语言和数学学业成绩显著相关。此外，随着儿童年龄的增长，执行功能准备与儿童数学学业发展的相关关系更为显著。在控制了儿童年龄、性别以及之前的学业成绩后，儿童执行功能准备对一年级入学初和结束时及六年级结束时的数学学业能力，以及一年级结束时的语言学业发展有显著的预测作用。在一年级入学初执行功能准备能力更高的儿童，其后期学业发展也更好。这一结果与现有的文献一致。例如，有研究借助 HTKS 任务考察了亚洲（具体是中国和韩国）、美国和欧洲（具体是德国和冰岛）学前儿童执行功能表现，发现儿童在这一任务上的表现水平是其前阅读和早期数学准备水平的重要预测变量（von Suchodoletz et al.，2013；Wanless，McClelland，Acock，Cameron et al.，2011）。也有研究者发现，儿童早期在执行功能上的表现对其小学学业发展也有长远的影响，并且在不同国家中都得到了一致的结论（如，Duncan et al.，2007；Li-Grining et al.，2010；Mazzocco & Kover，2007；McClelland et al.，2006；Pagani et al.，2010；Romano et al.，2010；Stipek et al.，2010）。在这些研究中，早期具有较高水平执行功能的儿童其同期以及后期的学业成绩都更高，而那些在执行功能上准备较差的儿童，学习成绩也较差。

本研究的另一个发现是，儿童执行功能准备与数学学业发展的关系较语言学业发展更紧密。虽然本研究儿童为小学低年级儿童，但这一结果与不同国家对学前儿童的研究结果一致（Blair & Razza，2007；Wanless，McClelland，Acock，Cameron et al.，2011）。研究者认为，儿童在完成执行功能任务过程中的认知加工与儿童解决数学问题的过程相似，均需要信息表征过程中工作记忆的参与、不断灵活转换注意以及抑制冲动等（Blair & Razza，2007；Cameron，McClelland et al.，2009）。随着儿童数学学业学习的深入，数学问题的复杂度更高，对上述成分的要求也更高，当儿童早期执行功能表现较好时更有助于其解决数学问题，而如果在这方面能力较弱，儿童对数学知识的掌握情况会越来越差，与同伴的差距将进一步拉大。

相比于数学学业能力的发展，执行功能准备与语言学业成绩的关系较弱。在本研究中，儿童入学初的执行功能准备对同期的语言学业准备并无预测作用。而大量的研究已经证实了执行功能与儿童语言学业成绩的密切联系（Rimm-Kaufman & Wanless, 2012）。对于上述结果的不一致性，研究者认为，本研究中的语言学业准备测试内容主要依据一年级语文课本，很多字词儿童并未接触过，挑战较大，一方面可能儿童无法理解测试的内容，另一方面他们在书写方面存在困难，导致测试的成绩普遍较低，这在一定程度上会削弱两者的关系。此外，儿童的执行功能准备对儿童二年级和六年级结束时的语言学业表现也无预测作用，但加入了二年级结束时的执行功能系列任务得分后，工作记忆和抑制控制得分对儿童语言学业表现的预测作用显著。以往的研究也显示了执行功能三个成分，包括工作记忆、注意转换和抑制控制对儿童的学业发展具有显著的预测作用（Bull et al., 2008; Sektnan et al., 2010; Valiente et al., 2011）。然而，上述结果并不意味着儿童入学初的执行功能准备对其语言学业能力的发展不重要，本研究的结构方程模型结果显示，儿童早期的执行功能对二年级时的执行功能产生作用，并进一步影响语言学业的发展。这一结果与斯戴佩克等人（Stipek et al., 2010）的研究相似。该研究表明，儿童在幼儿园或者一年级时的学习品质和执行功能对五年级时的语言学业成绩并不产生直接的作用，而是通过儿童三年级时所测得的行为调节能力产生间接作用。

二、入学基本概念、执行功能与儿童学业发展关系

除了执行功能对学业准备及发展作用显著外，儿童入学基本概念也是重要的预测变量。在本研究中，入学基本概念与入学初、一年级结束、二年级结束以及六年级结束时的学业成绩都呈极显著相关。在控制了儿童的年龄、性别和前期的语言学业成绩后，入学基本概念对一、二年级的语言和数学学业成绩均具有显著的预测作用。以上结果进一步验证了现有的结论，即入学准备是儿童后期学业发展的重要预测变量（如，Campbell et al., 2001; Le et al., 2006）。例如，Duncan 等人（2007）基于六个国家的大型研究数据作了元分析，显示入学准备对儿童未来长期的学业表现预测作用显著，并且早期的数学能力超越了语言和注意力对学业成绩的影响。之后，有两个对法国和加拿大儿童的研究印证了以上结论（Pagani et al., 2010; Romano et al., 2010）。在本

研究中,研究者考察了儿童在颜色、数字/计数、量、比较以及形状五个方面的基本概念(Bracken, 1998b)。儿童在小学阶段语言和数学学业的学习有赖于对这些基本概念的掌握情况。儿童早期基本概念掌握程度较好,后期的学业成绩也较好。尽管儿童入学基本概念水平与六年级的语言和数学学业成绩相关显著,但在进一步的回归分析中发现,入学基本概念得分的预测作用并不显著。而在结构方程建模结果中显示,儿童的入学基本概念通过对二年级执行功能以及后续学业成绩的影响,对六年级时的语言和数学学业成绩产生间接的影响。

此外,研究还有另一个发现,即儿童入学基本概念是执行功能准备与学业准备能力间的中介变量。儿童在入学初执行功能表现更好的,其入学基本概念表现也更好,进而使语言和数学学业准备达到更高的水平。要在入学基本概念测试过程中获得较好的表现,儿童就需要集中注意,记住测试者给出的指导语,并控制自己的冲动表现,而这些便是执行功能的三大要素。同时,儿童在学业测试中的表现也有赖于其对基本概念和基础知识的掌握。执行功能被教师认为是影响儿童入学准备的重要方面(Brock et al., 2009; Rimm-Kaufman et al., 2000)。研究者也指出了执行功能对学业准备的直接影响(Wanless et al., 2011; Duncan et al., 2007)。因此,提升儿童的执行功能将促进儿童入学准备以及学业能力的发展(Ursache, Blair, & Raver, 2012)。

三、家庭和学前教育经历对儿童入学准备与学业发展的影响

在第七章中,研究发现家庭环境与教育状况中的多个变量对儿童入学准备有显著的预测作用。而在本章中,当这些变量放到结构方程模型中后,仅有家庭未成年子女数是显著的预测变量。此外,儿童的学前教育经历也是重要的预测变量。在模型中,家庭未成年子女数对执行功能产生负面影响,学前教育经历对执行功能准备和入学基本概念均有显著预测作用,进而再影响语言和数学学业准备和发展。正如第七章所述,家庭规模可能会影响家长和照料者的教养方式及与儿童的互动情况(Rolan et al., 2018),进而影响儿童执行功能的发展。当家庭子女较多时,父母往往无暇全面顾及到每个孩子,儿童抚养的成本高,生活压力大,更容易出现焦躁情绪,对儿童的惩罚也可能增多,进而影响儿童执行功能的发展。然而,由于本研究并未考察亲子互动和家庭教养方式,因此,无法对此推论作验证,有待后续更多研究的关注。

在农村贫困地区,家长的教育能力有限,儿童早期各方面的发展很大程度上来自

于在学前教育机构中的学习。不同类型的学前教育机构，其质量有所不同。第八章的研究显示，具有不同学前教育经历的儿童在入学准备不同方面均存在显著差异，并且在后期学业发展方面的差距也更加明显。

本章通过对家庭和学前教育机构对儿童入学准备和学业发展的影响的分析，展现了早期家庭和学前教育机构两大因素对儿童入学准备产生影响，进而影响儿童小学毕业时学业表现的完整图景。数据结果再次表明了家庭和学前教育机构对儿童入学准备以及学业发展的重要作用。因此，改善农村贫困地区学前儿童家庭环境和教育状况以及学前教育质量对儿童学业的发展至关重要。

四、总结

在本章中，研究考察了家庭与学前教育机构状况对儿童入学准备及小学学业发展的影响。研究显示，儿童入学准备水平与一年级、二年级及六年级语言和数学学业能力的发展密切相关，且执行功能与数学学业能力的相关程度比与语言学业能力的相关程度更紧密。家庭未成年子女数和学前教育经历对儿童的入学基本概念和执行功能有显著的预测作用，并进一步影响其后续的语言和数学学业发展。在此基础上，本节就入学准备与儿童学业的发展，入学基本概念、执行功能与儿童学业发展的关系以及家庭和学前教育经历的影响作了分析和讨论。

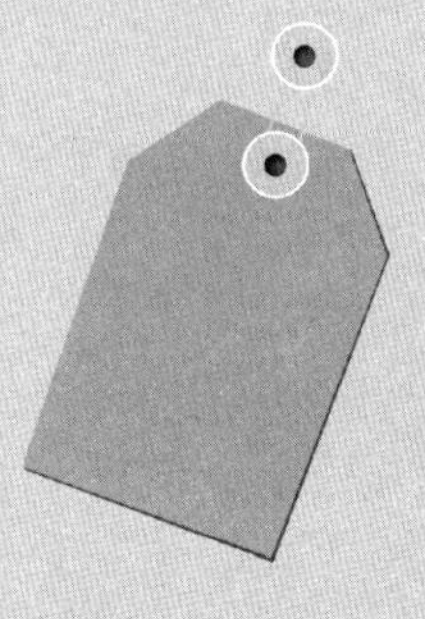

第四部分

研究总结和展望

第十章
我国农村贫困地区儿童入学准备与学业发展研究总结

在以上章节中，研究从文献综述、研究的设计以及各部分研究结果的呈现与讨论展现了本书研究的完整过程。本章将在前述部分的基础上对研究作总结，分三节内容展开。首先，将对各部分研究所获得的主要结论作简要回顾；其次，在此基础上对我国农村学前教育的发展提出教育建议；最后，将提出研究中的不足以及对未来相关研究的展望。

第一节　主要研究结论

一、我国农村贫困地区儿童入学准备发展

本研究的第一个研究问题关注儿童入学准备的发展状况。研究显示，在入学基本概念方面，农村贫困地区儿童各维度表现普遍较差，特别在颜色、比较和形状三个方面的答对率不足60%，且与城市儿童相比，除量概念外，其余概念的表现情况显著更差。男女童在入学基本概念方面没有显著差异。

在执行功能方面，在入学一年内，儿童的执行功能得到了显著的增长，并且执行功能准备对二年级结束时执行功能系列任务表现有显著的预测作用。在二年级结束时，执行功能初始水平较高和较低两组儿童在注意转换方面的差距最大。尽管从一年级入学初到二年级结束的三个时间点上，两组儿童执行功能表现有显著的差异，但两组

间的差距逐步减小。

在学业准备方面，儿童入学初的语言和数学学业准备成绩普遍较低，但随着儿童学习的深入，在入学第一年内，学业成绩的增长显著。儿童入学初的学业成绩对二年级时的语言和数学学业成绩有显著的预测作用。

在以上三个方面，男女童在入学基本概念、执行功能以及数学学业准备与发展上并无显著差异，但在语言学业能力的发展上差异显著，在一年级结束以及二年级结束时女童的语言学业成绩显著高于男童。

二、我国农村贫困地区家庭教育状况与儿童入学准备及学业发展

本研究的第二个问题是探讨农村地区学前儿童家庭环境和教育状况及对儿童入学准备与学业发展的影响。在本部分中，研究将对这两方面的结果作总结。

(一) 家庭环境与教育状况

本研究显示，在所研究的农村贫困地区，父母双方缺位的家庭较多，留守儿童和多子女现象普遍。儿童照料者以母亲和祖母为主，照料者受教育水平较低，阅读和书写能力较差。在家庭教育资源方面，该地区家庭中，适合儿童的读物和玩具匮乏。

在教养观念和活动方面，儿童照料者过分强调儿童对早期学业知识的掌握，对其他能力的发展较为忽视，并且认为即使在学前阶段，儿童也应以学习为重，游戏或者玩会占用儿童的学习时间。同时，由于照料者受教育水平较低，对于教育的主要责任则寄希望于学前教育机构和教师。家长对儿童具有较高的学历和职业期望，但对儿童的教育指导和互动有限，在互动过程中，实质性的互动较少，交往频率较低。在学业和语言学习方面，特别是留守儿童照料者以口头监督为主，通常会让儿童自己写字、计算等，因其自身教育能力的有限，他们也会让儿童的哥哥或者姐姐教其认字和朗读等。

(二) 家庭环境与教育状况和儿童入学准备及发展

家庭环境和教育状况各因素对儿童入学准备及发展的各方面有显著的影响，父母的受教育背景、经济状况、家庭未成年子女数以及照料者是否给儿童讲故事对儿童入学准备的各个方面具有显著的预测作用。母亲受教育水平越高、家庭经济状况越好、

照料者经常给儿童讲故事，儿童在入学基本概念上的表现越好。父亲受教育水平越高，儿童早期语言学业准备能力越好。此外，家庭未成年子女人数越多，儿童的执行功能准备和数学学业准备能力均越差。

三、我国农村贫困地区学前教育状况与儿童入学准备及学业发展

本研究的另一个目标是考察农村贫困地区学前教育机构环境和教育状况及对儿童入学准备与学业发展的影响。在本部分中，研究将从学前教育类型与质量以及对于儿童入学准备与发展的影响两个方面对研究结果作总结。

（一）学前教育类型、学习环境与教育状况

本研究中包含了三种类型的学前教育机构，包括幼儿园、附属于小学的学前班以及一年级混读班。研究对三种类型的学前教育机构进行了系统化的观察。本部分将从学前教育机构的学习环境、教育状况以及儒家文化对当地学前教育的影响三个方面作总结。

1. 学前教育类型及学习环境

本研究对各类学前教育机构学习环境的考察包括物理环境和教育资源、教师资质、培训与教师队伍以及一日生活与课程三个方面。本研究表明，与学前班和混读班相比，幼儿园的质量更高。幼儿园为儿童配备的基本教育材料和运动器材更丰富。虽然幼儿园的班额更大，但是每个班级有三位教师，所有教师都具备幼儿教师的资质。幼儿园教师能够接受来自县级幼儿园的专业培训，并且为当地学前教育机构提供培训（比如，学前班及混读班）。幼儿园实施了培养儿童全面发展的整合课程，并且使用了基于游戏的方法。学前班儿童数量最大，但是师生比最低。在学前班，儿童能够获得的教育资源有限，且很难获得这些资源。由于学前班附属于小学，而小学并没有为学前儿童提供专门的设施，学前儿童只能与小学儿童共用操场等设施。在师资方面，学前班教师通常是初中或者高中毕业，较少或者没有接受过相关的培训，这部分教师的流动性大。在实施教育的过程中，学前班教师强调学业学习内容，在教学过程中，将一年级课程内容简化，并且使用小学的教学方法。学前班较少引入游戏，每堂课学习活动时间较长，与小学一致。相对而言，混读班并非是正式的学前教育。在这些班级中，不足龄儿童与一年级儿童在一起学习活动，教师主要关注一年级儿童。对于不足龄儿

童，并未给他们提供适合年龄特点的教育材料或者其他的基础设施。这些班级的教师通常是有资质的小学教师或者临时的代课教师。但由于这类班级是针对一年级儿童所设，所有日程和课程内容安排均针对一年级儿童，所学内容超越了不足龄儿童的能力范围。

2. 提升儿童执行功能的教育支持和实践

执行功能是儿童认知准备的重要组成部分，本研究探讨了教师对儿童执行功能的教育支持，即教师在提升儿童工作记忆、抑制控制和注意力发展方面的教育实践和策略。总体而言，幼儿园教师为儿童提供了更多的教育支持，而学前班以及混读班教师对儿童执行功能各方面发展的支持力度不够。

首先，为了帮助儿童掌握学业内容，幼儿园教师采用了多样化的方法，比如，提供实物或者材料、提问、给儿童说明解释、为儿童提供练习及在全班展示的机会。虽然学前班教师也通过有限的活动为儿童提供记忆学习内容的机会，但主要采用了机械记忆的策略，让儿童反复阅读材料。一年级教师则仅采用了机械记忆的策略，通过反复阅读、抄写和背诵的方式让儿童学习内容。

第二，为了培养儿童的抑制控制能力，幼儿园教师为儿童提供了前摄性的教学指导以减少儿童的冲动行为。在每堂课前，教师会告知儿童学习的目标以及课堂内容的安排，以确保儿童提前获知需要完成的任务和达成的要求。在教学过程中，幼儿园教师为儿童提供了较充分的示范和演示，让儿童掌握所学内容。此外，为了引导儿童集中注意力，教师在每堂课开始前，通过变换口令节奏让儿童完成相应动作的方式尽快集中注意力。相对而言，学前班教师并没有为儿童提供足够的支持。在每堂课开始前，教师并未安排专门的环节为儿童介绍学习的目标和内容安排。在活动和任务中，教师也没有安排足够的时间引导儿童集中注意力。在教学过程中，教师往往等儿童出现了打乱课堂纪律的行为后，才加以口头制止。可见，教师较多采用反应性的指导。混读班中的教师则几乎很少关注并培养学前儿童的抑制控制能力。教师以一年级儿童为主，所有的教育教学和示范主要指向一年级儿童。只有当不足龄儿童的行为影响了班级课堂秩序时，教师才通过口头提醒和警告加以制止。

第三，为了引导儿童集中注意力，让儿童积极参与课堂活动，幼儿园教师通常会在教室中来回走动，确保所有儿童都得到教师关注。教师也采用不同的活动材料，借助不同的教学形式（如视觉和听觉），并且组织户外探索和音乐欣赏等不同活动吸引儿童注意。学前班班额较大，下一学年即将升入一年级的儿童通常被安排坐在前排，并且更多获得教师的关注。相对于幼儿园，学前班的氛围较不活跃。教师很少借助教玩具材料，教学采用传统的以教师为主的教授式方法。在混读班中，学前儿童通常被安排在教室后排或者两边，较少获得教师的关注。教师注重儿童知识的教授而非学习兴趣的培养，关注的焦点也仅仅是一年级儿童。因此，教师并不为班中的学前儿童组织活动培养其注意力。

3. 儒家文化思想对农村贫困地区学前教育实践的影响

虽然三类机构对儿童执行功能培养的教育实践有所不同，但由于受到儒家文化思想的影响，也有一些共同之处。儒家文化思想强调儿童的自我控制、遵从师长、尊重长辈（如教师）等。三类机构都强调班级纪律。在所有班级中，教师都要求儿童遵守班级纪律、身体坐直、仔细倾听教师。此外，教师也注重儿童对不良行为的自我控制，比如，课堂期间不能在班级中大声喧哗。一旦儿童出现这一行为，教师就会对其进行口头提醒和纠正。此外，三类机构活动以集体活动为主。在教室中，教师有着引导儿童学习、向儿童传递知识的重要任务。儿童通常被视为是遵从教师教导的被动学习者，且不允许挑战教师。此外，三类机构都重视儿童前学业知识和技能的掌握。教师要求儿童通过不断练习记忆学习内容。这些通常被认为是中华文化传统区别于其他文化情境下学习者的重要特征（Rao, Sun, & Zhang, 2014）。

（二）学前教育经历与儿童入学准备及发展

在探讨学前教育机构环境与教育状况的基础上，研究进一步分析了儿童学前教育经历对其入学准备发展的影响。在本部分中，研究将从学前教育经历对儿童入学准备及发展的影响以及影响的持续性两个方面对研究结果作总结。

1. 学前教育经历对儿童入学准备及发展的影响

与没有学前教育经历的儿童相比，有学前教育经历儿童的入学基本概念、一年级结束时的执行功能和数学学业能力显著优于没有学前教育经历的儿童。这表明，接受学前教育能够在一定程度上促进儿童的入学准备发展。这与以下一些亚洲发展中国家的研究一致，如来自孟加拉国（Aboud, 2006）、柬埔寨（Rao, Sun, Pearson et al., 2012）以及越南（Watanabe, Flores, Fujiwara, & Tran, 2005）的研究显示，对家庭贫困的儿童而言，接受学前教育能够促进儿童入学准备多个方面的发展，研究者指出对于这部分儿童，“接受”学前教育（哪怕时间较短、质量较差）比“未接受”任何学前教育更好（Rao, Sun, Pearson et al., 2012）。然而，以上研究仅关注了儿童基本知识的掌握，虽然，执行功能对儿童的学业成功至关重要(Jewkes & Morrison, 2007)，但并未包含在内。因此，本研究拓展了先前的研究，指出了接受学前教育对儿童执行功能发展的重要性。在一年级入学初没有学前教育经历的儿童与来自混读班的儿童在执行功能方面并无差异，但在一年级结束时，其执行功能显著差于来自混读班的儿童。

本研究还发现，来自不同类型学前教育机构的儿童在入学准备与学业发展方面存在差异。研究显示，幼儿园儿童在入学基本概念方面的表现显著优于来自学前班及混读班的儿童，曾就读学前班的儿童则显著好于来自混读班的儿童。在执行功能方面，在入学初，幼儿园儿童的表现最佳，混读班儿童得分最低。在一年级结束时，学前班儿童执行功能的表现与幼儿园儿童没有差异，但并未显著优于混读班儿童。在学业准备方面，在入学初以及一年级结束时，学前班儿童的语言和数学学业表现均显著优于混读班儿童，并且在入学初，显著优于曾在幼儿园就读的儿童。但在一年级结束时，幼儿园儿童的学业成绩已与曾就读学前班的儿童没有差异，并且显著高于曾就读混读班的儿童。

正如上所述，三类学前教育机构在学习环境和教育质量方面差异显著，对儿童入学准备的发展有显著的影响。曾在质量较高的幼儿园中接受学前教育的儿童在入学基本概念和执行功能方面的表现优势突出，并且在一年级结束时，这部分儿童与学前班儿童在数学和语言学业准备方面已无显著差距，而在质量相对较差但注重学业知识的学前班就读的儿童在语言和学业准备能力方面表现最佳。在学前教育质量最差的混读班就读的儿童在三个方面的入学准备能力均发展较差。

2. 学前教育经历对儿童入学准备及发展影响的持续性

学前教育经历对儿童发展的影响是否持续到小学，甚至更深远是研究者关注的问题之一(NICHD ECCRN, 2005)。本研究显示，对我国农村贫困地区儿童而言，至少在入学第一年内，学前教育的影响仍显著。以上的结果显示，至少在入学一年内，曾经接受过学前教育的儿童在入学准备三个方面的发展显著优于未接受过学前教育的儿童。具体而言，曾就读幼儿园的儿童在入学基本概念、执行功能准备以及语言与数学学业准备方面的发展优势明显。此外，在建构方程建模的分析中，儿童的学前教育经历通过其执行功能、入学基本概念及低年级数学和语言学业表现，对六年级时语言和数学学业表现产生了间接的作用。这一结果支持了西方的研究结论，即儿童早期接受的教育与其小学认知与学业发展密切相关(如，Nelson et al., 2003; NICHD ECCRN, 2005)。

四、我国农村贫困地区家庭与学前教育状况对儿童入学准备与学业发展的影响

本研究的最后一个目标是探讨家庭和学前教育机构因素对儿童入学准备与学业发展的影响。研究首先考察了儿童三个入学准备方面与儿童学业发展的关系，在此基础上探讨了家庭和学前教育机构对儿童入学准备及学业发展的影响。在本部分中，研究将从以上两个方面对研究结果作总结。

（一）入学准备与学业发展关系

学前期是儿童执行功能发展的关键期，为儿童未来的学业学习奠定了基础（Blair，2002；Gillespie & Seibel，2006）。本研究显示，儿童入学初的执行功能与入学基本概念以及二年级的执行功能显著相关，并且对儿童学业发展有显著的预测作用，相对于语言学业成绩，执行功能对儿童数学学业能力的预测作用更强，并且随着儿童学习的深入，两者的关系更为紧密。在入学初执行功能准备较强的儿童在后期的学业中表现也更好。此外，结构方程建模结果显示，儿童执行功能通过入学准备以及二年级时的执行功能对学业的发展产生间接的影响。因此，研究显示，儿童早期的执行功能可能是儿童入学准备发展的重要基础。为了较好掌握基本概念和学业知识，并且在执行功能中获得较好的表现，儿童需要集中注意倾听教师/测试者，记住教师/测试者的教学内容或者指令，同时抑制自身的冲动行为，这些是执行功能的三个重要方面。执行功能表现较好的儿童在入学准备中有更好的表现，并且之后的执行功能和学业能力的发展水平也更好。

此外，入学基本概念对儿童未来的学业学习也有重要的影响。大量研究显示了入学准备对儿童未来学业发展的预测作用（如，Duncan et al.，2007；Hair et al.，2006；Pagani et al.，2010；Romano et al.，2010）。与现有研究相似，本研究也发现，在农村贫困地区，儿童入学准备的水平也与其学业表现密切相关。不仅如此，入学基本概念还在执行功能与学业能力发展的关系中起到了中介变量的作用。如上所述，儿童的执行功能准备对其入学基本概念有重要的影响，并进而影响语言和数学学业的学习和表现。早期执行功能水平更高的儿童其入学基本概念和后期的执行功能水平也更高，而在这些能力上的较好表现也进一步提升了儿童语言和数学学业能力。

（二）家庭和学前教育机构状况对儿童入学准备与学业发展的影响

本研究显示，虽然父母受教育水平、家庭经济状况、照料者与儿童的互动以及家庭未成年子女数对儿童入学准备和学业能力有显著的影响，但当与学前教育经历共同放入结构方程模型后，家庭未成年子女数的作用超越了其他家庭因素，成为了唯一的预测变量。家庭未成年子女数与学前教育经历对儿童的入学基本概念和执行功能产生直接的影响，进而通过儿童后期的执行功能以及小学低年级学业能力表现，最终影响六年级时的语言和数学学业能力表现。家庭未成年子女数越多，儿童的执行功能越差，后期的学业能力表现也越差。儿童所接受的学前教育质量越高，其入学基本概念以及执行功能准备表现也越佳，语言和数学学业能力的发展也越好。

第二节　研究的教育启示

一、对提升我国农村学前教育质量的启示

在过去的数年间，我国政府对学前教育的重视度日益增加，对农村学前教育的经费支持力度也不断加大。因此，对适于农村地区发展的学前教育形式的探讨至关重要。本研究发现，曾就读幼儿园的儿童在入学准备和执行功能方面发展水平最好，而学前班儿童在学业方面的表现更优。在入学第一学年内，曾就读幼儿园的儿童在学业方面取得了很大的进步，且在一年级结束时达到了曾就读学前班儿童的水平。此外，幼儿园提供了更好的学习环境，对儿童执行功能的培养也提供了更多支持。因此，农村学前教育发展中应进一步扩大幼儿园规模。

然而，考虑到幼儿园对于物理环境、课程、师资等要求更高，而在农村偏远和贫困地区，学前班仍是主要的学前教育形式，且学前班的开办成本相对较低，同时，研究发现，在儿童入学初，虽然学前班儿童在入学基本概念上的得分显著差于来自幼儿园的儿童，但在学业准备方面表现较好，因此，在条件有限的农村贫困地区，可以在现有学前班基础上加强幼儿发展适宜性课程的培训和构建。在此过程中，为教师提供专业支持和培训，帮助学前班教师为儿童创设良好的学习环境，提高学前教育质量。此外，在本研究中，学前班通常班额较大，且招收不同年龄的学前儿童，因此，为改善学前

教育质量，需减少班额，并且为不同年龄段的儿童开设独立的班级，并且为同一年龄段的儿童开设多个班级。有鉴于此，本研究建议农村贫困地区可在现有学前班的基础上注重儿童友好环境的建设，并尽可能减少班额，提升教师专业水平，并关注和促进儿童的全面发展。

另外，小学应杜绝开设一年级混读班，在条件受限地区，尽可能为学前儿童开设学前班。这就需要当地部门加强支持和监管，并为当地小学举办学前班提供政策支持和经费保障。

二、对改善农村幼儿教师教育实践的启示

本研究显示，大部分学前班及混读班教师并不具备资质，在开展教学活动的过程中，特别是对儿童执行功能的培养并不能达到幼儿园教师的水平。此外，与已有研究一致，本研究也发现儿童执行功能对其入学准备和学业发展有重要的影响(Obradović, Portilla, & Boyce, 2012)。因此，对农村幼儿教师的培训和指导过程中需加入执行功能方面的内容。

对低收入家庭的研究显示，在学前教育课程中包含执行功能的训练时，儿童在执行功能以及学业方面的表现将得到显著提升(Diamond & Lee, 2011)。这其中，游戏被认为是能够促进儿童执行功能发展的有效方式之一(Elias & Berk, 2002; Tominey & McClelland, 2011)。在游戏的过程中，儿童能够学会建立并遵守规则，同时也能够根据规则监控他人，并调节自己的行为和情绪(Bodrova & Leong, 2008; Florez, 2011)。因此，应让农村幼儿教师深入学习和理解"通过游戏学习"的理念，在教师培训过程中注重以下内容的学习，包括游戏活动的组织，在游戏过程中为儿童提供支架，以及为儿童提供能够练习执行功能各要素的机会。此外，已有的研究显示，对于执行功能发展水平较差的儿童，教师应予以更多个别化的教育指导，并在各项活动任务中提供更多的示范或者演示(Connor et al., 2010; Florez, 2011)。因而，在教师培训和指导的过程中，也应加强教师这方面的意识。

除游戏外，运动也是促进儿童执行功能和学业发展的重要途径之一。已有对亚太六国学前儿童的研究显示，粗大和精细运动能力都与儿童执行功能的发展密切相关，进而促进其学业表现(Zhang et al., 2018)。在本研究中，学前班和混读班儿童每节课课时较长，游戏和运动活动不足，上课过程以教师讲授、儿童听讲为主。因此，在农村

学前教育课程质量提升的过程中需重视儿童运动能力的发展，为儿童提供更多运动活动的时间和机会。在开展运动的过程中，教师需注重儿童在运动过程中的愉悦感，对活动的兴趣以及自信心的发展，而不应过多强调运动技能的掌握或者运动能力竞赛(Diamond & Lee, 2011)。

此外，本研究显示，儿童入学认知基本概念的掌握是小学学业发展的预测变量，并且在儿童入学执行功能准备及学业发展间起中介作用。因此，在农村学前教育教师培训以及教育实践活动中也应考虑如何帮助儿童掌握基本概念和知识，形成良好的学业开端。

三、对改进农村学前儿童家庭教育的启示

家庭是儿童发展的近体环境，对儿童的发展有着最直接的影响。与非贫困家庭儿童相比，贫困家庭儿童更可能出现发展迟滞(Brooks-Gunn & Duncan, 1997)。本研究显示，家庭的经济状况、家庭子女数、父母的受教育水平对儿童入学基本概念的掌握、执行功能以及语言和数学学业能力的发展具有重要的影响作用。

研究显示，母亲受教育状况对儿童认知和行为发展的影响作用超过了家庭经济水平等其他家庭背景变量(Mistry, Biesanz, Chien, Howes, & Benner, 2008)。在低收入家庭中，受教育水平较低的母亲与学历较高的母亲相比，与儿童的交流更少(Brooks-Gunn & Markman, 2005)，较少为儿童提供可以刺激其认知发展的活动(Mistry et al., 2008)，也较少为儿童提供可以练习执行功能的机会(Sektnan et al., 2010)。然而，如果这些母亲接受了相关的指导，亲子的交流和互动质量将得到提高。比如，当母亲参与了如何在教育活动中为儿童提供支持的干预项目后，儿童在学业知识、词汇以及抑制控制能力方面的发展显著好于母亲未参加项目家庭的儿童(Ford, McDougall, & Evans, 2009)。尽管在最后的模型中，仅有家庭子女数具有显著作用，但作用机制背后仍可能受到母亲或者其他主要照料者教育背景的影响。因此，要提升农村学前教育质量，除了关注学前教育机构的教育质量，也应加强照料者养育技能的培训，特别是亲子互动质量。教育部门可以依托学前教育机构为家长开展讲座，进行入户指导等，并在此过程中注重亲子互动方面的指导，包括如何为儿童选择和提供刺激其认知发展的活动及如何为儿童提供支持等。

第三节 研究的不足与展望

虽然本研究全面探讨了家庭和学前教育机构对儿童入学准备与学业发展的影响，在一定程度上丰富了相关领域的研究成果，对促进我国农村学前教育的发展有一定的借鉴意义，但还有不足之处。本节中，研究将总结不足，并对未来相关研究的开展提出建议。

一、研究的不足

在本部分中，研究将从抽样、无关变量的控制、研究工具以及质性研究的开展四个方面总结本研究中的不足。

首先，本研究抽样有限，样本量较少。如前所述，本研究仅在西部农村的一个地区取样。虽然，该地区包含多样的学前教育形式，但由于各地经济状况和政府投入不同，即便是相同类型的学前教育机构也存在差异，因而，教育机构对儿童发展的影响也有差异。因此，研究结论的推广具有一定的局限性。同时，本研究在选取学前教育机构过程中采用了方便抽样法，所选取样本对当地农村儿童的代表性在一定程度上受到挑战。最好的方式是采用随机控制抽样(Randomized control trial, RCT)。然而，由于资源和人力有限，本研究无法采用这一抽样方法。在后续的研究中应考虑更精确的抽样方法。此外，本研究样本较少，在追踪研究的过程中，被试儿童不断流失，人数从最初的 205 人，至二年级末时减至 190 人，而到六年级结束时仅为 136 人。此外，虽然研究者尽可能多地邀请未接受过学前教育的儿童参与到研究过程中，并且在二年级结束时仅有 1 名儿童流失，但这组儿童总体人数较少，并且至六年级结束时仅为 14 名儿童，在一定程度上使研究者在使用数据分析方法时受限，也进一步影响了结论的推广性。最后，本研究仅包含了 1 所幼儿园、4 个学前班以及 5 个混读班。在农村地区，公立幼儿园通常开设在镇中心或者较大的村中，且往往仅有一所。本研究抽样虽然在一个镇和一个乡进行，但仅有一所幼儿园，影响了这一组别的异质性和多样化。因此，可能在不同组儿童进行比较时形成偏差。

第二，本研究并未收集儿童小学的信息，对影响因素的控制较不全面。本研究考察了儿童早期的家庭和学前教育经历对小学学习的影响。在学前阶段结束后，儿童直接就近入读小学。其中，曾在幼儿园就读的儿童在镇中心小学就学，在学前班和混读班就学的儿童则到所在小学就学。由于来自不同类型学前教育机构以及无学前教育经历的儿童所就读的小学不同，因此，小学对儿童学业准备和发展也产生影响。虽然研究所涉及的十所小学来自同一个县，所使用的课程一致，并且都接受县教育局的监管，但不同学校的教师质量和教育实践活动不同，导致儿童发展的差异。由于研究人力所限，并未在研究中收集小学的基本信息。此外，从理想的角度出发，研究应该使用随机控制抽样的方法从具有不同学前教育经历的儿童中抽样，并且所有的儿童在同一小学学习，但在现实中不可能实现。因此，研究结果分析中就很难将学前教育相关因素和小学教育因素分离。在后续的相关研究中应该考虑这些因素，并且能够收集与小学学习相关的因素，比如，学校的学习环境、教师资质、师生比、师幼互动等，以更好地探讨儿童学前期所在机构教育和家庭对其发展的影响。

第三，研究各期所使用的测量工具不尽相同，使研究者较难比较和分析儿童入学准备和学业的发展。本研究对儿童的追踪从其入小学初始至六年级结束，共分四个研究阶段。其中，入学初始和一年级结束时所采用的研究工具一致，但在一年级结束时，由于儿童在执行功能任务中的表现已出现天花板效应，且学业能力的测查工具已无法检核儿童二年级的学业知识，因此，在二年级结束时研究者采用了不同的执行功能任务和学业能力测试。在一些大型的纵向研究中，研究者也倾向于在不同的阶段采用不同的工具评估儿童的发展。比如，美国国家型儿童与青少年发展研究 NICHD 项目对儿童进行了四阶段的追踪，从儿童出生至九年级结束。在不同的阶段，该项目使用了不同的测量工具考察儿童的发展(NICHD ECCRN, 2012)。尽管如此，由于在本研究中第三期所使用的研究工具与之前两期差异较大，因此，在一定程度上较难考察儿童执行功能、数学和语言学业能力的发展变化。

第四，在质性研究中，并没有包含量化研究中所有的学前教育机构以及儿童，并且对学前教育机构教育活动的分析采用了描述式的分析方法，描述结果也可能受到所选取的教学片段的影响。

由于研究团队较难进入到所有的机构进行观察，仅观察了样本中 164 名儿童及所在班级。此外，由于 ECERS-E 及 ECERS-R 这两个被广为使用的学前教育机构质量评估工具并不适用于一年级混读班(Rao, Sun, Zhou et al., 2012)，研究对三类学前教育机构的学习环境和教师对儿童执行功能培养的实践活动作了质性的描述。因此，无法将所观察到的学习环境或者教师的教学实践与儿童入学准备和学业发展作量化的相关分析。此外,研究仅选择了三类机构中主题较接近的教学片断作分析,但教师的教学方式会因主题而有所不同。同时,在分析过程中教学片断的选择由本书作者根据是否能够反映相应的主题而挑选,尽管编码的过程邀请另一名专业研究者作了一致性的分析,但分析的主观性问题无法完全避免。因此,我们无法呈现当地各类机构中幼儿教师开展教育实践的完整图景。

二、研究展望

以上研究的不足在未来的研究中应被予以考虑。在以下的部分中,研究者将对进一步的研究提出建议。

第一,在探讨学前教育对农村儿童早期发展的研究中,应尽可能扩大样本量,并且使用多元化的样本。在地区方面,研究应该尽可能涵盖不同的区域,如西北、东北以及西南等地区。在对每种形式(如幼儿园,学前班以及混读班)的学前教育机构选样时,应尽可能多地包含不同的幼儿园及学校。此外,在同一地区,应同时选取城市儿童样本,以进一步考察城乡学前教育,包括学前教育机构和家庭教育对儿童发展的影响,为相关教育决策和政策制定提供更有价值的信息。

第二,对农村学前教育质量应该作更全面的评价和研究,并考察其与儿童发展的关系。已有研究显示,从学前期到中学期,学前教育的类型和质量与儿童各方面发展的联系是独立的(NICHD ECCRN, 2002, 2005; Vandell et al., 2010)。本研究考察了学前教育经历对儿童入学认知概念准备、执行功能及学业准备与发展的影响。尽管在一定程度上考察了学前教育对儿童发展的影响,但由于对学前教育机构质量的分析使用了描述的方法,且并未观察所有的项目,因此,很难考察机构质量与儿童发展的联系。此外,在我国,对学前教育机构质量的评价研究不多。在中共中央和国务院于2018年11月的《关于学前教育深化改革规范发展的若干意见》中提到,至2020年,要基本建成"广覆盖、保基本、有质量的学前教育公共服务体系",在此过程中"健全质量评估监测体系"。因此,未来的研究中应关注农村学前教育质量的评价与研究,并且使用文化适宜性的质量评定量表进行考察,并进一步探讨所评估的质量与儿童发展的关系。对于学前教育机构的过程性质量,尤其是师幼互动质量等也应成为学前教育质量评估的重要部分(韩春红,2016)。

第三，未来研究应加强对贫困家庭儿童的关注，采用发展性的研究工具，对这些儿童发展作长期的追踪研究。如前所述，在本研究中，儿童一年级时在执行功能任务中的表现出现了天花板效应，为更好地考察儿童在这方面的发展，采用了其他的执行功能系列任务。由于研究工具的不一致性，儿童在一年级初、一年级结束以及二年级结束三个时间点上执行功能的发展轨迹较难获得，因此，在后续研究中，应考虑采用年龄跨度较大的发展性测试。此外，在研究的过程中，应该对儿童作更长期的追踪，以全面考察学前教育经历对儿童发展影响力的持续性。虽然大部分研究认为，特别对贫困家庭儿童而言，学前教育对其认知和学校学业表现的影响具有持久性（如，Barnett，1998；Nelson et al.，2003），但仍有一些研究显示，当儿童进入小学后，学前教育的效应很快消失（如，Magnuson et al.，2007）。在发展中国家，类似的研究较少。本研究在考察学前教育经历和家庭教育状况对儿童发展的影响时，发现学前教育经历对儿童刚入学时的执行功能和入学基本概念获得具有显著的预测作用，但至一年级末，仅对一年级末期的数学学业成绩有直接的预测作用，对一年级结束时的语言学业成绩，以及二年级及六年级结束时的数学和语言学业成绩的直接预测作用并不显著，而是通过一年级入学初的入学基本概念和执行功能准备对小学高年级的学业成绩产生影响。然而，由于在儿童六年级时所能追踪到的样本量较少，因此，研究结果可能存在一定的偏差。在未来的研究中需要进一步加强这些方面的追踪研究。

第四，对农村学前儿童家庭影响因素的挖掘和探讨应更全面。在研究家庭因素过程中，包含了家庭教育环境和教育状况两个方面，但在量化分析过程中两个方面所包含的信息较简单。家庭学习环境、教育资源拥有状况以及亲子互动等信息均通过个案研究法获得，采用了描述式的方式，无法与儿童入学准备与学业发展作量化的相关分析。因此，在进一步的研究中可以考虑采用标准化的评估表或者观察编码等方式，将这些数据量化，以考察这些核心的家庭因素对农村儿童入学准备与发展的影响。

第五，未来研究应对儿童执行功能的发展作更全面的考察。西方的很多研究显示，执行功能是儿童学习技能的重要方面，对其学业准备和发展有重要的预测作用（如，Blair & Razza，2007；Cameron，McClelland et al.，2009；McClelland et al.，2006；Wanless，McClelland，Acock，Chen et al.，2011）。与这些研究结果一致，本研究发现，农村儿童的执行功能准备对其入学基本概念和学业准备有显著预测作用。然而，在儿童入学初，研究者使用了一项综合性的执行功能任务。执行功能通常包括注意转换、工作记忆以及抑制控制三个方面。儿童早期在这三个方面的发展对入学认知及学业准备与发展的影响无法在本研究中获知。因此，未来研究中需涵盖儿童执行功能的不同方面，并进一步关注不同方面对儿童学业发展的作用，及影响儿童执行功能各方面发展的因素。

第六，在未来有关学前教育对儿童入学准备和学业发展的影响的研究中应该纳入对儿童社会性发展的探讨。本研究关注了儿童入学认知准备，并发现了学前教育机构和家庭对其的显著影响。此外，研究也发现了入学认知基本概念、执行功能、学业准备与儿童学业发展的关系。然而，儿童社会性和情绪准备与认知准备和学业发展的关系，以及早期家庭和学前教育对儿童社会性和情绪准备与发展的影响等问题尚待研究。英国的 EPPE 和美国 NICHD 两个大型的国家研究显示，学前教育的类型对儿童的社会性和行为有显著影响，高质量的学前教育机构有助于降低儿童行为问题的发生率，但当儿童在学前教育机构中的时间过长时，儿童的外化行为问题增加（NICHD ECCRN, 2005; Sylva et al., 2004; Vandell et al., 2010）。然而这些研究结论是否适用于中国儿童尚待进一步探讨。因此，后续的研究可以包含儿童情绪和社会性方面的发展。

总之，农村儿童早期发展与教育已引起了政府部门和研究者的高度关注。在农村学前教育规模和量不断扩大的同时，国家和政府也在不断倡导内涵式质量水平的提升。不少研究者已经开展了关于学前教育质量评价和监测的研究。本研究从儿童发展质量的角度，探讨了农村学前儿童入学准备和学业发展的状况，以及学前教育机构和家庭因素对其的影响，在一定程度上对该研究领域的部分研究内容作了回应，未来还有待于更多研究致力于我国农村学前教育质量的提升以及儿童的发展。

图索引

表索引

参考文献

[1] 暴占光,张向葵.(2005).儿童入学准备的访谈研究.学前教育研究(5),14—16.

[2] 财政部,教育部.(2011).关于加大财政投入支持学前教育发展的通知.http://www.gov.cn/zwgk/2011-09/28/content_1958781.htm

[3] 陈敏倩,冯晓霞,肖树娟,苍翠.(2009).不同社会经济地位家庭儿童的入学语言准备状况比较.学前教育研究(4),3—8,18.

[4] "城乡儿童入学准备状况比较研究"课题组,盖笑松.(2008).起点上的差距:城乡幼儿入学准备水平的对比研究.学前教育研究(7),22—25.

[5] 戴维·谢弗著,邹泓译.(2005).发展心理学—儿童与青少年(第六版).中国轻工业出版社,595.

[6] 盖笑松,杨世君,孙蕾.(2008).中国儿童的入学准备:问题分析与促进途径.东北师大学报(哲学社会科学版)(6),15—19.

[7] 盖笑松,张向葵.(2005).儿童入学准备状态的理论模型与干预途径.心理科学进展,13(5),614—622.

[8] 国家教委.(1983).关于发展农村幼儿教育的几点意见.//中国学前教育研究会主编.(1999).中华人民共和国幼儿教育重要文献汇编.北京:北京师范大学出版社,196—200.

[9] 国家教委.(1991).关于改进和加强学前班管理的意见.//中国学前教育研究会主编.(1999).中华人民共和国幼儿教育重要文献汇编(pp.318—323).北京:北京师范大学出版社.

[10] 国家教委.(1991).国家教委关于改进和加强学前班管理的意见.//中国学前教育研究会主编.(1999).中华人民共和国幼儿教育重要文献汇编.北京:北京师范大学出版社,318—323.

[11] 国家统计局.(2007年2月28日).中华人民共和国2006年国民经济和社会发展统计公报.http://www.stats.gov.cn/tjsj/tjgb/ndtjgb/qgndtjgb/200702/t20070228_30021.html.

[12] 国家中长期教育改革和发展规划纲要小组办公室.(2010).国家中长期教育改革和发展规划纲要(2010—2020年).http://old.moe.gov.cn/publicfiles/business/htmlfiles/moe/info_list/201407/xxgk_171904.html.

[13] 国务院.(2010).国务院关于当前发展学前教育的若干意见.http://www.moe.gov.cn/jyb_xxgk/moe_1777/moe_1778/201011/t20101124_111850.html.

[14] 国务院办公厅.(2003).关于幼儿教育改革与发展的指导意见. http://old. moe. gov. cn//publicfiles/business/htmlfiles/moe/moe_35/200303/61. html.

[15] 郭璇,盖笑松.(2010).新疆少数民族与汉族儿童入学准备的差异研究.新疆大学学报(哲学·人文社会科学汉文版),38(1),83—86.

[16] 郭璇,朱远来.(2015).家庭文化环境对少数民族儿童入学准备的影响——以新疆伊宁市为例.民族教育研究(2),55—61.

[17] 韩春红,周兢.(2013).课堂互动评估系统评介及应用展望.全球教育展望,42,11:29—38.

[18] 韩春红.(2016).国际学前教育质量研究新动向.全球教育展望,45(9),92—99.

[19] 何华,李凌云,刘电芝.(2008).小学五年级儿童执行功能特点研究.心理科学,31(2),353—355.

[20] 胡月,魏勇刚.(2014).执行功能对学前儿童数量加工的影响.幼儿教育(z3),49—53.

[21] 教育部.(2001).全日制义务教育数学课程标准(实验稿).北京:北京师范大学出版社.

[22] 教育部.(2001年7月2日).教育部关于印发《幼儿园教育指导纲要(试行)》的通知. http://www. gov. cn/gongbao/content/2002/content_61459. htm.

[23] 教育部.(2002).全日制义务教育语文课程标准(实验稿).北京:人民教育出版社.

[24] 教育部.(2018).教育统计数据(2007年—2010年). http://www. moe. gov. cn/s78/A03/moe_560/jytjsj_2017/.

[25] 教育部.(2018).教育统计数据. http://www. moe. gov. cn/s78/A03/moe _ 560/jytjsj_2016/.

[26] 教育部,国家发展改革委,财政部和人力资源社会保障部.(2017).教育部等四部门关于实施第三期学前教育行动计划的意见. http://www. moe. gov. cn/srcsite/A06/s3327/201705/t20170502_303514. html.

[27] 康丹,曾莉.(2018).早期儿童数学学习与执行功能的关系.心理科学进展,26(9),1661—1669.

[28] 课程教材研究所,小学语文课程教材研究开发中心.(2002).金色的小船(语文二年级上册同步阅读).北京:人民教育出版社.

[29] 课程教材研究所,小学数学课程教材研究开发中心.(2008).数学(一年级下册).北京:人民教育出版社.

[30] 课程教材研究所,小学数学课程教材研究开发中心.(2008).数学(二年级下册).北京:人民教育出版社.

[31] 课程教材研究所,小学数学课程教材研究开发中心.(2009).数学(一年级上).北京:人民教育出版社.

[32] 课程教材研究所,小学数学课程教材研究开发中心.(2009).数学(二年级上).北京:人民教育出版社.

[33] 课程教材研究所,小学语文课程教材研究开发中心.(2007).语文(一年级下册).北京:人民教育出版社.

[34] 课程教材研究所,小学语文课程教材研究开发中心.(2008).语文(一年级上册).北京:人民教育出版社.

[35] 课程教材研究所,小学语文课程教材研究开发中心.(2008).语文(二年级上).北京:人民

教育出版社.
[36] 课程教材研究所,小学语文课程教材研究开发中心.(2008).语文(二年级下).北京:人民教育出版社.
[37] 李涛.(2006).公平视野下的农村幼儿教育发展弱势及其归因.幼儿教育,2:41—43.
[38] 李涛,邬志辉.(2017).座次、身份认同与职业选择——中国西部底层乡校再生产的日常研究.社会科学(9),77—90.
[39] 李燕芳,吕莹.(2013).家庭教育投入对儿童早期学业能力的影响:学习品质的中介作用.中国特殊教育(9),63—69.
[40] 梁贞巧,文萍,李红.(2008).计算困难儿童的抑制控制和转换.中国特殊教育(4),30—34.
[41] 刘保中.(2017).我国城乡家庭教育投入状况的比较研究——基于cfps(2014)数据的实证分析.中国青年研究(12),47—54.
[42] 刘航,兰峤.(2017年3月23日).农村学前教育:不可忽视的"最短板".光明日报,14版.
[43] 刘昊,刘肖岑,冯晓霞.(2013).应用Rasch模型测试和分析儿童入学准备状态.心理科学(2),484—488.
[44] 柳倩.(2008).农村学前儿童入学认知准备研究.上海:华东师范大学博士学位论文.
[45] 刘焱,秦金亮,潘月娟,石晓波.(2012).学前一年幼儿入学语言准备的城乡比较研究.教育学报(5),90—97.
[46] 罗丽红,杨宁.(2016).家庭社会经济地位对4—5岁儿童数学能力发展的影响:执行功能的中介作用.幼儿教育(12),38—42.
[47] 罗仁福,赵启然,何敏,刘承芳,张林秀.(2009).贫困农村学前教育现状调查.学前教育研究(1),7—10.
[48] 潘月娟,裘指挥,刘焱,周雪.(2012).学前一年幼儿入学数学准备的城乡比较研究.教育学报(4),122—128.
[49] 庞丽娟.(2009).加快学前教育的发展及普及.教育研究,5,28—30.
[50] 庞丽娟.(2016年3月7日).学前教育免费是扶智脱贫的关键.光明日报,06版.
[51] 庞丽娟,王红蕾,吕武.(2016).对"全面二孩"政策下我国学前教育发展战略的建议.北京师范大学学报(社会科学版)(6),12—21.
[52] 皮军功.(2008).发展民办幼儿教育的宏观理论思考.学前教育研究(9),29—31.
[53] 沙莉,庞丽娟,刘小蕊.(2007).通过立法强化政府在学前教育事业发展中的职责——美国的经验及其对我国的启示.学前教育研究,2,3—8.
[54] 史瑾,叶平枝.(2016).幼儿园教育环境质量与幼儿入学准备的关系.学前教育研究(8),41—50.
[55] 宋爱芬,盖笑松,余咏梅.(2015).家庭社会经济地位对黎族儿童入学准备的影响.海南师范大学学报(社会科学版),28(9),118—124.
[56] 孙蕾.(2007).家庭环境对学前儿童入学准备的影响.吉林:东北师范大学博士学位论文.
[57] 孙蕾,张向葵,盖笑松.(2006).教师对儿童入学准备状况的团体评定.学前教育研究(5),11—14.
[58] 田丽丽,周欣,康丹,徐晶晶,李正清.(2016).5—6岁不同数学能力水平儿童的执行功能差异研究.心理发展与教育,32(1),9—16.

[59] 王宝华,冯晓霞,肖树娟,苍翠.(2010).家庭社会经济地位与儿童学习品质及入学认知准备之间的关系.学前教育研究(4),3—9.
[60] 王晓芬，王莹.（2014).在园流动儿童入学准备研究.幼儿教育(教育科学版)，1、2，17—20.
[61] 王小红,田影.(2018)."两点论"与"重点论"视角下的学前儿童游戏与学习的关系.陕西学前师范学院学报(4),54—57.
[62] 王亚鹏,董奇.(2018).入学准备性研究及其对早期教育的启示.中国教育学刊(2),39—44.
[63] 王争艳,陈会昌,陈欣银.(2003).儿童2—4岁行为抑制的稳定性.心理学报,35(1),93—100.
[64] 文萍,李红.(2007).6—11岁儿童执行功能发展研究.心理学探新,27(3),38—43.
[65] 文萍,张莉,李红,刘莉湘君,张雪怡.(2007).儿童执行功能对数学能力的预测模型.心理发展与教育,V23(3),13—18.
[66] 吴慧中,王明怡.(2015).2—3.5岁儿童执行功能发展特点及其言语能力的影响.心理发展与教育,31(6),654—660.
[67] 吴愈晓,王鹏,杜思佳.(2018).变迁中的中国家庭结构与青少年发展.中国社会科学(2),98—120.
[68] 邢淑芬,蒋莹,高鑫,丁碧蕾,杨玉冰.(2017).电视对学前儿童执行功能发展的长时效应:一项实证研究.教育研究(08),111—121.
[69] 杨阿丽,方晓义,涂翠平.(2006).教师和家长关于儿童入学准备观念的调查研究.心理与行为研究,4(2),133—138.
[70] 俞国良,辛涛.(1995).社会认知视野中的家长教育观念研究.华东师范大学学报(教育科学版),3,87—93.
[71] 余习德,严苏凤.(2013).同伴参与条件下3—5岁儿童执行功能的研究.保健医学研究与实践,10(1),42—45.
[72] 张国洋.(2016).贫困地区留守儿童和非留守儿童教育状况比较研究——来自一个国家级贫困县的调查.上海教育科研(8),41—44.
[73] 张莉.(2008).贫困地区学前留守儿童入学认知准备现状研究.华东师范大学硕士学位论文.
[74] 张莉.(2015).美国推行幼儿园准备度测试.上海教育(14),7—9.
[75] 张莉,周兢.(2009).贫困地区留守儿童入学认知准备现状研究.幼儿教育(教育科学版),3,13—17.
[76] 张莉,周兢.(2018).学前儿童学习品质发展及其对早期语言和数学能力的预测作用.全球教育展望.47(5),113—128.
[77] 张丽锦,赵明旭,者永涛,邱桂平,盖笑松.(2010).宁夏南部山区农村儿童的入学准备状况及其影响因素.学前教育研究(4),10—16.
[78] 张文静,徐芬.(2005).3—5岁幼儿执行功能的发展.应用心理学,11(1),73—78.
[79] 张文新.(2000).儿童社会性发展.北京:北京师范大学出版社.
[80] 郑磊,侯玉娜,刘叶.(2014).家庭规模与儿童教育发展的关系研究.教育研究(4),59—69.

[81] 中共中央,国务院.(2018 年 11 月 7 日).中共中央国务院关于学前教育深化改革规范发展的若干意见. http://www.gov.cn/xinwen/2018-11/15/content_5340776.htm.
[82] 周芬芬.(2006).西部农村学前教育发展的困境与突围.学前教育研究(12),35—38.
[83] 周兢,陈思.(2011).建立儿童学习的脑科学交管系统——脑执行功能理论对学前儿童发展与教育的启示.全球教育展望(6),28—33.
[84] 周兢,柳倩.(2008).我国贫困地区农村儿童早期发展与学前教育质量思考.幼儿教育(教育科学版),(9),4—8.
[85] 周兢,张莉,闵兰斌.(2015).新疆民族儿童学前双语语义发展与入学认知准备的相关研究.华东师范大学学报(教育科学版),33(2),25—33.
[86] 周欣,宋兵,陈学锋,姜瑾,杨彦,肖湘宁.(2011).广西壮族农村儿童家庭环境和入学准备的研究.幼儿教育(8),75—79.
[87] 朱俊卿.(2004).农村亲子关系模式及特点研究.心理科学,27(5),1212—1213.
[88] Aboud, F. E. (2006). Evaluation of an early childhood preschool program in rural Bangladesh. *Early Childhood Research Quarterly*, *21*, 46 - 60.
[89] Aboud, F. E., & Hossain, K. (2011). The impact of preprimary school on primary school achievement in Bangladesh. *Early Childhood Research Quarterly*, *26*, 237 - 246.
[90] Ackerman, D. J., & Barnett, W. S. (2005). Prepared for kindergarten: What does "readiness" mean? New Brunswick, NJ: National Institute for Early Education Research.
[91] Ackerman, D. J., & Barnett, W. S. (2006). Increasing the effectiveness of preschool programs. *Preschool Policy Brief*. New Brunswick, NJ: National Institute for Early Education Research.
[92] Ackerman, D. J., & Friedman-Krauss, A. H. (2017). *Preschoolers' executive function: Importance, contributors, research needs and assessment options (Research Report No. RR - 17 - 22)*. Princeton, NJ: Educational Testing Service.
[93] Anderson, L. M., Shinn, C., Fullilove, M. T., Scrimshaw, S. C., Fielding, J. E., Normand, J., ... the Task Force on Community Preventive Services. (2003). The effectiveness of early childhood development programs: A systematic review. *American Journal of Preventive Medicine*, *24*(3), 32 - 46.
[94] Anderson, P., Anderson, V., Northam, E., & Taylor, H. G. (2000). Standardization of the contingency naming test (cnt) for school-aged children: A measure of reactive flexibility. *Clinical Neuropsychological Assessment*, *1*, 247 - 273.
[95] Anderson, V. A., Anderson, P., Northam, E., Jacobs, R., & Catroppa, C. (2001). Development of executive functions through late childhood and adolescence in an Australian sample. *Developmental Neuropsychology*, *20*(1), 385 - 406.
[96] Arnold, C., Bartlett, K., Gowani, S., & Merali, R. (2006). Is everybody ready? Readiness, transition and continuity: Lessons, reflections and moving forward. *Paper commissioned for the EFA Global Monitoring Report* 2007, *Strong Foundations: Early Childhood Care and Education*.
[97] Ayoub, C., O'Connor, E., Rappolt-Schlictmann, G., Vallotton, C., Raikes, H., &

Chazan-Cohen, R. (2009). Cognitive skill performance among young children living in poverty: Risk, change, and the promotive effects of early Head Start. *Early Childhood Research Quarterly*, *24*(3),289 - 305.

[98] Barnett, W. S. (1995). Long-term effects of early childhood programs on cognitive and school outcomes. *The Future of Children*: *Long-term Outcomes of Early Childhood Programs*, *5*(3),25 - 50.

[99] Barnett, W. S. (1998). Long-term cognitive and academic effects of early childhood education on children in poverty. *Preventive Medicine*, *27*,204 - 207.

[100] Barnett, W. S. (2008). Preschool education and its lasting effects: Research and policy implications. New Brunswick, NJ: National Institute for Early Education Research, Rutgers, The State University of New Jersey.

[101] Barnett, W. S., & Ackerman, D. J. (2006). Costs, benefits, and long-term effects of early care and education programs: Recommendations and cautions for community developer. *Journal of the Community Development Society*, *37*(3),86 - 100.

[102] Barnett, W. S., & Belfield, C. R. (2006). Early childhood development and social mobility. *The future of children*, *16*(2),73 - 98.

[103] Barnett, W. S., & Hustedt, J. T. (2003). Preschool: The most important grade. *Educational Leadership*, *60*(7),54 - 57.

[104] Barnett, W. S., & Hustedt, J. T. (2011). Improving public financing for early learning programs. In E. C. Frede & W. S. Barnett (Eds.), *Preschool Policy Brief*. New Brunswick, NJ: National Institute for Early Education Research.

[105] Barnett, W. S., & Yarosz, D. J. (2007). Who goes to preschool and why does it matter? *Preschool Policy Brief* (pp. 1 - 16). New Brunswick, NJ: National Institute for Early Education Research.

[106] Belsky, J. (2008). *Quality, quantity and type of child care: Effects on child development in the USA*. Paper presented at the Early Childhood Education: International Perspectives, Potsdam, Germany. http://medienbibliothek. fnst. de/uploads/medienbibliothek/37-OP-Belsky. pdf

[107] Belsky, J., Vandell, D. L., Burchinal, M., Clarke-Stewart, K. A., McCartney, K., Owen, M. T., & NICHD ECCRN. (2007). Are there long-term effects of early child care? *Child Development*, *78*(2),681 - 701.

[108] Berger, A., Kofman, O., Livneh, U., & Henik, A. (2007). Multidisciplinary perspectives on attention and the development of self-regulation. *Progress in Neurobiology*, *82*,256 - 286.

[109] Berlinski, S., Galiani, S., & Gertler, P. (2009). The effect of pre-primary education on primary school performance. *Journal of Public Economics*, *93*(1 - 2),219 - 234.

[110] Bierman, K. L., Torres, M. M., Domitrovich, C. E., Welsh, J. A., & Gest, S. D. (2008). Behavioral and cognitive readiness for school: Cross-domain associations for children attending Head Start. *Social Development*, *18*(2),305 - 323.

[111] Blair, C. (2002). School readiness: Integrating cognition and emotion in a neurobiological

conceptualization of children's functioning at school entry. *American Pyschologist*, *57*, 111 - 127.

[112] Blair, C. (2003). Behavioral inhibition and behavioral activation in young children: Relations with self-regulation and adaptation to preschool in children attending Head Start. *Development Psychobiology*, *42*, 301 - 311.

[113] Blair, C., & Diamond, A. (2008). Biological processes in prevention and intervention: The promotion of self-regulation as a means of preventing school failure. *Development and Psychopathology*, *20*(3), 899 - 911.

[114] Blair, C., & Razza, R. P. (2007). Relating effortful control, executive function, and false belief understanding to emerging math and literacy ability in kindergarten. *Child Development*, *78*(2), 647 - 663.

[115] Blair, C., Knipe, H., Cummings, E., Baker, D. P., Gamson, D., Eslinger, P., & Thorne, S. L. (2007). A developmental neuroscience approach to the study of school readiness In R. C. Pianta, M. J. Cox & K. L. Snow (Eds.), *School readiness and the transition to kindergarten in the era of accountability* (pp. 149 - 174). Baltimore, Md.: Paul H. Brookes Publishing.

[116] Bodrova, E. (2007). *Tools of the mind : The Vygotskian approach to early childhood education* (2nd ed.). Upper Saddle River, N. J.: Pearson/Merrill Prentice Hall.

[117] Bodrova, E., & Leong, D. J. (2006). Self-regulation as a key to school readiness: How teachers can promote this critical competency. In M. Zaslow & I. Martinez-Beck (Eds.), *Critical issues in early childhood professional development*. Baltimore: Paul H. Brookes Publishing.

[118] Bodrova, E., & Leong, D. J. (2008). Developing self-regulation in kindergarten. *Young Children*, *63*(2), 56 - 58.

[119] Boemmel, J., & Briscoe, J. (2008). *Web Quest Project Theory Fact Sheet of Urie Bronfenbrenner*. Retrieved from http://pt3. nl. edu/boemmelbriscoewebquest. pdf

[120] Bohn, C. M., Roehrig, A. D., & Pressley, M. (2004). The first days of school in the classrooms of two more effective and four less effective primary-grades teachers. *The Elementary School Journal*, *104*(4), 269 - 287.

[121] Boivin, M., & Bierman, K. L. (2013). *Promoting school readiness and early learning: Implications of developmental research for practice*. United States: Guilford Publications, 3 - 14.

[122] Boocock, S. S. (1995). Early childhood programs in other nations: Goals and outcomes. *The Future of Children: Long-term Outcomes of Early Childhood Programs*, *5*(3), 94 - 114.

[123] Bracken, B. A. (1998a). *Bracken basic concept scale-revised*. San Antonio, TX: The Psychological Corporation.

[124] Bracken, B. A. (1998b). Bracken concept scale-revised examiner's manual. San Antonio, TX: The Psychological Corporation.

[125] Bradley-Johnson, S. (1999). Test review. *Psychology in Schools*, *36*(6), 269 - 273.

[126] Brock, L. L., Rimm-Kaufman, S. E., Nathanson, L., & Grimm, K. J. (2009). The contributions of "hot" and "cool" executive function to children's academic achievement, learning-related behaviors, and engagement in kindergarten. *Early Childhood Research Quarterly*, *24*(3), 337 - 349. doi: 10.1016/j.ecresq.2009.06.001

[127] Brocki, K. C., & Bohlin, G. (2004). Executive functions in children aged 6 to 13: A dimensional and developmental study. *Develpmental Neuropsychology*, *26* (2), 571 - 593.

[128] Bronfenbrenner, U. (1990). Discovering what families do. In D. Blankenhorn, S. Bayme, & J. B. Elshtain (Eds.), *Rebuilding the nest: A new commitment to the American family* (pp. 27 - 51). Milwaukee, WI, US: Family Service America.

[129] Bronfenbrenner, U. (1994). Ecological models of human development. *International encyclopedia of education*, *3*(2), 37 - 43.

[130] Bronfenbrenner, U., & Morris, P. A. (1998). The bioecology of development processes. In W. Damon & R. M. Lerner (Eds.), *Handbook of child psychology: Theoretical models of human development* (5th ed., pp. 993 - 1028). New York: John Wiley & Sons.

[131] Bronson, M. (2000). *Self-regulation in early childhood: Nature and nurture*. New York: Guilford Press.

[132] Brooks-Gunn, J., & Duncan, G. J. (1997). The effects of poverty on children. *The Future of Children: Children and Poverty*, *7*(2), 55 - 71.

[133] Brooks-Gunn, J., & Markman, L. B. (2005). The contribution of parenting to ethnic and racial gaps in school readiness. *The Future of Children: School Readiness: Closing Racial and Ethnic Gaps*, *15*(1), 139 - 168.

[134] Brooks-Gunn, J., Duncan, G. J., & Maritato, N. (1997). Poor families, poor outcomes: The well-being of children and youth. In G. J. Duncan & J. Brooks-Gunn (Eds.), *Consequences of growing up poor* (pp. 1 - 17). New York: Russell Sage Foundation.

[135] Bryant, D. M., Burchinal, M. R., Lau, L. B., & Sparling, J. J. (1994). Family and classroom correlates of Head Start children's developmental outcomes. *Early Childhood Research Quarterly*, *9*, 289 - 309.

[136] Bull, R., & Scerif, G. (2001). Executive functioning as a predictor of children's mathematics ability: Inhibition, switching, and working memory. *Developmental Neuropsychology*, *19*(3), 273 - 299.

[137] Bull, R., Espy, K. A., & Wiebe, S. A. (2008). Short-term memory, working memory, and executive functioning in preschoolers: Longitudinal predictors of mathematical achievement at age 7 years. *Developmental Neuropsychology*, *33*(3), 205 - 228.

[138] Burchinal, M. R. (2018). Measuring early care and education quality. *Child Development Perspectives*, *12*(1), 3 - 9.

[139] Burchinal, M. R., & Cryer, D. (2003). Diversity, child care quality, and

developmental outcomes. *Early Childhood Research Quarterly*, *18*,401 - 426.

[140] Burchinal, M. R. , Lee, M. , & Ramey, C. T. (1989). Type of day-care and preschool intellectual development in disadvantaged children. *Child Development*, *60* (1), 128 - 137.

[141] Burchinal, M. R. , Ramey, S. L. , Reid, M. K. , & Jaccard, J. (1995). Early child care experiences and their association with family and child characteristics during middle childhood. *Early Childhood Research Quarterly*, *10*,33 - 61.

[142] Burchinal, M. R. , Roberts, J. E. , Riggins, R. , Zeisel, S. A. , Neebe, E. , & Bryant, D. (2000). Relating quality of center-based child care to early cognitive and language development longitudinally. *Child Development*, *71*(2),339 - 357.

[143] Burger, K. (2010). How does early childhood care and education affect cognitive development? An international review of the effects of early interventions for children from different social backgrounds. *Early Childhood Research Quarterly*, *25* (2),140 - 165.

[144] Burnett, K. , & Farkas, G. (2009). Poverty and family structure effects on children's mathematics achievement: Estimates from random and fixed effects models. *The Social Science Journal*, *46*(2),297 - 318.

[145] Burrage, M. S. , Cameron, C. E. , McCready, E. A. , Shah, P. , Sims, B. C. , Jewkes, A. M. , & Morrison, F. J. (2008). Age-and schooling-related effects on executive functions in young children: A natural experiment. *Child Neuropsychology*, *14* (6), 510 - 524.

[146] Cadima, J. , Gamelas, A. M. , McClelland, M. , & Peixoto, C. (2015). Associations between early family risk, children's behavioral regulation, and academic achievement in Portugal. *Early Education and Development*, *26*(5 - 6), 708 - 728.

[147] Calkins, S. D. , & Williford, A. P. (2009). Taming the terrible twos: Self-regulation and school readiness. In O. A. Barbarin & B. H. Wasik (Eds.), *Handbook of child development and early education : Research to practice* (pp. 172 - 198). New York: Guilford Press.

[148] Cameron, C. E. , & Morrison, F. J. (2011). Teacher activity orienting predicts preschoolers' academic and self-regulatory skills. *Early Education & Development*, *22* (4),620 - 648.

[149] Cameron, C. E. , Connor, C. M. , Morrison, F. J. , & Jewkes, A. M. (2008). Effects of classroom organization on letter-word reading in first grade. *Journal of School Psychology*, *46*(2),173 - 192.

[150] Cameron, C. E. , McClelland, M. M. , Jewkes, A. M. , Connor, C. M. , Farris, C. L. , & Morrison, F. J. (2008). Touch your toes! Developing a direct measure of behavioral regulation in early childhood. *Early Childhood Research Quarterly*, *23*(2), 141 - 158.

[151] Cameron, C. E. , McClelland, M. M. , Matthews, J. S. , & Morrison, F. J. (2009). A structured observation of behavioral self-regulation and its contribution to kindergarten

outcomes. *Developmental Psychology*, *45*(3),605 - 619.

[152] Cameron, C. E., Rimm-Kaufman, S. E., Brock, L. L., & Nathanson, L. (2009). Early adjustment, gender differences, and classroom organizational climate in first grade. *Elementary School Journal*, *110*(2),142 - 162.

[153] Cameron, C. E., Rimm-Kaufman, S. E., Grimm, K. J., & Curby, T. W. (2009). Kindergarten classroom quality, behavioral engagement, and reading achievement. *School Psychology Review*, *38*(1),102 - 120.

[154] Camilli, G., Vargas, S., Ryan, S., & Barnett, W. S. (2010). Meta-analysis of the effects of early education interventions on cognitive and social development. *Teachers College Record*, *112*(3),579 - 620.

[155] Campbell, F. A., & Ramey, C. T. (1994). Effects of early intervention on intellectual and academic achievement: A follow-up study of children from low-income families. *Child Development*, *65*(2),684 - 698.

[156] Campbell, F. A., Pungello, E. P., Miller-Johnson, S., Burchinal, M. R., & Ramey, C. T. (2001). The development of cognitive and academic abilities: Growth curves from an early childhood educational experiment. *Developmental Psychology*, *37* (2), 231 - 242.

[157] Campbell, J. J., Lamb, M. E., & Hwang, C. P. (2000). Early child-care experiences and children's social competence between 1.5 and 15 years of age. *Applied Developmental Science*, *4*(3),166 - 175.

[158] Carlson, S. M. (2005). Developmentally sensitive measures of executive function in preschool children. *Developmental Neuropsychology*, *28*(2),595 - 616.

[159] Carlson, S. M., & Wang, T. S. (2007). Inhibitory control and emotion regulation in preschool children. *Cognitive Development*, *22*,489 - 510.

[160] Carlson, S. M., Mandell, D. J., & Williams, L. (2004). Executive function and theory of mind: Stability and prediction from ages 2 to 3. *Developmental Psychology*, *40*(6), 1105 - 1122. doi:10.1037/0012 - 1649.40.6.1105

[161] Carlton, M. P., & Winsler, A. (1999). School readiness: The need for a paradigm shift. *School Psychology Review*, *28*(3),338 - 352.

[162] Case, R., Kurland, D. M., & Goldberg, J. (1982). Operational efficiency and the growth of short-term memory span. *Journal of Experimental Child Psychology*, *33* (3),386 - 404.

[163] Center on the Developing Child at Harvard University. (2014). *Enhancing and practicing executive function skills with children from infancy to adolescence*. Retrieved from http://www.developingchild.harvard.edu

[164] Chan, W. L. (2010). The transition from kindergarten to primary school, as experienced by teachers, parents and children in Hong Kong. *Early Child Development and Care*, *180*(7),973 - 993.

[165] Chatterji, M. (2005). Achievement gaps and correlates of early mathematics achievement: Evidence from the ECLS k-first grade sample. *Education Policy Analysis*

Archives, *13*,1 - 38.

[166] Chatterji, M. (2006). Reading achievement gaps, correlates, and moderators of early reading achievement: Evidence from the early childhood longitudinal study (ECLS) kindergarten to first grade samples. *Journal of Educational Psychology*, *98* (3), 489 - 507.

[167] Chazan-Cohen, R., Raikes, H., Brooks-Gunn, J., Ayoub, C., Pan, B. A., Kisker, E. E., ... Fuligni, A. S. (2009). Low-income children's school readiness: Parent contributions over the first five years. *Early Education and Development*, *20*(6),958 - 977.

[168] Chen, S., Lawrence, J. F., Zhou, J., Min, L., & Snow, C. E. (2018). The efficacy of a school-based book-reading intervention on vocabulary development of young Uyghur children: A randomized controlled trial. *Early Childhood Research Quarterly*, *44*,206 - 219.

[169] Chen, X. Y., Chen, H. C., Li, D., & Wang, L. (2009). Early childhood behavioral inhibition and social and school adjustment in Chinese children: A 5-year longitudinal study. *Child Development*, *80*(6),1692 - 1704.

[170] Chen, X. Y., Hastings, P. D., Rubin, K. H., Chen, H. C., Cen, G. Z., & Stewart, S. L. (1998). Child-rearing attitudes and behavioral inhibition in Chinese and Canadian toddlers: A cross-cultural study. *Developmental Psychology*, *34*(4),677 - 686.

[171] Chew, A. L., & Lang, W. S. (1990). Predicting academic achievement in kindergarten and first grade from prekindergarten scores on the lollipop test and dial. *Educational and Psychological Measurement*,50,431 - 437.

[172] Chew, A. L., & Morris, J. D. (1989). Predicting later academic achievement from kindergarten scores on the metropolitan readiness tests and the lollipop test. *Educational and Psychological Measurement*, *49*(2),461 - 465.

[173] Chi, J., & Rao, N. (2003). Parental beliefs about school learning and children's educational attainment: evidence from rural china. *Ethos*, *31*(3),330 - 356.

[174] Child Trends. (2000). School readiness: Helping communities get children ready for school and schools ready for children. Child trends research brief. Washington, DC: Author.

[175] Ciairano, S., Visu-Petra, L., & Settanni, M. (2007). Executive inhibitory control and cooperative behavior during early school years: A follow-up study. *Journal of Abnormal Child Psychology*, *35*, 335 - 345.

[176] Clair-Thompson, H. L. S., & Gathercole, S. E. (2006). Executive functions and achievements in school: Shifting, updating, inhibition, and working memory. *The Quarterly Journal of Experimental Psychology*, *59*(4),745 - 759.

[177] Clancy, C. H., & Pianta, R. C. (1993). The metropolitan readiness test as a descriptor and predictor of children's competence in kindergarten through grade two. *Journal of Psychoeducational Assessment*,11,144 - 157.

[178] Clark, C. A., Pritchard, V. E., & Woodward, L. J. (2010). Preschool executive

functioning abilities predict early mathematics achievement. *Developmental Psychology*, *46*(5), 1176 - 1191.

[179] Cohen, J. (1988). *Statistical power analysis for the behavioral sciences* (2nd ed.). Hillsdale, N. J. : Lawrence Erlbaum.

[180] Cohen, L., Manion, L., & Morrison, K. (2000). *Research methods in education* (5th ed.). London; New York: Routledge/Falmer.

[181] Colman, R. A., Hardy, S. A., Albert, M., Raffaelli, M., & Crockett, L. (2006). Early predictors of self-regulation in middle childhood. *Infant and Child Development*, *15*(4), 421 - 437.

[182] Conway, A. R. A., Kane, M. J., Bunting, M. F., Hambrick, D. Z., Wilhelm, O., & Engle, R. W. (2005). Working memory span tasks: A methodological review and user's guide. *Psychonomic Bulletin & Review*, *12*(5), 769 - 786.

[183] Corter, C., Janmohammed, Z., Zhang, J., & Bertrand, J. (2006). Selected issues concerning early childhood care and education in China. *Paper commissioned for the EFA Global Monitoring Report 2007, Strong foundations: early childhood care and education.*

[184] Currie, J., & Thomas, D. (1995). Does Head Start make a difference? *The American Economic Review*, *85*(3), 341 - 364.

[185] Danahy, K., Windsor, J., & Kohnert, K. (2007). Counting span and the identification of primary language impairment. *International Journal of Language & Communication Disorders*, *42*(3), 349 - 365.

[186] Danielsa, D. H., & Shumow, L. (2003). Child development and classroom teaching: A review of the literature and implications for educating teachers. *Applied Developmental Psychology*, *23*, 495 - 526.

[187] Davidson, M. C., Amso, D., Anderson, L. C., & Diamond, A. (2006). Development of cognitive control and executive functions from 4 to 13 years: Evidence from manipulations of memory, inhibition, and task switching. *Neuropyschologia*, *44*, 2037 - 2078.

[188] Dearing, E., McCartney, K., & Taylor, B. A. (2001). Change in family income-to-needs matters more for children with less. *Child Development*, *72*(6), 1779 - 1793.

[189] Dearing, E., McCartney, K., & Taylor, B. A. (2009). Does higher quality early child care promote low-income children's math and reading achievement in middle childhood? *Child Development*, *80*(5), 1329 - 1349.

[190] Diamond, A., & Lee, K. (2011, August 19). Interventions shown to aid executive function development in children 4 to 12 years old. Science, *333*, 959 - 964.

[191] Diamond, A., & Taylor, C. (1996). Development of an aspect of executive control: Development of the abilities to remember what i said and to "do as i say, not as i do". *Developmental Psychobiology*, *29*(4), 315 - 334.

[192] Diamond, A., Barnett, W. S., Thomas, J., & Munro, S. (2007). Preschool program improves cognitive control. *Science*, *318*, 1387 - 1388.

[193] Dowsett, C. J., Huston, A. C., Imes, A. E., & Gennetian, L. (2008). Structural and process features in three types of child care for children from high and low income families. *Early Childhood Research Quarterly*, *23*(1), 69 - 93.

[194] Duckworth, A. L., & Seligman, M. E. P. (2005). Self-discipline outdoes IQ in predicting academic performance of adolescents. *Psychological Science*, *16*, 939 - 944.

[195] Duckworth, A. L., & Seligman, M. E. P. (2006). Self-discipline gives girls the edge: Gender in self-discipline, grades, and achievement test scores. *Journal of Educational Psychology*, *98*(1), 198 - 208.

[196] Duncan, G. J., & Brooks-Gunn, J. (1997). Income effects across the life span: Integration and intervention. In G. J. Duncan & J. Brooks-Gunn (Eds.), *Consequences of growing up poor* (pp. 596 - 610). New York: Russell Sage Foundation.

[197] Duncan, G. J., & Magnuson, K. A. (2005). Can family socioeconomic resources account for racial and ethnic test score gaps? *The Future of Children: School Readiness: Closing Racial and Ethnic Gaps*, *15*(1), 35 - 45.

[198] Duncan, G. J., Brooks-Gunn, J., & Klebanov, P. K. (1994). Economic deprivation and early childhood development. *Child Development*, *65*(2), 296 - 318.

[199] Duncan, G. J., Dowsett, C. J., Brooks-Gunn, J., Claessens, A., Duckworth, K., Engel, M., ... Sextoni, H. (2007). School readiness and later achievement. *Developmental Psychology*, *43*(6), 1428 - 1446.

[200] Duncan, G. J., Yeung, W. J., Brooks-Gunn, J., & Smith, J. R. (1998). How much does childhood poverty affect the life chances of children? *American Sociological Review*, *63*(3), 406 - 423.

[201] Duncan, G. J., Ziol-Guest, K. M., & Kalil, A. (2010). Early-childhood poverty and adult attainment, behavior, and health. *Child Development*, *81*(1), 306 - 325.

[202] Dunn, L. M., & Dunn, L. M. (1997). *Peabody Picture Vocabulary Test-III*. Circle Pines, MN: American Guidance Services.

[203] Elias, C. L., & Berk, L. E. (2002). Self-regulation in young children: Is there a role for sociodramatic play? *Early Childhood Research Quarterly*, *17*, 216 - 238.

[204] Engle, P. L., & Black, M. M. (2008). The effect of poverty on child development and educational outcomes. *Annals of the New York Academy of Sciences*, *136* (1), 243 - 256.

[205] Engle, P. L., Black, M. M., Behrman, J. R., Mello, M. C. d., Gertler, P. J., Kapiriri, L., ... the International Child Development Steering Group. (2007). Strategies to avoid the loss of developmental potential in more than 200 million children in the developing world. *The Lancet*, *369*(9557), 229 - 242.

[206] Engle, P. L., Fernald, L. C. H., Alderman, H., Behrman, J., O'Gara, C., Yousafzai, A., ... the Global Child Development Steering Group. (2011). Strategies for reducing inequalities and improving developmental outcomes for young children in low-income and middle-income countries. *Lancet*, 1 - 15.

[207] Espinosa, L. M. (2002). High-quality preschool: Why we need it and what it looks like?

Preschool Policy Brief. New Brunswick, NJ: National Institute for Early Education Research.

[208] Espy, K. A., McDiarmid, M. M., Cwik, M. F., Stalets, M. M., & Hamby, A. (2004). The contribution of executive functions to emergent mathematic skills in preschool children. *Developmental Neuropsychology*, *26*(1), 465 - 486.

[209] Evans, G. W., & English, K. (2002). The environment of poverty: Multiple stressor exposure, psychophysiological stress, and socioemotional adjustment. *Child Development*, *73*(4), 1238 - 1248.

[210] Evans, G. W., & Rosenbaum, J. (2008). Self-regulation and the income-achievement gap. *Early Childhood Research Quarterly*, *23*, 504 - 514.

[211] Fantuzzo, J., Perry, M. A., & McDermott, P. (2004). Preschool approaches to learning and their relationship to other relevant classroom competencies for low-income children. *School Psychology Quarterly*, *19*(3), 212 - 230.

[212] Florez, I. R. (2011). Developing young children's self-regulation through everyday experiences. *Young Children*, 46 - 51.

[213] Ford, R. M., McDougall, S. J., & Evans, D. (2009). Parent-delivered compensatory education for children at risk of educational failure: Improving the academic and self-regulatory skills of a sure start preschool sample. *British Journal of Psychology*, *100*, 773 - 797.

[214] Friedman, S. L., & Amadeo, J. -A. (1999). The child-care environment: Conceptualizations, assessments, and issues. In S. L. Friedman & T. D. Wachs (Eds.), *The child-care environment: Conceptualizations, assessments, and issues*. Washington, DC.: American Psychological Association.

[215] Galper, A. R., & Seefeldt, C. (2009). Assessing young children. In S. Feeney, A. Galper & C. Seefeldt (Eds.), *Continuing issues in early childhood education* (pp. 329 - 345). Upper Saddle River, N. J.: Merrill/Pearson.

[216] Garon, N., Bryson, S. E., & Smith, I. M. (2008). Executive function in preschoolers: A review using an integrative framework. *Psychological Bulletin*, *134*(1), 31 - 60.

[217] Gathercole, S. E., & Alloway, T. P. (2008). Working memory and classroom learning. In S. K. Thurman & C. A. Fiorello (Eds.), *Applied cognitive research in K-3 classrooms* (pp. 17 - 40). New York and London: Routledge.

[218] Gathercole, S. E., Lamont, E., & Alloway, T. P. (2006). Working memory in the classroom. In S. J. Pickering (Ed.), *Working memory and education* (pp. 219 - 240). London: Elsevier Press.

[219] Gestsdottir, S., Suchodoletz, A. v., Wanless, S. B., Hubert, B., Guimard, P., Birgisdottir, F., ... McClelland, M. (2014). Early behavioral self-regulation, academic achievement, and gender: Longitudinal findings from France, Germany, and Iceland. *Applied Developmental Science*, *18*(2), 90 - 109.

[220] Gillespie, L. G., & Seibel, N. L. (2006). Self-regulation: A cornerstone of early childhood development. *Young Children*, *July*, 1 - 6. Retrieved from http://journal.

naeyc. org/btj/200607/Gillespie709BTJ. pdf

[221] Gioia, G. A., Espy, K. A., & Isquith, P. K. (2003). *BRIEF-P: Behavior rating inventory of executive function-Preschool version*. Lutz, FL: Psychological Assessment Resources.

[222] Gomby, D. S., Larner, M. B., Stevenson, C. S., Lewit, E. M., & Behrman, R. E. (1995). Long-term outcomes of early childhood programs: Analysis and recommendations. *The Future of Children: Long-term Outcomes of Early Childhood Programs*, *5*(3), 6 - 24.

[223] Goodman, A., & Sianesi, B. (2005). Early education and children's outcomes: How long do the impacts last? *Fiscal Studies*, *26*(4), 513 - 548.

[224] Gorey, K. M. (2001). Early childhood education: A meta-analytic affirmation of the short-and long-term benefits of educational opportunity. *School Psychology Quarterly*, *16*(1), 9 - 30.

[225] Gormley, W. T., Gayer, T., Phillips, D., & Dawson, B. (2005). The effects of universal pre-k on cognitive development. *Developmental Psychology*, *41*(6), 872 - 884.

[226] Gormley, W. T., Phillips, D., & Gayer, T. (2008). Preschool programs can boost school readiness. *Science*, *320*, 1723 - 1724.

[227] Grantham-McGregor, S., Cheung, Y. B., Cueto, S., Glewwe, P., Richter, L., Strupp, B., & the International Child Development Steering Group. (2007). Developmental potential in the first 5 years for children in developing countries. *The Lancet*, *369*(9555), 60 - 70.

[228] Gredler, G. R. (1992). *School readiness: Assessment and educational issues*: Clinical Psychology Publishing Company.

[229] Gredler, G. R. (2000). Early childhood education-assessment and intervention: what the future holds. *Psychology in the Schools*, 37(1), 73 - 79.

[230] Grimm, K. J., Steele, J. S., Mashburn, A. J., Burchinal, M., & Pianta, R. C. (2010). Early behavioral associations of achievement trajectories. *Developmental Psychology*, *46*(5), 976 - 983.

[231] Hair, E., Halle, T., Terry-Humen, E., Lavelle, B., & Calkins, J. (2006). Children's school readiness in the ECLS-k: Predictions to academic, health, and social outcomes in first grade. *Early Childhood Research Quarterly*, *21*, 431 - 454.

[232] Hair, N. L., Hanson, J. L., Wolfe, B. L., & Pollak, S. D. (2015). Association of child poverty, brain development, and academic achievement. JAMA Pediatrics, 169, 822 - 829.

[233] Hamre, B. K., & Pianta, R. C. (2001). Early teacher-child relationships and the trajectory of children's school outcomes through eighth grade. *Child Development*, *72*(2), 625 - 638.

[234] Heckman, J. J. (2004). Invest in the very young R. E. Tremblay, R. G. Barr & R. D. Peters (Eds.), *Encyclopedia on Early Childhood Development* [*online*]. Retrieved from http://www. child-encyclopedia. com/documents/HeckmanANGxp. pdf

[235] Ho, D. Y. F. (1994). Cognitive socialization in Confucian heritage cultures. In P. M. Greenfield & R. R. Cocking (Eds.), *Cross-cultural roots of minority child development* (pp. 285 - 313). Hillsdale, NJ, England: Lawrence Erlbaum Associates.

[236] Howse, R. B., Lange, G., Farran, D. C., & Boyles, C. D. (2003). Motivation and self-regulation as predictors of achievement in economically disadvantaged young children. *Journal of Experimental Education*, *71*,151 - 174.

[237] Hu, B. Y., & Roberts, S. K. (2013). A qualitative study of the current transformation to rural village early childhood in china: retrospect and prospect. *International Journal of Educational Development*, *33*(4),316 - 324.

[238] Hu, L., Bentler, P., & Hu, L. (1998). Fit indices in covariance structure modelling: sensitivity to underparameterization model misspecification. *Psychological Methods*, *3*(4),424 - 453.

[239] Hughes, C., White, N., Foley, S., & Devine, R. T. (2018). Family support and gains in school readiness: A longitudinal study. *British Journal of Educational Psychology*, *88*(2),284 - 299.

[240] Huizinga, M., Dolan, C. V., & Molen, M. W. v. d. (2006). Age-related change in executive function: Developmental trends and a latent variable analysis. *Neuropsychologia*, *44*,2017 - 2036.

[241] Huston, A. C., & Bentley, A. C. (2010). Human development in societal context. *Annual Review of Psychology*, *61*,411 - 437.

[242] Huston, A. C., Changa, Y. E., & Gennetian, L. (2002). Family and individual predictors of child care use by low-income families in different policy contexts. *Early Childhood Research Quarterly*, *17*,441 - 469.

[243] Huttenlocher, J., Haight, W., Bryk, A., Seltzer, M., & Lyons, T. (1991). Early vocabulary growth: relation to language input and gender. *Developmental Psychology*, *27*,236 - 248.

[244] Ip, P., Rao, N., Bacon-Shone, J., Li, S. L., Ho, K. W., Chow, C. B., & Jiang, F. (2016). Socioeconomic gradients in school readiness of Chinese preschool children: The mediating role of family processes and kindergarten quality. *Early Childhood Research Quarterly*, *35*,111 - 123.

[245] Jahromi, L. B., & Stifter, C. A. (2008). Individual differences in preschoolers' self-regulation and theory of mind. *Merrill-Palmer Quarterly*, *54*(1),125 - 150.

[246] Jewkes, A. M., & Morrison, F. J. (2007). Parenting and schooling influences on early self-regulation development. In O. N. Saracho & B. Spodek (Eds.), *Contemporary perspectives on social learning in early childhood education* (pp. 133 - 148). Charlotte, NC: Information Age Publishing.

[247] Jiang, J. (2008). Early childhood education administration in the new period: Chanllenges and opportunities. *Chinese Education and Society*, *41*(2),77 - 90.

[248] Jordan, N. C., Kaplan, D., Ramineni, C., & Locuniak, M. N. (2009). Early math matters: Kindergarten number competence and later mathematics outcomes.

Developmental Psychology, *45*(3),850 - 867.

[249] Kagan, S. L. (1990). Readiness 2000: Rethinking rhetoric and responsibility. *Phi Delta Kappan*, *72*(4),272 - 279.

[250] Kagan, S. L. (2003). Children's readiness for school: Issues in assessment. *International Journal of Early Childhood*, *35*(1),114 - 120.

[251] Kagan, S. L. (2010, November 18). Focusing on quality: Rethinking early childhood development and education. Keynote presentation, OMEP-Hong Kong Eighteenth Annual General Meeting, Hong Kong, China.

[252] Kagan, S. L., & Neuman, M. J. (1997). Defining and implementing school readiness: Challenges for families, early care and education, and schools. In R. P. Weissberg, T. P. Gullotta, R. L. Hampton, B. A. Ryan & G. R. Adams (Eds.), *Healthy children 2010: Establishing preventative services* (pp. 61 - 96). Thousand Oaks, CA: Sage Publishers.

[253] Kagan, S. L., Moore, E., & Bredekam, S. (1995). Reconsidering children's early development and learning: Toward common views and vocabulary. Washington, DC: National Education Goals Panel.

[254] Kane, M. J., Conway, A. R. A., Hambrick, D. Z., & Engle, R. W. (2007). Variation in working memory capacity as variation in executive attention and control. In A. R. A. Conway, M. J. Jarrold, A. M. Kane & J. N. Towse (Eds.), *Variation in working memory* (pp. 21 - 48): Oxford University Press.

[255] Karoly, L. A., Kilburn, M. R., & Cannon, J. S. (2005). Early childhood interventions: Proven results, future promise. Santa Monica, California: RAND Corporation.

[256] Kiernan, K. E., & Mensah, F. K. (2011). Poverty, family resources and children's early educational attainment: The mediating role of parenting. *British Educational Research Journal*, *37*(2),317 - 336.

[257] Klebanov, P. K., Brooks-Gunn, J., McCarton, C., & McCormick, M. C. (1998). The contribution of neighborhood and family income to developmental test scores over the first three years of life. *Child Development*, *69*(5),1420 - 1436.

[258] Kurdek, L. A., & Sinclair, R. J. (2001). Predicting reading and mathematics achievement in fourth-grade children from kindergarten readiness scores. *Journal of Educational Psychology*, *93*(3),451 - 455.

[259] Ladd, G., Herald, S., & Kochel, K. (2006). School readiness: Are there social prerequisites? *Early Education & Development*, *17*(1),115 - 150.

[260] La Paro, K. M., Hamre, B. K., Locasale-Crouch, J., Pianta, R. C., Bryant, D., Early, D., ... Burchinal, M. (2009). Quality in kindergarten classrooms: Observational evidence for the need to increase children's learning opportunities in early education classrooms. *Early Education and Development*, *20*(4),657 - 692.

[261] Le, V.-N., Kirby, S. N., Barney, H., Setodji, C. M., & Gershwin, D. (2006). School readiness, full-day kindergarten, and student achievement: An empirical

investigation. Santa Monica, California: RAND Corporation.

[262] Lee, V., & Burkham, D. (2002). Inequality at the starting gate: Social background differences in achievement as children begin school (executive summary). Washington, DC: Economic Policy Institute.

[263] Lehto, J. E., Juujärvi, P., Kooistra, L., & Pulkkinen, L. (2003). Dimensions of executive functioning: Evidence from children. *British Journal of Developmental Psychology*, *21*(1), 59 - 80.

[264] Lemelin, J.-P., Boivin, M., Forget-Dubois, N., Dionne, G., Séguin, J. R., Brendgen, M., ... Pérusse, D. (2007). The genetic-environmental etiology of cognitive school readiness and later academic achievement in early childhood. *Child Development*, *78*(6), 1855 - 1869.

[265] Lewit, E. M., & Baker, L. S. (1995). School readiness. *The future of children*, *5*(2), 128 - 139.

[266] Li-Grining, C. P., & Coley, R. L. (2006). Child care experiences in low-income communities: Developmental quality and maternal views. *Early Childhood Research Quarterly*, *21*, 125 - 141.

[267] Li-Grining, C. P., Votruba-Drzal, E., Maldonado-Carreno, C., & Haas, K. (2010). Children's early approaches to learning and academic trajectories through fifth grade. *Developmental Psychology*, *46*(5), 1062 - 1077.

[268] Lipps, G., & Yiptong-Avila, J. (1999). From home to school: How Canadian children cope. *Education Quarterly Review*, *6*(2), 51 - 57.

[269] Liu, J. B., & James, E. (2005). Teacher-child interaction in Chinese kindergartens: An observational analysis. *International Journal of Early Years Education*, *13*(2), 129 - 143.

[270] Liu, Q. (2008). *A study of cognitive school readiness of preschool children in impoverished rural area (doctoral thesis)*. Unpublished thesis, East China Normal University, Shanghai.

[271] Liu, Y., Sun, H., Lin, D., Li, H., Yeung, S. S., & Wong, T. T. (2018). The unique role of executive function skills in predicting Hong Kong kindergarteners' reading comprehension. *British Journal of Educational Psychology*, *88*(4), 628 - 644.

[272] Loeb, S., Fuller, B., Kagan, S. L., & Carrol, B. (2004). Child care in poor communities: Early learning effects of type, quality, and stability. *Child Development*, *75*(1), 47 - 65.

[273] Magnuson, K. A., & Waldfogel, J. (2005). Early childhood care and education: Effects on ethnic and racial gaps in school readiness. *The Future of Children: School Readiness: Closing Racial and Ethnic Gaps*, *15*(1), 169 - 196.

[274] Magnuson, K. A., Meyers, M. K., Ruhm, C., & Waldfogel, J. (2004). Inequality in preschool education and school readiness. *American Educational Research Journal*, *41*(4), 115 - 157.

[275] Magnuson, K. A., Ruhm, C., & Waldfogel, J. (2007). Does prekindergarten improve

school preparation and performance? *Economics of Education Review*, *26*(1),33 - 51.

[276] Mann, T. D., Hund, A. M., Hesson-McInnis, M. S., & Roman, Z. J. (2016). Pathways to school readiness: Executive functioning predicts academic and social - emotional aspects of school readiness. *Mind, Brain and Education*, *11*(1), 21 - 31.

[277] Mashburn, A., Pianta, R., Hamre, B., Downer, J., Barbarin, O., Bryant, D., ... Howes, C. (2008). Measures of classroom quality in prekindergarten and children's development of academic, language and social skills. *Child Development*, *79*(3), 732 - 749.

[278] Matthews, J. S., Cameron, C. E., & Morrison, F. J. (2009). Early gender differences in self-regulation and academic achievement. *Journal of Educational Psychology*, *101*(3),689 - 704.

[279] Maxwell, K. L., & Clifford, R. M. (2004). School readiness assessment. *Young Children*, *59*(1),42 - 46.

[280] Mazzocco, M. M. M., & Kover, S. T. (2007). A longitudinal assessment of executive function skills and their association with math performance. *Child Neuropsychology*, *13*,18 - 45.

[281] McCabe, L. A., Hernandez, M., Lara, S. L., & Brooks-Gunn, J. (2000). Assessing preschoolers' self-regulation in homes and classrooms: Lessons from the field. *Behavioral Disorders*, *26*(1),53 - 69.

[282] McCabe, L. A., Rebello-Britto, P., Hernandez, M., & Brooks-Gunn, J. (2004). Games children play: Observing young children's self-regulation across laboratory, home and school settings. In R. DelCarmen-Wiggins & A. Carter (Eds.), *Handbook of infant, toddler, and preschool mental health assessment* (pp. 491 - 521). New York: Oxford University Press.

[283] McCartney, K., Bub, K. L., & Burchinal, M. R. (2006). Selection, detection, and reflection. *Monographs of the Society for Research in Child Development*, *71*(3),105 - 126.

[284] McCartney, K., Dearing, E., Taylor, B. A., & Bub, K. L. (2007). Quality child care supports the achievement of low-income children: Direct and indirect pathways through caregiving and the home environment. *Journal of Applied Developmental Psychology*, *28*,411 - 426.

[285] McClelland, M. M., & Cameron, C. E. (2011). Self-regulation and academic achievement in elementary school children. *New Directions for Child and Adolescent Development*, *2011*(133),29 - 44. doi:10.1002/cd.302

[286] McClelland, M. M., Acock, A. C., & Morrison, F. J. (2006). The impact of kindergarten learning-related skills on academic trajectories at the end of elementary school. *Early Childhood Research Quarterly*, *21*(4),471 - 490.

[287] McClelland, M. M., Cameron, C. E., Connor, C. M., Farris, C. L., Jewkes, A. M., & Morrison, F. J. (2007). Links between behavioral regulation and preschoolers' literacy, vocabulary, and math skills. *Developmental Psychology*, *43*(4),947 - 959.

[288] McClelland, M. M., Cameron, C. E., Wanless, S. B., & Murray, A. (2007). Executive function, behavioral self-regulation, and social-emotional competence: Links to school readiness. In O. N. Saracho & B. Spodek (Eds.), *Contemporary perspectives on social learning in early childhood education* (pp. 83 - 108). Charlotte: Information Age.

[289] McClelland, M. M., Morrison, F. J., & Holmes, D. L. (2000). Children at risk for early academic problems: The role of learning-related social skills. *Early Childhood Research Quarterly*, *15*(3), 307 - 329.

[290] McLoyd, V. C. (1998). Socioeconomic disadvantage and child development. *American Psychologist*, *53*, 185 - 204.

[291] Meece, J. L., Glienke, B. B., & Burg, S. (2006). Gender and motivation. *Journal of School Psychology*, *44*, 351 - 373.

[292] Meisels, S. J. (1999). Assessing readiness. In R. C. Pianta, M. J. Cox, D. National Center for Early & Learning (Eds.), *The transition to kindergarten* (pp. 39 - 66). Baltimore: Paul H. Brookes Publishing.

[293] Merz, E. C., Wiltshire, C. A., & Noble, K. G. (2019). Socioeconomic Inequality and the Developing Brain: Spotlight on Language and Executive Function. *Child Development Perspectives*, 13(1), 15 - 20.

[294] Mistry, R. S., Biesanz, J. C., Chien, N., Howes, C., & Benner, A. D. (2008). Socioeconomic status, parental investments, and the cognitive and behavioral outcomes of low-income children from immigrant and native households. *Early Childhood Research Quarterly*, *23*, 193 - 212.

[295] Miyake, A., Friedman, N. P., Emerson, M. J., Witzki, A. H., & Howerter, A. (2000). The unity and diversity of executive functions and their contributions to complex "frontal lobe" tasks: A latent variable analysis. *Cognitive Psychology*, *41*, 49 - 100.

[296] Montie, J. E., Xiang, Z., & Schweinhart, L. J. (2006). Preschool experience in 10 countries: Cognitive and language performance at age 7. *Early Childhood Research Quarterly*, *21*, 313 - 331.

[297] Moore, A. C., Akhter, S., & Aboud, F. E. (2008). Evaluating an improved quality preschool program in rural Bangladesh. *International Journal of Educational Development*, *28*(2), 118 - 131.

[298] Morrison, F. J., Cameron, C. E., & McClelland, M. M. (2010). Self-regulation and academic achievement in the transition to school. In S. D. Calkins & M. A. Bell (Eds.), *Child development at the intersection of emotion and cognition* (1st ed., pp. 203 - 224). Washington, DC: American Psychological Association.

[299] Morrissey, T. W. (2010). Sequence of child care type and child development: What role does peer exposure play? *Early Childhood Research Quarterly*, *25*(1), 33 - 50.

[300] Mtahabwa, L., & Rao, N. (2010). Pre-primary education in Tanzania: Observations from urban and rural classrooms. *International Journal of Educational Development*, *30*(3), 227 - 235.

[301] Mullis, I. V. S. , Martin, M. O. , Kennedy, A. M. , & Foy, P. (2007). PIRLS 2006 international report: IEA's progress in international reading literacy study in primary schools in 40 countries. Chestnut Hill, MA: TIMSS & PIRLS International Study Center, Boston College.

[302] Mwaura, P. , Sylva, K. , & Malmberg, L. (2008). Evaluating the madrasa preschool programme in East Africa: A quasi-experimental study. *International Journal of Early Years Education*, *16*(3),237 - 255.

[303] Myers, R. G. (2006). Quality in program of early childhoodcare and education (ECCE). *Paper commissioned for the EFA Global Monitoring Report* 2007, *Strong foundations: early childhood care and education.*

[304] NAEYC. (1995). School readiness: A position statement of the national association for the education of young children. Washington, DC: Author.

[305] Najarian, M. , Tourangeau, K. , Nord, C. , &Wallner-Allen, K. (2018). *Early Childhood Longitudinal Study, Kindergarten Class of 2010 - 11 (ECLS-K: 2011), First- and Second-Grade psychometric report (NCES 2018 - 183).* National Center for Education Statistics, Institute of Education Sciences, U. S. Department of Education. Washington, DC. Retrieved from https://nces. ed. gov/pubsearch.

[306] National School Readiness Indicators Initiative. (2005). Getting ready: Findings from the national school readiness indicators initiative. A 17 state partnership. Providence, RI: Rhode Island Kids Count.

[307] NEGP. (1997). Getting a good start in school. Washington, DC. : Author.

[308] Nelson, G. , Westhues, A. , & MacLeod, J. (2003). A meta-analysis of longitudinal research on preschool prevention programs for children. *Prevention & Treatment*, *6* (1),1 - 35.

[309] Neuroscience for Kids website. (2002a). Interactive "directional stroop" effect experiment. *Neuroscience For Kids* Retrieved March 10th, 2009, from http://www. dls. ym. edu. tw/chudler/readyd. html

[310] Neuroscience for Kids website. (2002b). Interactive "number stroop" effect experiment. *Neuroscience For Kids* Retrieved March 10th, 2009, from http://www. dls. ym. edu. tw/chudler/readyn. html

[311] Neuroscience for Kids Website. (2004). Animal stroop effect test. *Neuroscience For Kids*Retrieved March 10th, 2009, from http://faculty. washington. edu/chudler/java/readya. html

[312] NICHD ECCRN. (2000). The relation of child care to cognitive and language development. *Child Development*, *71*(4),960 - 980.

[313] NICHD ECCRN. (2001). Nonmaternal care and family factors in early development: An overview of the NICHD study of early child care. *Journal of Applied Developmental Psychology*, *22*(5),457 - 492.

[314] NICHD ECCRN. (2002a). Child care structure to process to outcome: Direct and indirect effects of child-care quality on young children's development. *Psychological*

Science, *13*(3),199 - 206.

[315] NICHD ECCRN. (2002b). Early child care and children's development prior to school entry: Results from the NICHD study of early child care. *American Educational Research Journal*, *39*(1),133 - 164.

[316] NICHD ECCRN. (2004). Type of child care and children's development at 54 months. *Early Childhood Research Quarterly*, *19*,203 - 230.

[317] NICHD ECCRN. (2005). Early child care and children's development in the primary grades: Follow-up results from the NICHD study of early child care. *American Educational Research Journal*, *42*(3),537 - 570.

[318] Noble, K. G., Houston, S. M., Brito, N. H., Bartsch, H., Kan, E., Kuperman, J. M., ... Sowell, E. R. (2015). Family income, parental education and brain structure in children and adolescents. *Nature Neuroscience*, 18,773 - 778. https://doi.org/10.1038/nn.3983

[319] Obradović, J., Portilla, X. A., & Boyce, W. T. (2012). Executive functioning and developmental neuroscience: Current progress and implications for early childhood education. In R. C. Pianta, W. S. Barnett, L. M. Justice & S. M. Sheridan (Eds.), *Handbook of early childhood education* (pp. 324 - 351). New York: The Guilford Press.

[320] O'Dwyer, J. K. (2012). Individual, social and physical environmental correlates of children's active free-play: a cross-sectional study. *International Journal of Behavioral Nutrition and Physical Activity*, 1(2),1 - 17.

[321] Oh, S., & Lewis, C. (2008). Korean preschoolers' advanced inhibitory control and its relation to other executive skills and mental state understanding. *Child Development*, *79*(1),80 - 99.

[322] Pagani, L. S., Fitzpatrick, C., Archambault, I., & Janosz, M. (2010). School readiness and later achievement: A French Canadian replication and extension. *Developmental Psychology*, *46*(5),984 - 994.

[323] Pang, Y., & Richey, D. (2007). Preschool education in China and the United States: A personal perspective. *Early Child Development and Care*, *177*(1),1 - 13.

[324] Panter, J. (2000). Validity of the Bracken basic concept scale-revised for predicting performance on the metropolitan readiness test. *Journal of Psychoeducational Assessment*, *18*(2),104 - 110.

[325] Paro, K. M. L., & Pianta, R. C. (2000). Predicting children's competence in the early school years: A meta-analytic review. *Review of Educational Research*, *70*(4), 443 - 484.

[326] Peisner-Feinberg, E. S., Burnchinal, M. R., Clifford, R. M., Culkin, M. L., Howes, C., Kagan, S. L., & Yazejian, N. (2001). The relation of preschool child-care quality to children's cognitive and social developmental trajectories through second grade. *Child Development*, *72*(5),1534 - 1553.

[327] Phillips, D. A., Voran, M., Kisker, E., Howes, C., & Whitebook, M. (1994).

Child care for children in poverty: Opportunity or inequity. *Child Development*, *65*(2), 472 - 492.

[328] Pianta, R. C., La Paro, K. M., & Hamre, B. K. (2008). *Classroom assessment scoring system manual* (*CLASS*). Baltimore: Paul H. Brookes.

[329] Raffaelli, M., Crockett, L. J., & Shen, Y.-L. (2005). Developmental stability and change in self-regulation from childhood to adolescence. *The Journal of Genetic Psychology*, *166*(1), 54 - 75.

[330] Raikes, H. A., Robinson, J. L., Bradley, R. H., Raikes, H. H., & Ayoub, C. C. (2007). Developmental trends in self-regulation among low-income toddlers. *Social Development*, *16*(1), 128 - 149.

[331] Ramey, C. T., & Ramey, S. L. (2004). Early learning and school readiness: Can early intervention make a difference? *Merrill-Palmer Quarterly*, *50*(4), 471 - 491.

[332] Rao, N. (2010). Preschool quality and the development of children from economically disadvantaged families in India. *Early Education & Development*, *21*(2), 167 - 185.

[333] Rao, N., & Li, H. (2008). "Eduplay": Beliefs and practices related to play and learning in Chinese kindergartens. In I. Pramling Samuelsson & M. Fleer (Eds.), *Play and learning in early childhood settings: International perspectives* (pp. 73 - 92). Springer Academic Publishers.

[334] Rao, N., & Li, H. (2009). Quality matters: Early childhood education policy in Hong Kong. *Early Child Development and Care*, *179*(3), 233 - 245.

[335] Rao, N., & Sun, J. (2010). Early childhood care and education in the Asia Pacific Region: Moving towards goal 1. *Early Childhood Care and Education Regional Report*. Retrieved Sept. 18th, 2010, from http://unesdoc.unesco.org/images/0018/001892/189210E.pdf

[336] Rao, N., Chi, J., & Cheng, K.-M. (2010). Teaching mathematics: Observations from urban and rural schools in mainland China. In C. K. K. Chan & N. Rao (Eds.), *Revisiting the Chinese learner: Changing contexts, changing education* (pp. 212 - 231). Hong Kong: Comparative Education Research Centre, The University of Hong Kong.

[337] Rao, N., Koong, M., Kwong, M., & Wong, M. (2003). Predictors of preschool process quality in a Chinese context. *Early Childhood Research Quarterly*, *18*, 331 - 350.

[338] Rao, N., Ng, S. S. N., & Pearson, E. (2010). Preschool pedagogy: A fusion of traditional Chinese beliefs and contemporary notions of appropriate practice. In C. K. K. Chan & N. Rao (Eds.), *Revisiting the Chinese learner: Changing contexts, changing education* (pp. 255 - 279). Hong Kong: Comparative Education Research Centre, The University of Hong Kong.

[339] Rao, N., Sun, J., & Zhang, L. (2014). Learning to learn in early childhood: Home and preschool influences in Chinese societies. In C. Stringher & R. Deakin Crick (Eds.), *Learning to learn for all: theory, practice and international research: A*

multidisciplinary and lifelong perspective. (pp. 127 - 144). Abingdon, Oxford, UK: Taylor & Francis.

[340] Rao, N., Sun, J., Ng, M., Becher, Y., Lee, D., Ip, P., & Bacon-Shone, J. (2014). *Validation, Finalization and Adoption of the East Asia-Pacific Early Child Development Scales (EAP-ECDS)*. UNICEF, East and Pacific Regional Office.

[341] Raudenbush, S. W., Bryk, A. S., Cheong, Y. F., & Congdon, R. (2004). *HLM 6: Hierarchical linear and nonlinear modeling*. Lincolnwood, IL.: Scientific Software International, Inc.

[342] Ready, Douglas, D., LoGerfo, Laura, F., Burkam, David, T., & Lee, Valerie, E. (2005). Explaining girls' advantage in kindergarten literacy learning: Do classroom behaviors make a difference? *The Elementary School Journal*, *106*(1),21 - 38.

[343] Reynolds, A. J., & Bezruczko, N. (1993). School adjustment of children at risk through fourth grade. *Merrill-Palmer Quarterly*, *39*(4),457 - 480.

[344] Reynolds, A. J., Mavrogenes, N. A., Bezruczko, N., & Hagemann, M. (1996). Cognitive and family-support mediators of preschool effectiveness: A confirmatory analysis. *Child Development*, *67*(3),1119 - 1140.

[345] Richards, B., Bacon-Shone, J., & Rao, N. (2018). Socioeconomic correlates of early child development: Gradients from six countries in the East Asia-Pacific region. *International Journal of Behavioral Development*, *42*(6),581 - 587.

[346] Rimm-Kaufman, S. E., & Wanless, S. B. (2012). An ecological perspective for understanding the early development of self-regulatory skills, social skills, and achievement. In R. C. Pianta, W. S. Barnett, L. M. Justice & S. M. Sheridan (Eds.), *Handbook of early childhood education* (pp. 299 - 323). New York: The Guilford Press.

[347] Rimm-Kaufman, S. E., Curby, T. W., Grimm, K. J., Nathanson, L., & Brock, L. L. (2009). The contribution of children's self-regulation and classroom quality to children's adaptive behaviors in the kindergarten classroom. *Developmental Psychology*, *45*(4),958 - 972.

[348] Rimm-Kaufman, S. E., Pianta, R. C., & Cox, M. J. (2000). Teachers' judgements of problems in the transition to kindergarten. *Early Childhood Research Quarterly*, *15*(2),147 - 166.

[349] Rock, D. A., & Stenner, A. J. (2005). Assessment issues in the testing of children at school entry. *The Future of Children: School Readiness: Closing Racial and Ethnic Gaps*, *15*(1),15 - 34.

[350] Rolan, E. P., Schmitt, S. A., Purpura, D. J., & Nichols, D. L. (2018). Sibling presence, executive function, and the role of parenting. *Infant and Child Development*, e2091.

[351] Romano, E., Babchishin, L., Pagani, L. S., & Kohen, D. (2010). School readiness and later achievement: Replication and extension using a nationwide Canadian survey. *Developmental Psychology*, *46*(5),995 - 1007.

[352] Romeo, R. R., Christodoulou, J. A., Halverson, K. K., Murtagh, J., Cyr, A. B., Schimmel, C., ... Gabrieli, J. D. E. (2017). Socioeconomic status and reading disability: Neuroanatomy and plasticity in response to intervention. *Cerebral Cortex*, 28, 2297 - 2312.

[353] Rouse, C., Brooks-Gunn, J., & McLanahan, S. (2005). Introducing the issue. *The Future of Children: School Readiness: Closing Racial and Ethnic Gaps*, *15*(1), 5 - 14.

[354] Rubin, K. H., Hemphill, S. A., Chen, X., Hastings, P., Sanson, A., Coco, A. L., ... Cui, L. (2006). A cross-cultural study of behavioral inhibition in toddlers: East-West-North-South. *International Journal of Behavioral Development*, *30*(3), 219 - 226.

[355] Ryan, R. M., Fauth, R. C., & Brooks-Gunn, J. (2006). Child poverty: Implications for school readiness and early childhood education. In B. Spodek & O. N. Saracho (Eds.), *Handbook of research on the education of young children* (2nd ed., pp. 323 - 346). Mahwah, N. J.: Lawrence Erlbaum Associates.

[356] Sabbagh, M. A., Xu, F., Carlson, S. M., Moses, L. J., & Lee, K. (2006). The development of executive functioning and theory of mind. *Psychological Science*, *17*(1), 74 - 81.

[357] Sabol, T. J., & Pianta, R. C. (2012). Patterns of School Readiness Forecast Achievement and Socioemotional Development at the End of Elementary School. *Child Development*, 3, 282 - 299.

[358] Sadowski, M. (2006). The school readiness gap. *Harvard Education Letter*, *22*(4), 4 - 7.

[359] Salthouse, T. A., & Meinz, E. J. (1995). Aging, inhibition, working memory, and speed. *Journal of Gerontology: Psychological sciences*, 50*B*(6), 297 - 306.

[360] Sammons, P., Sylva, K., Melhuish, E., Siraj-Blatchford, I., Taggart, B., & Hunt, S. (2008). Influences on children's attainment and progress in key stage 2: Cognitive outcomes in year 6. Department for Children, Schools and Families.

[361] Schweinhart, L. J. (2003). *Benefits, costs, and explanation of the high/scope perry preschool program*. Paper presented at the Meeting of the Society fro Research in Child Development, Tampa, Florida. https://www.highscope.org/file/Research/PerryProject/Perry-SRCD_2003.pdf

[362] Scott-Little, C. (2009). Children's readiness for success in school. In S. Feeney, A. Galper & C. Seefeldt (Eds.), *Continuing issues in early childhood education* (3rd ed., pp. 100 - 128). Upper Saddle River, N. J.: Merrill/Pearson.

[363] Scott-Little, C., Kagan, S. L., & Frelow, V. S. (2006). Conceptualization of readiness and the content of early learning standards: The intersection of policy and research? *Early Childhood Research Quarterly*, *21*(2), 153 - 173.

[364] Sektnan, M., McClelland, M. M., Acock, A. C., & Morrison, F. J. (2010). Relations between early family risk, children's behavioral regulation, and academic achievement. *Early Childhood Research Quarterly*, *25*(4), 464 - 479.

[365] Shonkoff, J. P., & Phillips, D. A. (2000b). *From neurons to neighborhoods: The science of early childhood development*. Washington, DC: National academy press.

[366] Simonds, J., Kieras, J. E., Rueda, M. R., & Rothbart, M. K. (2007). Effortful control, executive attention, and emotional regulation in 7 - 10-year-old children. *Cognitive Development*, *22*, 474 - 488.

[367] Skibbe, L. E., Connor, C. M., Morrison, F. J., & Jewkes, A. M. (2011). Schooling effects on preschoolers' self-regulation, early literacy, and language growth. *Early Childhood Research Quarterly*, *In Press*, *Uncorrected Proof*.

[368] Smith, J. R., Brooks-Gunn, J., & Klebanov, P. K. (1997). Consequences of living in poverty for young children's cognitive and verbal ability and early school achievement. In G. J. Duncan & J. Brooks-Gunn (Eds.), *Consequences of growing up poor*, 132 - 189. New York: Russell Sage Foundation.

[369] Smith-Donald, R., Raver, C. C., Hayes, T., & Richardson, B. (2007). Preliminary construct and concurrent validity of the preschool self-regulation assessment (PSRA) for field-based research. *Early Childhood Research Quarterly*, *22*(2), 173 - 187.

[370] Snow, C. E., & Van Hemel, S. B. (2008). *Early childhood assessment : Why, what, and how*. Washington, D. C.: National Academies Press.

[371] Snow, K. L. (2006). Measuring school readiness: Conceptual and practical considerations. *Early Education & Development*, *17*(1), 7 - 41.

[372] Sokol, B. W., & Müller, U. (2007). The development of self-regulation: Toward the integration of cognition and emotion. *Cognitive Development*, *22*(4), 401 - 405.

[373] St Clair-Thompson, H., Stevens, R., Hunt, A., & Bolder, E. (2010). Improving children's working memory and classroom performance. *Educational Psychology*, *30*(2), 203 - 219.

[374] State Education Commission. (1991). Suggestions on improving and strengthening the pre-primary classes. In Chinese Preschool Education Research Society (1999) (Ed.), *A collection of major documents on early childhood education in the people's republic of China* (pp. 318 - 323). Beijing: Beijing Normal University Publishing Group.

[375] State Education Commission. (2001). *Guideline framework of kindergarten education (on a trial basis)*. Beijing: State Education Commission of the People's Republic of China.

[376] Sternberg, R. J. (2009). *Cognitive psychology* (5th ed.). Australia ; Belmont, CA: Cengage Learning/Wadsworth.

[377] Stipek, D., & Ryan, R. H. (1997). Economically disadvantaged preschoolers: Ready to learn but further to go. *Developmental Psychology*, *33*(4), 711 - 723.

[378] Stipek, D., Feiler, R., Daniels, D., & Sharon, M. (1995). Effects of different instructional approaches on young children's achievement and motivation. *Child Development*, *66*(1), 209 - 223.

[379] Stipek, D., Newton, S., & Chudgar, A. (2010). Learning-related behaviors and literacy achievement in elementary school-aged children. *Early Childhood Research*

Quarterly, *25*,385 - 395.

[380] StØrksen, I., Ellingsen, I. T., Wanless, S. B., & McClelland, M. M. (2015). The influence of parental socioeconomic background and gender on self-regulation among 5-year-old children in Norway. *Early Education and Development*, *26*(5 - 6), 663 - 684.

[381] Stroop, J. R. (1935). Studies of interference in serial verbal reactions. *Journal of Experimental psycholgoy*, *18*,643 - 662.

[382] Suchodoletz, A. v., Trommsdorff, G., Heikamp, T., Wieber, F., & Gollwitzer, P. M. (2009). Transition to school: The role of kindergarten children's behavior regulation. *Learning and Individual Differences*, *19*(4),561 - 566.

[383] Sun, J., Zhang, L., Chen, E., Lau, C., & Rao, N. (2018). Preschool Attendance and Executive Function Mediate Early Academic Achievement Gaps in East Asia and the Pacific. *Early Education and Development*, *29*(8),1039 - 1060.

[384] Sylva, K., Melhuish, E., Sammons, P., Siraj-Blatchford, I., & Taggart, B. (2004). The effective provision of pre-school education (EPPE) project: Final report. London: DfES/Institute of Education, University of London.

[385] Sylva, K., Melhuish, E., Sammons, P., Siraj-Blatchford, I., & Taggart, B. (2011). Pre-school quality and educational outcomes at age 11: Low quality has little benefit. *Journal of Early Childhood Research*, *9*(2),109 - 124.

[386] Tamnes, C. K., Østby, Y., Walhovd, K. B., Westlye, L. T., Due-Tønnessen, P., & Fjell, A. M. (2010). Neuroanatomical correlates of executive functions in children and adolescents: A magnetic resonance imaging (MRI) study of cortical thickness. *Neuropsychologia*, *48*(9),2496 - 2508.

[387] Taylor, B. A., Dearing, E., & McCartney, K. (2004). Incomes and outcomes in early childhood. *The Journal of Human Resources*, *39*(4),980 - 1007.

[388] Taylor, K. K., Gibbs, A. S., & Slate, J. R. (2000). Preschool attendance and kindergarten readiness. *Early Childhood Education Journal*, *27*(3),191 - 195.

[389] Tobin, J. J., Hsueh, Y., & Karasawa, M. (2009). *Preschool in three cultures revisited: China, Japan, and the United States*. Chicago and London: University of Chicago Press.

[390] Tominey, S. L., & McClelland, M. M. (2011). Red light, purple light: Findings from a randomized trial using circle time games to improve behavioral self-regulation in preschool. *Early Education & Development*, *22*(3),489 - 519.

[391] Tough, P. (2009, September 25). Can the right kinds of play teach self-control? *The New York Times*, 29, 30.

[392] U. S. Department of Health and Human Services, Administration for Children and Families. (2005). Head Start impact study: First year findings. Washington, DC: Author.

[393] U. S. Department of Health and Human Services, Administration for Children and Families. (2010). Head Start impact study. Final report. Washington, DC: Author.

[394] U. S. House of Representatives. (2005). School readiness act of 2005. Report together

with additional views. House of representatives, one hundred ninth congress, first session. Report 109 - 136. U. S. Government Printing Office. Washington, DC: Author.

[395] UNESCO. (2006). *EFA global monitoring report 2007. Strong foundations: Early childhood care and education*. Paris: Author.

[396] UNESCO. (2007). *EFA global monitoring report* 2008. *Education for all by 2015 will we make it*? Paris: Author.

[397] UNESCO. (2010). *EFA global monitoring report 2010: Reaching the marginalized*. Paris: UNESCO publishing; Oxford University Press.

[398] UNESCO. (2018). *EFA Global Monitoring Report 2019: Migration, Displacement, and Education: Building Bridges, Not Walls*. Paris: UNESCO publishing.

[399] Ursache, A., Blair, C., & Raver, C. C. (2012). The promotion of self-regulation as a means of enhancing school readiness and early achievement in children at risk for school failure. *Child Development Perspectives*, *6*(2), 122 - 128.

[400] Valiente, C., Eisenberg, N., Haugen, R., Spinrad, T. L., Hofer, C., Liew, J., & Kupfer, A. (2011). Children's effortful control and academic achievement: Mediation through social functioning. *Early Education & Development*, *22*(3), 411 - 433.

[401] Vandell, D. L., & Wolfe, B. (2000). Child care quality: Does it matter and does it need to be improved? Madison: University of Wisconsin — Madison, Institute for Research on Poverty.

[402] Vandell, D. L., Belsky, J., Burchinal, M. R., Steinberg, L., Vandergrift, N., & NICHD Early Child Care Research Network. (2010). Do effects of early child care extend to age 15 years? Results from the NICHD study of early child care and youth development. *Child Development*, *81*(3), 737 - 756.

[403] VanVoorhis, C. R. W., & Morgan, B. L. (2007). Understanding power and rules of thumb for determining sample sizes. *Tutorials in Quantitative Methods for Psychology*, *3*(2), 43 - 50.

[404] von Suchodoletz, A., Gestsdottir, S., Wanless, S. B., McClelland, M. M., Birgisdottir, F., Gunzenhauser, C., & Ragnarsdottir, H. (2013). Behavioral self-regulation and relations to emergent academic skills among children in Germany and Iceland. *Early Childhood Research Quarterly*, *28*(1), 62 - 73.

[405] Vosniadou, S. (2001). *How children learn*. Geneva, Switzerland: The International Academy of Education (IEA) and the International Bureau of Education (IBE).

[406] Votruba-Drzal, E., Coley, R. L., & Chase-Lansdale, P. L. (2004). Child care and low-income children's development: Direct and moderated effects. *Child Development*, *75*(1), 296 - 312.

[407] Wang, A. H. (2008). A pre-kindergarten achievement gap? Scope and implications. *US-China Education Review*, *5*(9), 23 - 31.

[408] Wanless, S. B. (2009). *Measuring behavioral regulation in young children (doctoral dissertation)*. Retrieved from http://ir.library.oregonstate.edu/jspui/bitstream/1957/10409/1/Pretext_pages_%26_Dissertation_final-REVISED.pdf

[409] Wanless, S. B., McClelland, M. M., Acock, A. C., Cameron, C. E., Son, S.-H., Lan, X., ... Li, S. (2011). Measuring behavioral regulation in four societies. *Psychological Assessment*, *23*(2), 364 - 378.

[410] Wanless, S. B., McClelland, M. M., Acock, A. C., Chen, F.-M., & Chen, J.-L. (2011). Behavioral regulation and early academic achievement in Taiwan. *Early Education & Development*, *22*(1), 1 - 28.

[411] Wanless, S. B., McClelland, M. M., Tominey, S. L., & Acock, A. C. (2011). The influence of demographic risk factors on children's behavioral regulation in prekindergarten and kindergarten. *Early Education & Development*, *22*(3), 461 - 488.

[412] Wannarka, R., & Ruhl, K. (2008). Seating arrangements that promote positive academic and behavioural outcomes: A review of empirical research. *Support for Learning*, *23*(2), 89 - 93.

[413] Watanabe, K., Flores, R., Fujiwara, J., & Tran, L. (2005). Early childhood development interventions and cognitive development of young children in rural vietnam. *Journal of Nutrition*, *135*(8), 1918 - 1925.

[414] Weber, A., Darmstadt, G. L., & Rao, N. (2017). Gender disparities in child development in the East Asia-Pacific Region: a cross-sectional, population-based, multicountry observational study. *Lancet Child Adolescent Health*, 1, 213 - 214.

[415] Wechsler, D. (1989). *Wechsler Preschool and Primary Scale of Intelligence-Revised*. San Antonio, TX: The Pshychlogical Corporation.

[416] Weinraub, M., Shlay, A. B., Harmon, M., & Tran, H. (2005). Subsidizing child care: How child care subsidies affect the child care used by low-income African American families. *Early Childhood Research Quarterly*, *20*, 373 - 392.

[417] Welsh, J. A., Nix, R. L., Blair, C., Bierman, K. L., & Nelson, K. E. (2010). The development of cognitive skills and gains in academic school readiness for children from low-income families. *Journal of Educational Psychology*, *102*(1), 43 - 53.

[418] Wiebe, S. A., Espy, K. A., & Charak, D. (2008). Using confirmatory factor analysis to understand executive control in preschool children: I. Latent structure. *Developmental Pscychology*, *44*(2), 575 - 587.

[419] Wilson, P. L. (2000). *An evaluation of a functional analysis assessment of preschool conceptual development: Examining the intervention efficacy of the "Bracken concept development program" and the "Bracken basic concept scale-revised" with Head Start students* (*dctoral dissertation, the university of memphis*, 2000). Dissertation Abstracts International, 61, 1676.

[420] Wong, M. N. C., & Pang, L. J. (2002). Early childhood education in China: Issues and development. In L. K. S. Chan & E. J. Mellor (Eds.), *International developments in early childhood services* (pp. 53 - 70). New York: Peter Lang Publishing.

[421] Yoshikawa, H. (1995). Long-term effects of early childhood programs on social outcomes and deliquency. *The Future of Children: Long-term Outcomes of Early Childhood Programs*, *5*(3), 51 - 75.

[422] Zaslow, M. , Calkins, J. , Halle, T. , Zaff, J. , & Margie, N. G. (2000). Background for community-level work on school readiness: A review of definitions, assessments, and investment strategies. Final report to the Knight Foundation. Washington, DC: Child Trends.

[423] Zaslow, M. , Halle, T. , Martin, L. , Cabrera, N. , Calkins, J. , Pitzer, L. , & Margie, N. G. (2006). Child outcome measures in the study of child care quality. *Evaluation Review*, *30*, 577 - 610.

[424] Zelazo, P. D. , & Carlson, S. M. (2012). Hot and cool executive function in childhood and adolescence: Development and plasticity. *Child Development Perspectives*, *6*(4), 354 - 360.

[425] Zelazo, P. D. , Carlson, S. M. , & Kesek, A. (2008). The development of executive function in childhood. In C. A. Nelson & M. Luciana (Eds.), *Handbook of developmental cognitive neuroscience* (*2nd ed.* , pp. 553 - 574). Cambridge, MA: MIT Press.

[426] Zelazo, P. D. , Müller, U. , Frye, D. , & Marcovitch, S. (2003). The development of executive function. *Monographs of the Society for Research in Child Development*, *68* (3), 1 - 27.

[427] Zhai, F. , & Gao, Q. (2008). Center-based early childhood education and care in China: Policies, trends, and implications. *Asian Social Work and Policy Review*, *2* (3), 127 - 148.

[428] Zhang, L. & Liu, Q. (2017). Early childhood education in rural China. In N. Rao, J. Zhou & J. Sun (Eds.), *Early childhood education in Chinese societies*. Dordrecht, Netherlands: Springer.

[429] Zhang, L. , & Rao, N. (2012). *Preschool experience and self-regulation skills: Lessons from rural China*. Paper presented at the 2012 ISSBD Biennial Meeting, Edmonton, Canada.

[430] Zhang, L. , & Rao, N. (2017). Effortful Control and Academic Achievement in Rural China. *Early Education and Development*, *28*(5), 541 - 558.

[431] Zhang, L. , Sun, J. , Richards, B. , Davidson, K. , & Rao, N. (2018). Motor Skills and Executive Function Contribute to Early Achievement in East Asia and the Pacific. *Early Education and Development*, *29*(8), 1061 - 1080.

[432] Zhang, X. K. , Sun, L. , & Gai, X. S. (2008). Perceptions of teachers' and parents' regarding school readiness. *Frontiers of Education in China*, *3*(3), 460 - 471.

[433] Zhao, L. , & Hu, X. Y. (2008). The development of early childhood education in rural areas in China. *Early Years*, *28*(2), 197 - 209.

[434] Zhu, J. X. , & Zhang, J. (2008). Contemporary trends and developments in early childhood education in China. *Early Years*, *28*(2), 173 - 182.